Guttentagsche Sammlung
Nr. 175 Deutscher Reichsgesetze Nr. 175
Textausgaben mit Anmerkungen und Sachregister

Die Straßenverkehrsordnungen

nebst den einschlägigen Nebenbestimmungen

Erläutert
von
Dr. Kurt Volkmann
Rechtsanwalt in Düsseldorf

Berlin und Leipzig 1929
Walter de Gruyter & Co.
vormals G. J. Göschen'sche Verlagshandlung — J. Guttentag, Verlagsbuchhandlung — Georg Reimer — Karl J. Trübner — Veit & Comp.

Vorwort.

Bei der Erläuterung der Straßenverkehrsordnungen erschien es zweckmäßig, nach der Musterverordnung des Reichsverkehrsministers vorzugehen. Die Länder haben diese bis auf unbedeutende Kleinigkeiten übernommen, Kleinigkeiten, die meist darin bestehen, daß gemäß dem verwaltungsrechtlichen Aufbau andere Behörden, als ursprünglich vorgesehen, Ausnahmen für Wirtschaftsfuhren usw. erteilen können. Hie und da ist ein belangloser Zusatz gemacht, wie etwa über Hundeverkehr in Lippe, über Bremsen an Fuhrwerken in Preußen, über Begleitleute bei Langladungen in Bayern. Endlich ist auch der § 33 der Musterverordnung vielfach weggelassen und der § 34 mit den Strafvorschriften an dessen Stelle gerückt. Diese Veränderungen, die gemacht sind, lohnten eine gesonderte Erläuterung nicht. So erschien es auch nicht notwendig, die Verkehrsordnungen von vierzehn deutschen Ländern, den preußischen Provinzen und den hessischen Kreisämtern wörtlich abzudrucken, da sie in allen wesentlichen Bestimmungen den gleichen Wortlaut haben. Auf die Amtsblätter, worin sie veröffentlicht sind, ist in der Einleitung I hingewiesen.

Bei der Zitierung der Entscheidungen der Rechtsprechung war davon auszugehen, daß eine Reihe von Urteilen, die sich auf Kraftfahrzeuge beziehen, ohne weiters auch für den sonstigen Verkehr Gültigkeit haben. Das ergibt sich schon daraus, daß die Fahrregeln der StrVO. wörtlich mit der KVO. übereinstimmen. Soweit Entscheidungen auf kraftfahrzeugrechtlichem Gebiete zitiert sind, die sinngemäß auch auf Fuhrwerke angewendet werden müssen, ist dies durch Voraussetzung des Wortes „vgl." vor der Entscheidung zum Ausdruck gekommen.

Düsseldorf im Februar 1929.

Dr. Kurt Volkmann.

Inhaltsverzeichnis.

Abkürzungen.

I. Gesetze, Verordnungen, Behörden, Veröffentlichungsblätter.

ALR. . . . . Allgemeines Landrecht.
BayObLG. . . . . Bayrisches Oberstes Landesgericht.
BGB. . . . . Bürgerliches Gesetzbuch.
BundGesBl. . . . Bundesgesetzblatt für Österreich.
GVBl. . . . . . . Gesetz- und Verordnungsblatt.
GO. . . . . Gewerbeordnung.
JugGerGes. . . . . Jugendgerichtsgesetz.
KGes. . . . . Gesetz über den Verkehr mit Kraftfahrzeugen.
KVO. . . . . Verordnung über Kraftfahrzeugverkehr vom 16. März 1928.
LVG. . . . . Preußisches Gesetz über die allgemeine Landesverwaltung.
MBliV. . . . . . . Preußisches Ministerialblatt für die innere Verwaltung.
OLG. . . . . Oberlandesgericht.
OVG. . . . . Preußisches Oberverwaltungsgericht.
PolVO. . . . . . . Polizeiverordnung.
PolVerwGes. . . . Preußisches Gesetz über die Polizeiverwaltung.
RdErl. . . . . . . Runderlaß.
RGBl. . . . . . . Reichsgesetzblatt.
RPostGes. . . . . . Reichspostgesetz.
StGB. . . . . . Strafgesetzbuch.
StrVO. . . . . . Straßenverkehrsordnung.
ZustGes. . . . . . . Preußisches Gesetz über die Zuständigkeit der Verwaltungs und Verwaltungsgerichtsbehörden.

II. Entscheidungssammlungen, Zeitschriften.

Auto	Das Auto.
BayObLGSt. . .	Entscheidungen des Bayrischen Obersten Landesgerichtes in Strafsachen.
BayObLGZ. . . .	Entscheidungen des Bayrischen Obersten Landesgerichts in Zivilsachen.
DAutoR.	Deutsches Autorecht.
DJZ.	Deutsche Juristenzeitung.
DMSpZtg.	Deutsche Motorsportzeitung.
DStrZtg.	Deutsche Strafrechtszeitung.
Fischers Zeitschr. .	Fischers Zeitschrift für Praxis und Gesetzgebung, zunächst für das Königreich Sachsen.
GoltdArch.	Goltdammers Archiv.
HansRZ.	Hanseatische Rechts- (und Gerichts-) Zeitschrift.
HRR.	Höchstrichterliche Rechtsprechung, Beilage der Juristischen Rundschau.
HöchstRR.	Höchstrichterliche Rechtsprechung auf dem Gebiete des Strafrechts, Beilage zur Zeitschrift für die gesamte Strafrechtswissenschaft.
JR.	Juristische Rundschau.
JW.	Juristische Wochenschrift.
KG.ErgBd.	Entscheidungen des Kammergerichts, Ergänzungsband.
KGBl.	Blätter für Rechtspflege im Bezirke des Kammergerichts.
KK.	Kunze und Kautz, Die Rechtsgrundsätze des Preußischen Oberverwaltungsgerichts.
Lastauto	Das Lastauto.
LZ.	Leipziger Zeitschrift.
L. u. K.	Luft- und Kraftfahrt.
Mitt. d. ADAC. . .	Mitteilungen der Juristischen Zentrale des Allgemeinen Deutschen Automobilclubs.
R. d. K.	Recht des Kraftfahrers.
Recht	Das Recht.

Reger	Entscheidungen der Gerichte und Verwaltungsbehörden auf dem Gebiete des Verwaltungs- und Polizeistrafrechts. Herausgegeben von A. Reger.
RG.	Falls Band und Seite folgt: Entscheidungen des Reichsgerichts in Zivilsachen.
RGSt.	Entscheidungen des Reichsgerichts in Strafsachen.
SeuffBl.	Seufferts Blätter für Rechtsanwendung.
SörgelJahrbSt. .	Sörgel, Jahrbuch des Strafrechts und Strafprozesses.
SörgelJahrbZ. . .	Sörgel, Jahrbuch des Zivilrechts.
vgl.	Das Wort vgl. vor zitierten Entscheidungen bedeutet, daß sich die Entscheidung auf eine gleichliegende Frage des Kraftfahrzeugrechts bezieht.
VR.	Verkehrsrechtliche Rundschau.

III. Kommentare, Bücher, Abhandlungen.

Eger	Das Reichsgesetz über den Verkehr mit Kraftfahrzeugen. Stuttgart und Leipzig 1911.
Galli	Galli in Stengleins Kommentar zu den strafrechtlichen Nebengesetzen.
Germershausen . .	Wegerecht und Wegeverwaltung in Preußen. 4. Aufl., bearbeitet von Seydel, 1929.
Giese	Reichsverfassung, 7. Aufl., 1926.
Hatschek	Institutionen des preußischen Verwaltungsrechts, 1919.
Heucke	Der Verkehr mit Kraftfahrzeugen, 2. Aufl., 1926.
Isaac	Kommentar zum Automobilgesetz, 1912.
Jellinek	Verwaltungsrecht, 1928.
Lechner	Die Kraftfahrzeuggesetzgebung, 1927.

LeipzKomm. . . .	Das Reichsstrafgesetzbuch, mit besonderer Berücksichtigung der Rechtsprechung des Reichsgerichts herausgegeben von Ebermayer, Lobe, Rosenberg, 3. Aufl., 1925.
Mayer	Deutsches Verwaltungsrecht, 3. Aufl., 1924.
Müller	Kommentar zum Automobilgesetz, 3. Aufl., 1928.
Oberländer-Bezold	Automobilrecht, 1925.
Olshausen	Kommentar zum Strafgesetzbuch, 11. Aufl., 1927.
Peters	Kraftfahrzeugrecht in Brauchitschs Verwaltungsgesetzen für Preußen, Bd. II, 1928.
Volkmann	Kraftfahrzeugunfälle und Kraftfahrzeugrecht, 1929.

1.

Einleitung.

I. Entstehungsgeschichte.

Nach Art. 7 Nr. 19 der Reichsverfassung steht dem Reiche die Gesetzgebungskompetenz nur auf dem Gebiet des Kraftfahrzeugverkehrs zu. Den sonstigen Fahr-, Reit- oder Gehverkehr reichsrechtlich zu regeln hat es keine Berechtigung. Man könnte zwar in Erwägung ziehen, ob sich aus Art. 9 der Reichsverfassung, der dem Reich die Gesetzgebung über den Schutz der öffentlichen Ordnung und Sicherheit zugesteht, ein derartiges Recht herleiten ließe. Jedoch muß gerade diese Zuständigkeitsbefugnis eng ausgelegt werden, da sonst Art. 9 dem Reich eine Kompetenzerweiterung ins nahezu Ungemessene geben würde (Giese, Art. 9 Anm. 1). Demnach steht die Regelung des Fahrverkehrs den Ländern zu. Dieser unterlag vor Einführung der StrVO. örtlichen Sondervorschriften, die in ihrer Mannigfaltigkeit einen unübersehbaren Zustand schufen. So mußten z. B. allein im Regierungsbezirk Düsseldorf bei Einführung der StrVO. 96 Polizeiverordnungen außer Kraft gesetzt werden.

Nach § 6 KGes. ist die Reichsregierung mit Zustimmung des Reichsrats ermächtigt, die zur Erhaltung der Ordnung und Sicherheit auf den öffentlichen Wegen oder Plätzen erforderlichen Anordnungen über den Verkehr mit Kraftfahrzeugen sowie über den allgemeinen Fahrverkehr, soweit dies mit Rücksicht auf den Kraftfahrzeugverkehr erforderlich ist, zu treffen.

Auf Grund des § 6 KGes. hat die Reichsregierung verschiedene Verordnungen erlassen, so vor allem die VO. über den Verkehr mit Kraftfahrzeugen (KVO.), die heute in der Fassung vom 16. März 1928 (RGBl. I S. 91) besteht. Sie hätte auf Grund des § 6 KGes. auch die Fahrregeln für den gesamten Verkehr in der KVO. einheitlich regeln können. Bislang hat sie davon Abstand genommen. Zweifellos würde eine Verwebung der Fahrregeln für den gesamten Fahrverkehr in der KVO., abgesehen davon, daß diese nur eine Verordnung zur Regelung des Kraftfahrzeugverkehrs darstellen soll, die Einheitlichkeit der Bestimmungen und das klare Gesamtbild der KVO. zerreißen. Die zweckmäßigste Lösung, das Wegerecht in toto einheitlich zu regeln, scheitert an den verfassungsmäßigen Rechten des Reichs. Hier steht Deutschland hinter Frankreich, Belgien und Holland zurück, wo das Wegerecht so geordnet ist, daß die kraftfahrzeugrechtlichen Bestimmungen organisch in die wegerechtlichen Vorschriften hineinbezogen sind.

Das Reich hat jedoch die Spalte, die zwischen dem Kraftfahrzeugverkehr und sonstigem Verkehr klafft, dadurch zu überbrücken gewußt, daß es im Jahre 1926 mit den Länderregierungen vereinbarte, den allgemeinen Verkehr auf öffentlichen Wegen einheitlich nach einer Musterverordnung landesrechtlich zu regeln. Diese Musterverordnung deckt sich in bezug auf die Anforderungen an den Führer und dessen Pflichten (Abschnitt B b) weitgehend mit der KVO. Besonders die wichtigen §§ 10 bis 17 StrVO., die die Fahrregeln betreffen, sind fast wörtlich mit der KVO. gleichlautend. Dadurch wird erreicht, daß der Fahrverkehr sich nach einem einheitlichen System vollzieht und daß dieses System im ganzen Reiche Geltung besitzt. Endlich kommt hinzu, daß die reiche Rechtsprechung, die sich auf kraftfahrzeugrechtlichem Gebiet entwickelt hat, soweit sie die Fahrvorschriften der §§ 21 bis 28 KVO. betrifft, eine sinngemäße Auslegung für den übrigen Verkehr finden kann.

Folgende Länder haben Straßenverkehrsordnungen nach der Musterverordnung erlassen:

Bayern: vom 8. 5. 1926 (GVBl. S. 315).

Sachsen: vom 15. 7. 1927 (SächsGesBl. S. 113).

Württemberg: vom 27. 7. 1926 (RegBl. S. 207).

Baden: vom 6. 7. 1926 (GVBl. S. 113 ff.).

Thüringen: vom 3. 12. 26 (GesSamml. S. 409).

Mecklenburg-Schwerin: vom 8. 9. 1926 (RegBl. Nr. 62).

Oldenburg: vom 26. 7. 1926 (GesBl. S. 897).

Anhalt: vom 16. 11. 1926 (Amtsbl. S. 333).

Bremen: vom 21. 2. 1928 (GesBl. S. 69), abgeändert durch die VO. zur Abänderung der StrVO. vom 24. 5. 1928 (GesBl. S. 218).

Lippe: vom 16. 12. 1926 (GesSamml. Nr. 47).

Lübeck: vom 13. 8. 1927 (GVBl. S. 169).

Mecklenburg-Strelitz: vom 21. 4. 1927 (Amtl. Anz. Nr. 26).

Waldeck: vom 18. 10. 1926 (RegBl. Nr. 37).

Schaumburg-Lippe: vom 15. 2. 1927 (Land-Verordn. Bd. XXIX S. 305).

Preußen: In Preußen ist die StrVO. durch Polizeiverordnungen der Oberpräsidenten erlassen worden.

Provinz Ostpreußen: VO. vom 10. 3. 1927 (RegAmtsbl. Königsberg Stück 12, Gumbinnen Stück 11, Marienwerder Stück 12, Allenstein Stück 12).

Provinz Brandenburg: vom 17. 12. 1926 (Amtsbl. Potsdam vom 22. 1. 1927), abgeändert am 15. 9. 1928 (Amtbl. Potsdam S. 313).

Provinz Pommern: vom 17. 9. 1926 (Amtsbl. Stralsund Stück 40).

Grenzmark Posen-Westpreußen: vom 19. 7. 1927 (Sonderbeilage zum Amtsbl. Nr. 30 vom 30. 7. 1927).

Provinz Niederschlesien: vom 5. 11. 1926 (Amtsbl. Breslau, Sonderbeilage zu Stück 46).

Provinz Oberschlesien: vom 18. 6. 1928 (Amtsbl. Oppeln, Beilage zu Stück 27).

Provinz Sachsen: vom 5. 3. 1927 (Sonderbeilage des RegAmtsbl.).

Provinz Schleswig-Holstein: vom 7. 3. 1927 (RegAmtsbl. Schleswig S. 70), abgeändert am 6. 9. 1928 (Reg.-Amtsbl. Schleswig S. 297).

Provinz Hannover: vom 20. 10. 1926 (RegAmtsbl. Hannover Stück 47, Hildesheim Stück 52, Lüneburg Stück 49 a, Stade Stück 52, Osnabrück Stück 50, Aurich Stück 52).

Provinz Westfalen: vom 20. 11. 1926 (Sonderbeilage zu Stück 50 der RegAmtsbl. Münster, Minden, Arnsberg).

Provinz Hessen-Nassau: vom 24. 9. 1926 (Amtsbl. Nr. 40 vom 2. 10. 1926).

Rheinprovinz: vom 12. 10. 1926 (RegAmtsbl. Nr. 51 vom 18. 12. 1926). Nachtrag vom 30. 12. 1926 (RegAmtsbl. Nr. 4 vom 29. 1. 1927).

Hohenzollernsche Lande: vom 21. 5. 1927 (RegAmtsbl. S. 66).

Hessen: In Hessen ist die StrVO., da die hessische Verfassung kein Landespolizeiverordnungsrecht vorsieht, im Wege übereinstimmender Kreis- und Ortspolizeiverordnungen erfolgt.

Für den Ortspolizeibezirk Berlin gilt die Berliner Straßenverkehrsordnung vom 15. 1. 1929 (siehe Anhang 4).

Hamburg und Braunschweig haben die StrVO. noch nicht erlassen.

II. Das Verhältnis der Straßenverkehrsordnung zur Kraftfahrzeugverkehrsordnung und zu örtlichen Vorschriften.

Soweit Vorschriften der StrVO. mit denen der KVO. in Widerspruch stehen, gehen sie letzteren als reichsrechtlichen Vorschriften nach. Bei der Abfassung der Musterverordnung ist Wert darauf gelegt worden, daß deren Bestimmungen nicht mit denen der KVO. interferieren. Aber soweit die Länder Änderungen vornehmen oder Zusätze machen, kann diese Frage auftauchen. So haben z. B. Preußen und Lippe veranlaßt, daß § 13 StrVO., der das Vorfahrtrecht für die Fuhrwerke regelt, einen Zusatz erhält, wonach der Begriff des Hauptverkehrswegs näher bestimmt wird. Wieweit diese Bestimmung als gültig angesehen werden kann, wird bei § 13 zu untersuchen sein. Auch das den obersten Landesbehörden bezw. den von ihnen ermächtigten Behörden in § 32 StrVO. zugestandene Recht der Verschärfung von Vorschriften findet seine Grenze darin, daß die StrVO. nicht reichsrechtliche Vorschriften, besonders die des Kraftfahrzeugrechts, außer Wirkung setzen kann (siehe Anm. 2 zu § 32).

Gegenüber der StrVO. sind örtliche Polizeiverordnungen, soweit sie mit jener in Widerspruch stehen, ungültig. Auch hier gilt der Satz, der in § 15 des Preußischen PolVerwGes. vom 11. 3. 1850 besonders zum Ausdruck gebracht ist, daß eine Verordnung einer höheren Behörde, welche eine Materie erschöpfend regelt, die Verordnung einer niedrigen Instanz außer Kraft setzt. So z. B. können die Polizeibehörden nicht besondere erweiterte Anforderungen an die Beleuchtungspflicht von Fuhrwerken (siehe Anm. 9 zu § 4), an das Überholen (siehe Anm. 5 zu § 12) oder das Stehenlassen der Fahrzeuge stellen (siehe Anm. 6 zu § 17). Anderseits bleibt überall dort, wo Tatbestände durch die StrVO. nicht erfaßt werden, das Verordnungsrecht der Polizeibehörden unberührt. So z. B. können diese das Befahren von Straßen mit Wagen, die ein festgesetztes Gewicht übersteigen, verbieten, Sonderbestimmungen für Kraftschlitten, Raupenfahrzeuge usw. (§ 2 Abs. 4 KVO.) treffen, den Fußgängerverkehr genauer regeln und über das Führen von Hunden Vorschriften erlassen.

Der Richter hat die Rechtsgültigkeit der betreffenden Polizeiverordnung zu prüfen, d. h. in Preußen festzustellen:

a) ob sie materiell durch die polizeilichen Zwecke gerechtfertigt ist, d. h. ihre Grundlage in den landesrechtlichen Gesetzen, welche die Befugnisse der Polizei abgrenzen, findet (§ 10 II 17 ALR., § 6 PolVerwGes.), und endlich ob sie nicht in Widerspruch mit den Gesetzen oder Verordnungen höherer Behörden bezw. der Verfassung steht;

b) ob sie formell richtig ergangen ist, nämlich:
   - ob die gesetzliche Ermächtigung zum Erlaß der Verordnung auf dem betreffenden Gebiet besteht,
   - ob sie von der zuständigen Behörde erlassen ist,
   - ob die erforderliche Zustimmung oder Beratung erfolgt ist,
   - ob sie ordentlich verkündet ist,[1])
   - ob ihr Inhalt unzweideutig ist.

Ist dies zu bejahen, so unterliegt die Frage der Notwendigkeit oder Zweckmäßigkeit der VO., d. h. ob die Polizei ihren Zweck durch andere Bestimmungen besser oder einfacher hätte erreichen können, nicht der richterlichen Nachprüfung (für Preußen: § 17 PolVerwGes.; für Bayern: Art. 15 PolStGB.).

[1]) So wurde die StrVO. für Oberschlesien vom 4. 1. 1927 seitens des KG. (vom 3. 7. 1928, R. d. K. 28 302) für ungültig erklärt, da der Hinweis auf § 12 PolVerwGes. darin fehlte. Sie ist inzwischen neu erlassen.

III. Die Verkehrspolizei, ihre Aufgaben und Befugnisse.

Das Tätigkeitsbereich und die Aufgaben der Polizei wandeln sich mit den veränderten Daseinsformen, Daseinsinhalten und Daseinszusammenhängen. Alte Funktionen können zunehmend abgetragen werden oder sich ganz erledigen, neue entstehen. So hat Isay erst jüngst den Versuch gemacht, in dem Aufgabenkreis der Kartellaufsichtsbehörden einen neuen Wirkungsbereich der Polizei zu finden, den er als Kartellpolizei kennzeichnet (Isay-Tschierschky, Kartellverordnung 100).

Auch die Tätigkeit der Polizei auf dem Gebiet des Verkehrs muß als Spezialform polizeilichen Wirkens angesehen werden. Jellinek (439) führt die Verkehrspolizei als Sonderkategorie auf, unterstellt sie allerdings dem Begriff der Unfallpolizei. Damit wird man jedoch dem Tätigkeitsbereich der Verkehrspolizei nicht voll gerecht. Wenn sie z. B. die Zuteilung der Kennzeichen an Kraftfahrzeuge vornimmt oder eine Straße zur Einbahnstraße erklärt, so hat dies nichts mit Unfallpolizei zu tun. Daß es sich hier auch nicht um Sicherheitspolizei in dem engeren Sinne, wie sie im preußischen Verwaltungsrecht bekannt ist, handeln kann, geht daraus hervor, daß die Aufgabe der Sicherheitspolizei die Abwehr von Gefahren, die der Rechtsordnung durch den bösen Willen der Menschen drohen, ist. Gewiß haftet dieser begrifflichen Abgrenzung viel Moralisches im Sinne des alten Vernunftrechts und viel Obrigkeitseinmischung im Sinne des alten Polizeistaates an. Aber unser verwaltungsrechtliches Denken operiert nun einmal damit, und es besteht kein Grund, der Sicherheitspolizei einen weiteren Inhalt zu geben. Sonst würden auch die anderen Zweige der Polizei, wie z. B. die Wasser-, Gesundheits-, Nahrungsmittel-, Gewerbe-, Sittenpolizei, unter die Sicherheitspolizei gereiht werden können, da auch dort die Polizei mittelbar zum Schutze der öffentlichen Sicherheit tätig wird. Das Kammergericht hat deshalb mit Recht betont, daß die Regelung des Straßenverkehrs zum Gebiet der Verwaltungspolizei, die den Gegensatz zur Sicherheitspolizei bildet, gehört (KG. vom 8. 12. 1926, DRZ. 27 II 158). Ebenso hat mit der Ausübung der Wegepolizei die Verkehrspolizei nichts zu tun. Freilich können auch hier Überschneidungen vorkommen, Grenzfälle, wo Zweifel entstehen. Aber im allgemeinen ist sie etwas von Grund auf anderes. Die Belange der Wegepolizei liegen auf dem Gebiet des Baues, der Unterhaltung und Aufsicht der öffentlichen Wege (für Preußen § 55 ZustGes., vgl. auch RdErl. vom 14. 1. 1929 MBliV. 75).

Aufgabe der Verkehrspolizei ist die Regelung der Straßenbenutzung, die Sorge für die Reibungslosigkeit des Verkehrs und die Überwachung der Kraftfahrzeuge. Im einzelnen umschließt dies folgendes:

a) Die Erhaltung der öffentlichen Wege.

Die Polizei kann den Gemeingebrauch an den öffentlichen Wegen beschränken. Das Befahren eines Weges ruft notwendig dessen Abnutzung hervor. Diese Abnutzung kann jedoch bei besonderen Benutzungsformen das normale und in Rechnung zu stellende Maß überschreiten. So wurden durch den starken Kraftfahrzeugverkehr nach dem Kriege die Wege in einem Maße verschlechtert, daß der Oberflächenzustand an vielen Orten nach wenigen Jahren eine gründliche Erneuerung verlangte. Hier nun würde die Polizei als Verkehrspolizei Beschränkungen vornehmen können. Da es sich jedoch zeigte, daß diese Beschränkungen zum Teil ungebührlich stark auf Kosten des Kraftfahrzeugverkehrs vorgenommen wurden, so hat der Gesetzgeber die polizeilichen Befugnisse zur Beschränkung des Kraftfahrzeugverkehrs auf öffentlichen Wegen durch § 30 KVO.

reichsrechtlich genauer festgelegt. Insbesondere durften nun die Sperrung von Wegestrecken, die dem Durchgangsverkehr dienen, nicht mehr die Polizeibehörden, sondern nur die obersten Landesbehörden bezw. höheren Verwaltungsbehörden vornehmen.

Die Verkehrspolizei hat aber auch das Recht, der Abnutzung der Wege dadurch zu wehren, daß sie den Gemeingebrauch, d. h. jedermanns Recht, die Straße zum Reisen und Fortbewegen seiner Sachen zu benutzen (§ 7 II 15 ALR.), an bestimmte Bedingungen knüpft. So kann sie Vorschriften an das Reisenmaterial stellen (keine Unebenheiten der Radkränze). Sie kann das Fortschaffen von Holz, Pflügen und Eggen nur auf Schleifen gestatten (für Preußen vgl. Ziff. 9 der Zusätzlichen Vorschriften zum Chausseegeldtarif vom 29. 2. 1840, GesSamml. S. 94). Sie kann auch anordnen, daß Wege besonderer Art (z. B. Lehm- und Kieswege) nur mit leichtem Fuhrwerk und bei Regenzeit überhaupt nicht befahren werden dürfen. Ihre Grenze aber findet die Polizeimacht in dem Zweck der öffentlichen Wege, die nun einmal zur allgemeinen Benutzung offenstehen. So wäre es unzulässig, durch Polizeiverordnung vorzuschreiben, daß ein Weg für den Verkehr mit Fahrzeugen dauernd gesperrt wird. Eine solche Anordnung würde sich als Einziehung eines Weges kennzeichnen und kann daher nur in der landesgesetzlich besonders geregelten Weise (in Preußen § 57 ZustGes.) durchgeführt werden (Germershausen I 82).

b) Die Einordnung und Abstimmung der Wegebenutzungsarten.

Die einzelnen Benutzungsarten, die der Gemeingebrauch umschließt, bringen es mit sich, daß sich die Interessen der einzelnen Wegebenutzer stoßen oder überlagern. Aufgabe der Polizei ist es hier, den Gemeingebrauch der Wertrangfolge nach zu regeln. Im einzelnen ist die Interessenabwägung nicht leicht. Hat der Kraftfahrer mehr Recht auf die Straße als das Fuhrwerk? Kann der Fußgänger verlangen, daß ihm gegenüber die Belange des schnellen Fahrzeugverkehrs zurücktreten? Hat der Radfahrer Anspruch auf gleiche Berücksichtigung wie die Fuhrwerke? Jede dieser Fragen läßt schwerwiegende Probleme entstehen.

Auszugehen ist davon, daß die Straße dem Verkehr dient, nämlich „der Fortbewegung, die ihrerseits immer lebhafter und immer empfindlicher gegen Hemmnisse wird" (Mayer II, 84). Dieser Ansatzpunkt ist heute noch keineswegs dem juristischen Denken geläufig. In der forensischen Jurisprudenz kehrt hartnäckig der Gedanke wieder, daß die Straße den Fußgängern, auch den Krüppeln und geistig wenig Regsamen, mit gleichem Rechte wie allen anderen Wegebenutzern offensteht. Gleichwohl wird diese statische Betrachtungsweise auf die Dauer immer unhaltbarer. Sie beruht auf dem falschen Axiom, daß die Straße allen Wegebenutzern ohne Rangunterschied zur Verfügung steht. Die Straße aber dient dem Verkehr, in dem der Fußgänger nur ein Glied bildet.

Die Polizei kann demnach im Interesse des Verkehrs den einzelnen Verkehrsarten Gebote, Beschränkungen oder Verbote auferlegen. So muß es sich das Fahrrad als minder wichtiges Verkehrsmittel gefallen lassen, dem Fuß- und Wagenverkehr zuliebe von den engeren Straßen und Brücken verbannt zu sein (Mayer II, 85). Der schnelle Kraftfahrzeugverkehr kann in einem kleinen Orte zugunsten des Fußgängerverkehrs von einer belebten Straße ausgeschlossen werden, umgekehrt kann in Großstädten der Kraftwagenverkehr eine Beschränkung des Fußgängerverkehrs erforderlich machen. So ist in den großen Verkehrsadern von Berlin die Fahrgeschwindigkeit der Kraftfahrzeuge auf 40 km in der Stunde heraufgesetzt. Es ist den Last- und Handwagen verboten, Verkehrsstraßen

I. Ordnung in der Längsrichtung zu durchfahren (§ 14 der Berliner Verkehrsordnung vom 15. 1. 1929). Desgleichen dürfen sie in diesen Straßen von 8 bis 19 Uhr zum Ent- und Beladen nicht halten (§ 16). Fußgänger dürfen in Verkehrsstraßen I. Ordnung die Fahrbahn nur an bestimmten Punkten überschreiten (§ 47). Das alles kann die Verkehrspolizei regeln, wobei die Belange der einzelnen Interessenten sorgfältige Abwägung erfordern.

c) Die Ordnung der Straßenbenutzung durch Fahrregeln.

Die wichtige und weitreichende Aufgabe der Polizei, den Gemeingebrauch durch Verkehrsregeln reibungslos zu gestalten, ist ihr heute durch die KVO. und die StrVO. in großem Umfange abgenommen. Früher war es ihre Sache, die Regeln des Verkehrs aufzustellen, über die Einhaltung einer bestimmten Straßenseite, das Ausweichen, Überholen, Einbiegen, Vorfahrtrecht und Halten Bestimmungen zu treffen, durch die die Freiheitssphäre der einzelnen Wegebenutzer beschränkt wird. Soweit die KVO. und StrVO. Bestimmungen getroffen haben, ist damit ihr Anordnungsbereich eingeengt (siehe Einleitung II und Anm. 2 zu § 32). Aber die neuen Verhältnisse, die sich ständig dem Verkehrsleben einbilden, geben immer wieder Anlaß zu polizeilichen Vorschriften. So zwingt die Einführung automatischer Lichtregelung zur Klärung der Frage, wann in Seitenstraßen eingebogen werden kann (§ 3 der Berliner Verkehrsordnung vom 15. 1. 1929). Die Einbahnstraßen lassen neue Probleme auftauchen, in welcher Weise sie benutzt werden dürfen. Die Verkehrspolizei hat hier regelnd einzugreifen.

d) Die Ordnung der Straßenbenutzung durch Verkehrsstromregelung.

Die Verkehrsverhältnisse in den Großstädten zwingen zu besonderer Leitung des Verkehrs. Die darauf bezüglichen Vorschriften werden nicht im Interesse der Erhaltung des Zustandes der Straße, sondern zur Förderung der raschen Abwicklung gesteigerten Verkehrs gegeben. So werden Einbahnstraßen bestimmt; auf belebten Plätzen wird ein Rundverkehr eingerichtet; das Parken von Fahrzeugen wird auf abgegrenzte Stellen beschränkt.

e) Die Lenkung des Verkehrs durch Anweisungen der Verkehrsschutzleute.

Das Recht der Polizeibeamten, in den Verkehr einzugreifen, Fahrzeugen das Halten zu gebieten, ihnen durch Winkerzeichen Richtung zu weisen, ist mit den modernen Anschauungen des Rechtsstaates nicht ohne weiteres vereinbar. Hier gilt die Regel, daß die obrigkeitliche Bestimmung des Einzelfalls den Behörden vorbehalten ist und der Beamte ohne behördliche Eigenschaft nur im Gewaltverhältnisse durch seine Anweisungen Gehorsamspflichten zu erzeugen vermag (Mayer II, 86). Damit haben sich Anschauungen, die nur dem alten Polizeistaat mit der in ihm herrschenden Machtfülle des unteren Beamtentums bekannt waren, in unser heutiges Verwaltungsrecht hineingeschlichen. Das Weisungsrecht findet seine Grenzen in den Interessen des Verkehrs. So z. B. kann der Polizeibeamte nicht das Abstellen des Motors bei Kraftfahrzeugen oder das Ausspannen der Pferde bei Fuhrwerken verlangen (siehe auch Anm. 1 zu § 16).

f) Die zeitweilige Beschränkung der Straßenbenutzung.

Dazu gehört die Sperrung einer Straße für Pflasterarbeiten oder gelegentlich von besonderen Aufzügen, Prozessionen usw. Endlich auch die Untersagung der freien Fahrt durch Haltgebote an Eisenbahnübergängen, bis der Zug vorbeigefahren ist (Halttafeln), und durch automatische Lichtsignalregelung an Kreuzungspunkten in Großstädten.

g) Sonderaufgaben in bezug auf die Kraftfahrzeuge.

Hier obliegt ihr die Zulassung und die Erteilung des Kennzeichens (§ 5 KVO.), die Erteilung der Erlaubnis zum Führen (§ 14 KVO.), die Untersuchung und Ausschließung eines Fahrzeugs (§ 35 KVO.), die Entziehung der Fahrerlaubnis (§ 35 KVO., bei Kleinkrafträdern § 48 KVO.). Auf dem Gebiet der StrVO. kommt hauptsächlich die Untersagung der Führung von Fuhrwerken in Betracht (§ 5 StrVO.).

h) Daneben tritt die Verkehrspolizei noch auf anderen Gebieten in die Erscheinung, so auf dem des Luftverkehrs, der Schiffahrt usw. (Jellinek 440).

i) Die Organe der Verkehrspolizei sind je nach den zu wahrenden Belangen und der verwaltungsrechtlichen Organisation der Länder verschieden. Wie bereits hervorgehoben, stehen eine Reihe von Befugnissen den obersten Landesbehörden zu. Andere sind den höheren Verwaltungsbehörden übertragen. Die Regelung des Fuhrwerks-, Radfahr- und sonstigen Verkehrs obliegt im allgemeinen den niederen Polizeibehörden (Ortspolizeibehörden). Endlich stehen auch den einzelnen Hilfsorganen der Polizei, den Verkehrsschutzleuten, die erwähnten Rechte zu.

IV. Ausländisches Recht.

Die ausländischen Staaten haben großenteils das Verkehrsrecht einheitlich für Kraftfahrzeuge, Fuhrwerke, Fahrräder usw. geregelt. Zum Teil ist die Kodifikation erst spät erfolgt, so in Frankreich und Belgien durch den Code de la Route.

In England ist bislang nur das Kraftfahrzeugrecht gesetzlich geregelt, und auch hier nur ein bestimmtes Gebiet. So beruhen die Fahrregeln auch heute noch auf Gewohnheitsrecht, und zwar auf einem Gewohnheitsrecht, das allein von den Gepflogenheiten des Fuhrwerksverkehrs seinen Ursprung nimmt. Dies zeigt sich bei den Regeln des Überholens, Ausweichens und Vorfahrens. Auf freier Landstraße hat der Führer das Recht, beide Seiten des Weges einzuhalten. Bei vorhandenem Verkehr muß er links fahren. Die Betriebsvorschriften unterfallen großenteils der Rechtsfigur der „nuisance“ (Belästigung). So wenn der Fahrer mit einem zu schweren Fuhrwerk fährt, das den Weg beschädigt. Wenn der Fahrer das Fuhrwerk verkehrswidrig aufstellt. Wenn durch das Fahren Menschen oder Tiere gefährdet werden. Im übrigen gelten für einzelne Tatbestände (z. B. Beleuchtung) gesetzliche Vorschriften und Verordnungsrecht. Unvorsichtiges Fahren mit Kraftfahrzeugen wird in England auf Grund von s. 1 Motor Car Act 1903 bestraft, und zwar fällt darunter rücksichtsloses und nachlässiges Fahren, Fahren mit einer das Publikum gefährdenden Geschwindigkeit und in einer für das Publikum gefährlichen Weise. Ein englischer Richter bemerkt zutreffend in einer Entscheidung (Beresford v. Richardson, 1921, 1 K B 243), daß die Sprache dieses Paragraphen nicht bestimmt sei und sich der Gesetzgeber darin doppelt ausgedrückt habe. Aber trotzdem wird in England mit dieser außerordentlich dehnbaren Fassung gearbeitet. Eine wichtige Rolle spielen endlich die Präjudizien höherer Gerichte, die für die niederen Gerichte bindend sind.

Das englische Verkehrsministerium hat zwar im Jahre 1927 den Entwurf eines Wegeverkehrsrechts (Draft Road Traffic Bill) der Öffentlichkeit unterbreitet, doch ist mit dem gesetzlichen Inkrafttreten unter der gegenwärtigen Regierung nicht mehr zu rechnen. Dieses neue Wegerecht will Kraftfahrzeug-, Fuhrwerks- und sonstigen Verkehr einheitlich ordnen. Doch bleiben die Fahrvorschriften außerhalb der gesetzlichen Regelung, so daß sie weiterhin ihre Quelle im Gewohnheitsrecht behalten.

In den Vereinigten Staaten sind die Verhältnisse denen in Deutschland verwandt. Das ergibt sich schon aus den staatsrechtlich ähnlichen Verhältnissen. Da es sich um einen Bundesstaat handelt, sind die einzelnen 48 Staaten Träger der Gesetzgebung. Wenn auch viele dieser Staaten ein Gebiet umfassen, das dem des gesamten Deutschen Reiches gleichkommt, so wurde doch auch in Amerika der vorhandene Zustand als vereinheitlichungsbedürftig empfunden. So wurde nach dem Kriege die „National Conference on Street and Highway Safety" unter dem Vorsitze Hoovers berufen, die zunächst für das Kraftfahrzeugrecht einheitliche Vorschläge in Form des Uniform Vehicle Code brachte. Dieser ist bereits in einigen Staaten (New Jersey, California, New Hampshire) in Kraft getreten und wird langsam auch in den anderen Staaten Eingang finden. Da jedoch der Uniform Vehicle Code nur das Kraftfahrzeugrecht erfaßt, so wurde auch noch eine einheitliche Musterverordnung für den Verkehr in den Städten geschaffen (Municipal Traffic Ordinance), die den gesamten Verkehr umspannt. Hier sind die Befugnisse der Polizeibeamten, die Bedeutung der Verkehrszeichen, die Rechte und Pflichten der Fußgänger, die Fahrordnung der Straßenbahnen, das Halten und Aufstellen der Fahrzeuge und die Fahrregeln festgelegt.

Kanada, das ebenfalls nur eine Sondergesetzgebung der Provinzen kennt, hat wesentlich in Anlehnung an die Bestimmungen in den Vereinigten Staaten den Verkehr geregelt. So umfaßt der Highway Traffic Act der Provinz Ontario Vorschriften für Kraftfahrzeuge, Fuhrwerke und Radfahrer. Besonderen Strafen unterliegen solche

Personen, die Wegezeichen beschädigen oder entfernen (Art. 28) und die Gegenstände, welche den Verkehr behindern, auf die Straße werfen (Art. 39).

In Frankreich war das Verkehrsrecht bis zur Einführung des Code de la Route gespalten. Für die großen National- und Departementsstraßen galten nach dem Wegegesetz vom 30. 5. 1851 andere Bestimmungen als für die Gemeindestraßen. Örtliche Verordnungen von Bürgermeistern waren zu beachten, kurz es war ein Zustand, wie er in Deutschland vor Erlaß der Straßenverkehrsordnungen herrschte. Eine Neuregelung setzte zunächst 1921 mit dem „règlement sur la police de la circulation sur la voie publique“ ein. Aber die Schwierigkeiten der Zuständigkeitsfragen und der Bestrafung von Verstößen blieben nach wie vor bestehen. So brachte erst der Code de la Route vom 31. 12. 1922 die notwendige Klarheit und Einheitlichkeit. Dessen erster Abschnitt umfaßt die Vorschriften über Gewicht, Umfang, Beladung, Führer, Schnelligkeit usw. Der zweite Abschnitt bringt Sonderbestimmungen für Fuhrwerke (Bremsen, Zahl der Zugtiere, Vorspann, Verhalten bei Glatteis). Der dritte Bestimmungen für Kraftfahrzeuge und der vierte für Fahrzeuge in öffentlichen Diensten. Der fünfte und sechste betreffen Radfahrer, Fußgänger und Truppenkörper.

In Belgien hat man ähnlich wie in Frankreich das gesamte Wegerecht durch das Gesetz vom 1. 8. 1924 und die Verordnung über Fahrverkehr vom 1. 11. 1924 geregelt. Hier ist nicht nach Abschnitten zwischen Kraftfahrzeugen, Fuhrwerken, Radfahrern, Reitern und Fußgängern getrennt, vielmehr sind jeweils in den einzelnen Paragraphen Bestimmungen für alle Arten von Wegebenutzern gegeben. Im ersten Abschnitt sind die Fahrregeln aufgestellt, im zweiten Vorschriften über Erkennungsschilder und Beleuchtung, im dritten Bestimmungen über die Einrichtung und den Zustand des Fahrzeugs, im vierten ist die Belastung geregelt. Sowohl in Belgien wie in Frankreich bestehen örtliche Polizeiverordnungen, die Tatbestände betreffen, die die gesetzlichen Vorschriften nicht umschließen.

In Österreich ist die Regelung der deutschen sehr ähnlich. Die Vorschriften für den Fuhrwerksverkehr finden sich in der Straßenpolizeiordnung für die Bundesstraßen vom 30. 7. 1921 (siehe Anhang 7).

In der Schweiz gilt bislang kantonales Recht. Der Fahrradverkehr sollte im Zusammenhang mit dem Automobilverkehr durch Bundesgesetz geregelt werden. Gegen den Entwurf vom 10. 2. 1926 wurde ein Referendum eingereicht, das eine Volksabstimmung nötig machte. Das Gesetz fiel dabei durch.

In Holland sind die Bestimmungen für Fuhrwerke und Fahrräder in dem Motor- en Rijwielwet vom 10. 2. 1905, dem Motor- en Rijwielreglement vom 30. 4. 1927 und der Motor- en Rijwielbeschikking vom 29. 8. 1927 gegeben. Auch hier ist die gesamte Materie des Kraftfahrzeug-, Fuhrwerks- und Radfahrverkehrs in den genannten Gesetzen und Verordnungen zusammengefaßt. Der Fußgängerverkehr steht, wie in den meisten Staaten, außerhalb der Regelung.

2.

Verordnung über den allgemeinen Verkehr auf öffentlichen Wegen (Straßenverkehrsordnung).

Auf Grund der .... werden für den Fuhrwerk-, Radfahr-, Reit- und Fußgängerverkehr und das Treiben und Führen von Tieren und zum sonstigen Schutze des Verkehrs[1]) auf öffentlichen Wegen folgende Vorschriften erlassen:

A. Allgemeines.

§ 1.

Begriffsbestimmungen;[2]) öffentliches Fuhrgewerbe.

(1) Im Sinne nachstehender Vorschriften gelten:

1. als Fuhrwerke[3]) Fahrzeuge, die für das Fortbewegen durch Menschen oder Tiere eingerichtet und nicht an Bahngleise gebunden sind, ausgenommen Fahrräder, Rollstühle für Kranke, einrädrige Schubkarren, Kinderwagen, Kinderleiterwagen oder dergleichen;
2. als Kraftfahrzeuge[4]) Fahrzeuge, die durch Maschinenkraft bewegt werden, ohne an Bahngleise gebunden zu sein;
3. als Wirtschaftsfuhren[5]) Fuhren, die innerhalb der Gemarkung (Feld- oder Gemeindemarkung) des Betriebssitzes oder benachbarter Gemarkungen (Feld- oder Gemeindemarkungen) für Zwecke der Land- oder Forstwirtschaft ausgeführt werden;

4. als Wege[8]) auch Plätze, Brücken und Durchgänge;
5. als Wegebenutzer[7]) Schienenfahrzeuge, Fuhrwerke, Kraftfahrzeuge, Radfahrer, Reiter, marschierende Abteilungen, Aufzüge sowie getriebene oder geführte Tiere, ausgenommen Hunde;
6. als Dunkelheit[8]) in den Monaten April bis September die Zeit von einer Stunde nach Sonnenuntergang bis eine Stunde vor Sonnenaufgang, in den übrigen Monaten die Zeit von einer halben Stunde nach Sonnenuntergang bis eine halbe Stunde vor Sonnenaufgang.

(2) Wenn neben der befestigten eine unbefestigte Fahrbahn (Sommerweg) vorhanden ist, so gilt jede der beiden Fahrbahnen für die Anwendung der Fahrordnung in den §§ 10 bis 12 — Beurteilung der rechten und der linken Seite — als selbständiger Weg;[9]) beim Ausweichen und Überholen darf auch erforderlichenfalls vom Sommerweg auf die befestigte Fahrbahn und umgekehrt übergegangen werden.

(3) Auf Fuhrwerke und Fahrräder, welche im öffentlichen Fuhrgewerbe[10]) verwendet werden, sowie auf die Führer dieser Fahrzeuge finden neben den nachstehenden Vorschriften die besonderen Bestimmungen über den Betrieb der dem öffentlichen Fuhrgewerbe dienenden Fahrzeuge Anwendung.

1. Die StrVO. stellt sich als Schutzgesetz im Sinne des § 823 Abs. 2 BGB. dar. Doch kennzeichnet sich die Nichtbeobachtung der Vorschriften nicht unter allen Umständen als Verschulden, z. B. dann nicht, wenn eine der Vorschrift der StrVO. widersprechende allgemeine Übung besteht (RG. vom 26. 2. 1907, RGBl. 18 57).

2. Die Begriffsbestimmungen der StrVO. haben im allgemeinen gleiche Bedeutung wie die der KVO. (KG. vom 2. 8. 1927, Auto 28 62; KG. vom 25. 10. 1927, Entsch. Ergbd. 7 227).

3. Die Fuhrwerke unterfallen dem in § 1 Abs. 1 Nr. 5 bestimmten Oberbegriff der Wegebenutzer. Das Wort Wegebenutzer ist durch die KVO. vom 28. 7. 1926 neu eingeführt. Während die KVO. in § 1 Abs. 1 Nr. 5 nicht näher bestimmt, was unter Fuhrwerken zu verstehen ist, definiert die StrVO. Fuhrwerke als Fahrzeuge, die für das Fortbewegen durch Menschen oder Tiere eingerichtet und nicht an Bahngleise gebunden sind.

a) Wesentlich für die Auslegung dieser Bestimmung ist, ob man den Bedeutungsnachdruck auf das Fortbewegen oder die Einrichtung dazu legt. Wenn es nur auf das Fortbewegen durch Menschen oder Tiere ankommt, so würden auch Kraftfahrzeuge, vor die gelegentlich bei einer Panne Pferde gespannt werden, um sie zur nächsten Reparaturwerkstätte zu ziehen, als Fuhrwerke im Sinne der StrVO. zu gelten haben. Sie müßten also z. B. im Falle eines Lastautos gemäß § 3 mit einem deutlich lesbaren Schild versehen sein. Daraus ergibt sich, daß richtigerweise das Schwergewicht darauf zu legen ist, ob das Fahrzeug zur Fortbewegung durch Menschen oder Tiere eingerichtet ist, d. h. ob entsprechende Griffe, Zug- oder Schiebevorrichtungen vorhanden sind.

Unwesentlich ist, ob die Fortbewegung durch Ziehen oder Schieben erfolgt, ob sie auf Rädern oder Kufen (Schlitten) geschieht — es ist von Fahrzeugen, nicht Wagen die Rede —, ob sie zur Beförderung von Menschen oder Sachen vorgenommen wird. Eine solche Beförderung braucht sogar überhaupt nicht stattzufinden.

Unwesentlich ist auch, ob das Fahrzeug vom Bock aus gelenkt wird, ob der Fahrer daneben gehen muß, oder ob die Lenkung durch Sattelreiter erfolgt, wie es vielfach bei den Fahrzeugen der Wehrmacht (Artillerie), zuweilen auch bei Gespannen geschieht.

Nicht zum Fuhrwerk gehören die Zugtiere und ihre Verbindung damit, was sich aus § 6 Abs. 1 Satz 1 StrVO. ergibt (OLG. Darmstadt vom 6. 2. 1903, DJZ. **04** 952; KG. vom 7. 6. 1909, DJZ. **09** 1093), desgleichen nicht angekoppelte Tiere. Wohl dagegen angehängte Wagen (siehe § 4 Abs. 1 Satz 1 StrVO.).

b) Das Fahrzeug darf nicht an Bahngleise gebunden sein. Bahngleise sind derart befestigte Schienen, daß das Fahrzeug einer festen und sichtbaren Spur zu folgen hat. Die Einbettung in die Straße ist nicht notwendig. Das Fahrzeug muß an die Schienen gebunden, d. h. ihrer Spur notwendig zu folgen gezwungen sein, wofür es genügt, wenn nur zwei Räder eines vierrädrigen Fahrzeugs durch die Schienen geleitet werden. Loren, die von Pferden auf provisorisch mit der Straße verbundenen Schienen gezogen werden, gehören deswegen nicht zu den Fuhrwerken.

c) Ausdrücklich ausgenommen sind endlich Fahrräder, Rollstühle für Kranke, einrädrige Schubkarren, Kinderwagen, Kinderleiterwagen und dergleichen.

4. Die Kraftfahrzeuge sind in Gegensatz zu den Fuhrwerken gestellt. Der Begriff des Kraftfahrzeugs nach der StrVO. deckt sich nicht völlig mit dem des KGes. (§ 1 Abs. 2) und der KVO. (§ 1 Abs. 1 Nr. 1), die inhaltlich untereinander gleich sind. Nach dem KGes. und der KVO. sind Kraftfahrzeuge Landfahrzeuge, die durch Maschinenkraft bewegt werden, ohne an Bahngleise gebunden zu sein. In der StrVO. ist der Begriff Landfahrzeuge durch den weiteren: Fahrzeuge ersetzt.

a) Demnach müßten dem Begriff des Kraftfahrzeugs im Sinne der StrVO. auch Luftfahrzeuge und Wasserfahrzeuge, z. B. Motorboote, unterfallen. Dem steht jedoch entgegen, daß sie nicht auf öffentlichen Wegen verkehren, worauf sich die StrVO. bezieht.

Kleinkrafträder, die keine Kraftfahrzeuge im Sinne des KGes. und der KVO. sind (§ 27 KGes.), unterfallen dem Begriff der Kraftfahrzeuge im Sinne der StrVO.

b) Das Fahrzeug muß durch Maschinenkraft bewegt werden. Maschinenkraft ist der Gegensatz zu menschlicher, tierischer oder Naturkraft. Demnach ist kein Kraftfahrzeug ein Fahrzeug, das durch menschliche Arm- oder Beinbewegungen, die auf Hebel, Pedale, Schubstangen oder ähnliches einwirken, in Bewegung gesetzt wird, wie z. B. das Landskiff. Das gleiche gilt für Rotorfahrzeuge, selbst wenn die Windkraft, die antreibend wirkt, mit Hilfe einer Maschine in Bewegungsenergie umgesetzt wird. Endlich ist auch das Raketenfahrzeug kein Kraftfahrzeug, da hier die Schub- und Brandraketen ohne Inanspruchnahme einer Maschine das Fahrzeug in Bewegung setzen, so etwa wie ein starker Windstoß ein Fahrzeug mit breiter Rückenangriffsfläche oder ein Segelboot vorwärts treibt.

c) Das Fahrzeug darf nicht an Bahngleise gebunden sein (siehe Anm. 3 b).

d) Auch jene Fahrzeuge, die gemäß § 2 Abs. 4 KVO. außerhalb der Vorschriften, die für Kraftfahrzeuge gelten, gestellt sind, nämlich Kraftschlitten, Raupenkraftfahrzeuge, Dampfstraßenlokomotiven, Straßenwalzen, ferner solche Kraftfahrzeuge, deren betriebsfertiges Gewicht in beladenem oder unbeladenem Zustand 9 Tonnen oder bei Vorhandensein von drei Achsen 15 Tonnen übersteigt, sowie selbstfahrende Arbeits- und Werkzeugmaschinen zu landwirtschaftlichen oder gewerblichen Zwecken (z. B. Dampf-, Motorpflüge, Motorsägen) sind Kraftfahrzeuge im Sinne der StrVO. Denn die Ausnahmebestimmung des § 2 Abs. 4 KVO. berührt die StrVO. nicht. Solchen Fahrzeugen gegenüber bestehen daher die Pflichten, die den Fuhrwerkslenkern, Radfahrern usw. gegenüber allen Wegebenutzern obliegen.

Anderseits stehen diese Fahrzeuge selbst außerhalb der gesetzlichen Regeln. Denn nach § 2 Abs. 4 KVO. gelten für sie nicht die Vorschriften der KVO., und in der StrVO. ist ihnen kein Sonderabschnitt gewidmet. Da auch örtliche Polizeiverordnungen darüber nur vereinzelt bestehen und in solchen Fällen meist keine Fahrvorschriften gegeben sind, so besteht hier eine Lücke. Gleichviel müssen auch jene Fahrzeuge die allgemeinen Fahrregeln beobachten, soweit sie nicht ihrem Zweck nach eine Ausnahmestellung haben. Eine Dampfwalze wird daher, wenn sie sich auf der Arbeitsstelle befindet, auch die linke Straßenseite zum Walzen befahren können. Kraftschlitten, selbstfahrende Arbeitsmaschinen usw. haben dieses Recht nicht.

Müller (494) nimmt an, daß die erwähnten Fahrzeuge überhaupt nicht zum Gemeingebrauch zugelassen sind. Dies kann man jedoch weder aus § 29 KVO. noch aus sonstigen Erwägungen heraus folgern. Der Gemeingebrauch an öffentlichen Wegen umschließt das Recht für jedermann, sich der Straße zum Reisen und Fortbewegen seiner Sachen zu bedienen (siehe Einleitung III a). Diese Befugnis kann zwar durch polizeiliche Maßnahmen eingeengt werden. Aber soweit das nicht geschehen ist, sind auch Kraftschlitten, Raupenfahrzeuge usw. des Gemeingebrauchs teilhaftig. Für Hessen vgl. § 32 StrBO.

5. Die Begriffsbestimmung der Wirtschaftsfuhren und ihre Aufzählung hinter den Fuhrwerken und Kraftfahrzeugen ist nicht eindeutig. Das Wort Wirtschaftsfuhre bedeutet dem Sprachgebrauch nach ein Gefährt mit einer besonderen Bestimmung. Es wird der Zweck (Beförderung für Land- und Forstwirtschaft) und der Inhalt („eine Fuhre Holz" bedeutet im täglichen Leben sogar eine Art Raummaß) betont, während über das Beförderungsmittel nichts zum Ausdruck gebracht wird.

Gerade weil die StrVO. die Wirtschaftsfuhren nicht unter die Fuhrwerke reiht, sondern sie hinter den Fuhrwerken und Kraftfahrzeugen gesondert aufzählt, könnte man annehmen, daß auch Wirtschaftsfuhren, die durch Kraftantrieb bewegt werden, dem Begriff unterfallen. Allein die weitere Verwendung dieses Wortes in §§ 3, 4, 5, 6 StrVO. beweist, daß die StrVO. darunter Fuhrwerke mit besonderer Zweckbestimmung versteht. Demnach hätte man richtiger die Definition der Wirtschaftsfuhren im Anschluß an die der Fuhrwerke in § 1 Abs. 1 Nr. 1 StrVO. gebracht.

6. Die StrVO. dient, wie sich aus der Präambel ergibt, dem Schutze des Verkehrs auf öffentlichen Wegen.

a) Der Begriff des öffentlichen Weges im Sinne der StrVO. ist weiter als der im Sinne des Wegerechts (vgl. Isaac 33, Müller 120, Heucke 3, Lechner 14, Oberländer-Bezold 383; a. A. Eger zu § 1). Er beschränkt sich nicht allein auf die verwaltungsrechtlich öffentlichen Wege, für die die Anordnung oder Zustimmung der Wegepolizeibehörde Voraussetzung ist, sondern gilt auch für die tatsächlich öffentlichen Wege. Ein Weg im Sinne der StrVO. ist öffentlich, wenn er vom Publikum — also nicht nur einer beschränkten Personenzahl —

benutzt wird (LeipzKomm. Bem. IX 2 und X 6 zu § 366; RGStr. **33** 371, 373; BayObLGSt. **12** 273, **13** 427; BayObLG. vom 25. 11. 1926, JR. **27** II Nr. 766; KG. vom 10. 5. 1927, ErgBd. **6** 270; KG. vom 2. 8. 1927, Auto **28** 62; OLG. Rostock vom 7. 10. 1927, HRR. **28** Nr. 201). Denn die StrVO. bezweckt den Schutz der Allgemeinheit vor den Gefahren, die durch Nichtbeachtung der gesetzgeberischen Bestimmungen bei der Benutzung von Wegen entstehen.

Dem Begriff des öffentlichen Weges unterfallen nicht solche Wege, die nur gegen eine besondere Benutzungsgebühr bestimmten Arten von Wegebenutzern offenstehen und die von den rechtlich Beteiligten nicht dazu bestimmt sind, dem öffentlichen Verkehr zu dienen (Germershausen, I 4; KG. vom 22. 10. 1926, ErgBd. **5** 146). Dazu gehören z. B. die Avusbahn (Isaac, R. d. K. **27** 118) und der Nürburgring.

b) Der Begriff des öffentlichen Platzes bezieht sich nicht auf solche Plätze, die in der Flucht öffentlicher Wege liegen. Denn diese unterfallen bereits dem Begriff des öffentlichen Weges. Gemeint sind daher solche Plätze, über die keine öffentlichen Wege führen, wie z. B. ausgedehnte Marktplätze, die von Straßen umrahmt werden, über die aber Fahrzeuge fahren dürfen, unter Umständen sogar Sportplätze (OLG. Rostock vom 7. 10. 1927, HRR. **28** Nr. 201).

c) Brücken und Durchgänge. Nach der gleichlautenden Vorschrift des § 1 Abs. 1 Nr. 4 KVO. sind als Brücken und Durchgänge nur solche zu verstehen, die im Zuge öffentlicher Wege liegen (Müller 482), da § 1 KGes. nur von öffentlichen Wegen oder Plätzen spricht und demnach die KVO. diese Begriffe nicht erweitern kann. Die StrVO. ist an die engere Bestimmung des KGes. nicht gebunden, demnach bezieht sich diese auch auf Brücken oder Durchgänge, die nicht mit öffentlichen Wegen zusammenhängen.

7. Das Wort Wegebenutzer deutet sprachlich genommen auf Menschen hin. Ob z. B. ein Kraftfahrzeug ein Wegebenutzer ist oder nicht richtiger der Kraftfahrer, der sich des Fahrzeugs bedient, erscheint fraglich. Jedenfalls hätte die StrVO., wenn sie schon die Sache über den sie benutzenden Menschen stellte, folgerichtig auch von Fahrrädern, nicht Radfahrern sprechen müssen. Es ist nicht einzusehen, inwiefern z. B. bei einem Motorrad das Fahrzeug, beim Fahrrad der Mensch Wegebenutzer ist.

Im einzelnen umschließt der Begriff Wegebenutzer folgendes:

a) Schienenfahrzeuge. Aus dem Wortsinn ergibt sich, daß sie an Schienengleise gebunden sein müssen. Unerheblich ist, ob die Bewegung durch menschliche, tierische, Maschinen- oder Naturkraft erfolgt, ob das Fahrzeug geschoben oder gezogen wird, ob es den Kraftantrieb von außen oder von innen erhält.

b) Fuhrwerke (siehe Anm. 3). Rechtssystematisch zweckmäßiger wäre es gewesen, zunächst den Begriff des Weges (§ 1 Abs. 1 Nr. 4), dann den Begriff der Wegebenutzer (§ 1 Abs. 1 Nr. 5) und erst darauf den Begriff der Fuhrwerke (§ 1 Abs. 1 Nr. 1), Kraftfahrzeuge (§ 1 Abs. 1 Nr. 2) und Wirtschaftsfuhren (§ 1 Abs. 1 Nr. 3) zu bestimmen.

c) Kraftfahrzeuge (siehe Anm. 4). Während die KVO. in § 1 Abs. 1 Nr. 5 ausdrücklich hinzufügt, daß als Kraftfahrzeuge auch Kleinkrafträder zu gelten haben, da diese nicht Kraftfahrzeuge im Sinne des KGes. sind, konnte man in der StrVO. diesen Zusatz weglassen, da die Kleinkrafträder in technischem Sinne Kraftfahrzeuge darstellen.

d) Radfahrer. Fahrräder sind Transportmittel, die ausschließlich durch die Kraft der beförderten Personen bewegt werden (PolVO. vom 25. 1. 1896, Amtsbl. Potsdam S. 35). Eine gesetzliche Definition ist weder in der StrVO. noch in den Grundzügen betreffend den Radfahrverkehr (siehe Anhang 5) enthalten. Dem Begriff der Radfahrer im Sinne von Wegebenutzern unterfallen nicht nur jene Personen, die sich der gewöhnlichen Tretfahrräder bedienen. Vielmehr müssen ihnen im weiteren Sinne auch die Personen zugerechnet werden, die ein Landskiff fahren, oder Kinder, die sich bestimmter Radfahrzeuge, wie der Holländer und Roller, bedienen. Auch drei- oder vierrädrige Fahrzeuge, die von Invaliden zur Fortbewegung benutzt und durch Arm- oder Beinbewegungen betrieben werden, sind im Gegensatz zu den in § 1 Abs. 1 Nr. 1 StrVO. erwähnten

Rollstühlen für Kranke — gedacht ist offenbar an solche, die geschoben werden — Fahrräder.

e) Reiter. Dazu rechnen solche auf Pferden und anderen Tieren (Eseln, Maultieren usw.), gleichviel ob ein Sattel benutzt wird oder nicht, ob das Tier am Zügel oder an einer Handleine geritten wird. Sattelreiter, die Fahrzeuge lenken (siehe Anm. 3 a), unterliegen den Vorschriften über den Fuhrwerksverkehr (§§ 5 bis 18), nicht denen über Reitverkehr (§ 28).

f) Marschierende Abteilungen. In diesem Sinne kommen Truppenkörper und geschlossene Verbände der Polizei in Frage (§ 14 StrVO.), für die Sondervorschriften gelten.

g) Aufzüge. Hierunter fallen Verbände, die nicht in geschlossener Formation die Straße benutzen, z. B. Leichenzüge, Prozessionen, auch Schützenverbände, politische Demonstrationszüge, Musikkapellen. Während jedoch Leichenzüge und Prozessionen nach § 14 StrVO. nicht unterbrochen oder sonstwie in ihrer Bewegung gehemmt werden dürfen, gilt dies für die letzteren Aufzüge nicht (siehe Anm. 3b zu § 14).

h) Getriebene oder geführte Tiere. Dazu gehören nicht nur Haustiere und Weidevieh, sondern auch Reitpferde, wenn sie an der Leine geführt werden.

i) Hunde sind ausdrücklich von dem Begriff der Wegebenutzer ausgenommen. Ihnen gegenüber besteht daher nicht die Pflicht des Ausweichens, Überholens usw. Anderseits muß der Fuhrwerkslenker auch auf Hunde Rücksicht nehmen. Ebensowenig wie er ein Recht dazu hat, einen auf der Straße liegenden Gegenstand zu beschädigen, ist er berechtigt, Hunde, die auf der Straße liegen, zu überfahren. Die allgemeinen Rechtsvorschriften bleiben durch die Pflichten, die sich aus der StrVO. ergeben, unberührt. Ein Fuhrwerkslenker, der einen Hund überfährt, würde gemäß § 823 Abs. 1 BGB. für die schuldhafte Eigentumsbeschädigung haftbar sein, während § 823 Abs. 2 BGB. keine Anwendung findet, da hinsichtlich der Hunde die StrVO. kein Schutzgesetz bildet. Auch macht sich der Fuhrwerkslenker bei vorsätzlichem Überfahren wegen Sachbeschädigung strafbar. Ist der Hund jedoch herrenlos, so entfällt jede zivil- und strafrechtliche Verantwortung.

k) Über sonstige Tiere, die sich auf der Straße herumtreiben, z. B. Katzen, Gänse, Hühner, gegebenenfalls auch Wild, ist in der StrVO. nichts gesagt. Für sie muß jedoch sinngemäß dasselbe wie für Hunde gelten.

l) Die Fußgänger rechnen, wie sich aus der Aufzählung in § 1 Abs. 1 Nr. 5 ergibt, nicht zu den Wegebenutzern (OLG. Darmstadt vom 11. 4. 1928, DAutor. **28** 228). Diese unterliegen daher den allgemeinen Regeln über den Straßenverkehr nicht, sondern sind gemäß § 29 StrVO. eigenen Bestimmungen unterworfen.

8. Der Begriff der Dunkelheit ist durch die Änderung der KVO. vom 28. 7. 1926 einheitlich kalendermäßig festgelegt. Die Bestimmung des § 1 Abs. 1 Nr. 6 StrVO. deckt sich inhaltlich mit § 1 Abs. 1 Nr. 6 KVO. Damit ist die Vielzahl der örtlichen Sondervorschriften für das ganze Reich einheitlich geregelt. Der Gesetzgeber hat sich der Auffassung des KG. angeschlossen, das bereits 1914 (vom 12. 3. 1914, DStrZtg. **14** 366) nicht die tatsächliche, sondern die kalendermäßig feststehende Zeit bei entsprechenden örtlichen Sondervorschriften entscheidend sein ließ. Demnach kommt es für die Frage der Dunkelheit nicht darauf an, ob die Straße infolge Wolkenbildung bei Gewitter, Sonnenfinsternis, frühen Abenddämmerns tatsächlich dunkel ist, sondern ob nach den Sonnenzeiten in den Winter- und Sommermonaten die Dunkelheit kalendermäßig eingetreten ist (OLG. Breslau vom 13. 3. 1927, DRZ. **27** II 299). Die entgegengesetzte Auffassung vertritt das OLG. Düsseldorf (vom 23. 1. 1928, R. d. K. **28** 91), wonach die Vorschriften über die Beleuchtung nur Mindestvorschriften darstellen und demnach die tatsächliche Dunkelheit, wenn sie früher als nach dem Kalender eintritt oder später aufhört, maßgebend ist.

9. Während der Begriff des Fahrweges ein Unterbegriff des öffentlichen Weges ist, nämlich diejenigen öffentlichen Wege umschließt, auf denen der Verkehr mit Fahrzeugen zugelassen ist (§ 18 StrVO., § 29 KVO.), damit also die Eigenart in verkehrstechnischem Sinne charakterisiert, bestimmt der Begriff Fahrbahn denjenigen Teil des Fahrweges, d. h. der Straßenoberfläche, der dem Fahrer zur Benutzung offensteht.

a) Nicht zur Fahrbahn gehören die Bürgersteige (§ 29 StrVO.), nämlich die besonderen für Fußgänger eingerichteten Wegeteile, die rechtlich ebenfalls einen Bestandteil des Fahrweges bilden. Die Bürgersteige müssen, um als solche zu gelten, von der Fahrbahn durch äußere Merkmale, z. B. Erhöhung, Bordsteine, sich so abheben, daß ihr Vorhandensein für die Wegebenutzer erkennbar ist (siehe Anm. 3b zu § 18).

b) Der Sommerweg muß ebenfalls, um selbständiger Weg zu sein, sich erkennbar von der befestigten Fahrbahn abheben, jedoch ist hier eine Erhöhung oder besondere Abgrenzung durch Steine nicht erforderlich (KG. 1 S 838/26, DMSpZtg. vom 20. 11. 1926).

c) Ist ein Sommerweg vorhanden, so gilt er als selbständiger Weg, d. h. es sind zwei nebeneinanderlaufende Fahrbahnen vorhanden, für die die Verkehrsvorschriften (Geschwindigkeit, Rechtsfahren, Einbiegen, Vorfahrtrecht) getrennt gelten (KG. vom 27. 5. 1926, DJZ. **26** 1785; RG. vom 7. 5. 1928, R. d. K. **28** 280).

d) Eine Ausnahme erleidet diese Regel beim Ausweichen und Überholen, wobei erforderlichenfalls vom Sommerweg auf die befestigte Fahrbahn und umgekehrt übergegangen werden kann. Der Akzent muß hier auf dem Worte erforderlichenfalls liegen, an das strenge Anforderungen zu stellen sind. Von einer Erlaubnis, über die benachbarte Fahrbahn nach links auszuweichen oder rechts zu überholen, ist nichts gesagt (RG. a. a. O.). Im Interesse der Verkehrssicherheit ist es unerwünscht, wenn Fahrzeuge zwischen den Fahrbahnen wechseln können. Ist der Sommerweg so breit, daß zwei Reihen Fahrzeuge aneinander vorbeifahren können, so ist es auch beim Begegnen zweier Fuhrwerke oder dem Überholen nicht erforderlich, auf die befestigte Fahrbahn überzugehen. Geschieht es dennoch, so können dadurch andere Wegebenutzer der befestigten Fahrbahn, insbesondere Kraftfahrer, gefährdet werden.

Handelt es sich, wie meistens der Fall, um einen Sommerweg, der nur für ein Fuhrwerk Raum gibt, so ist es allerdings beim Begegnen oder Überholen erforderlich, daß ein Fuhrwerk auf die befestigte Fahrbahn ausweicht. Befindet sich der Sommerweg auf der rechten Seite eines von Süden nach Norden laufenden Fahrweges, so müßte das von Norden nach Süden auf dem Sommerweg fahrende Fahrzeug dem von Süden nach Norden kommenden ausweichen, da auch auf dem Sommerweg der Satz des Rechtsausweichens und Linksüberholens gilt. Das von Norden nach Süden fahrende Fahrzeug muß, wenn es auf die befestigte Fahrbahn übergeht, auch die dort geltenden Fahrregeln berücksichtigen, d. h. auf den westlichen Teil der Fahrbahn herüberfahren, auf dem sich die von Norden nach Süden kommenden Fahrzeuge bewegen. Es hat nicht das Recht, nur auf den dem Sommerweg nächstgelegenen (östlichen) Teil der befestigten Fahrbahn auszubiegen, um nach Vorbeifahren des begegnenden Fuhrwerks wieder auf den Sommerweg einzulenken, da es damit den von Süden nach Norden kommenden Verkehr, der den östlichen Teil der befestigten Fahrbahn einhält, hindern würde.

e) Beim Hinüberwechseln von einer Fahrbahn zur anderen ist vom Fahrer ein besonderes Maß von Sorgfalt, vor allem frühe und deutliche Zeichengebung, zu verlangen.

f) Die Berechtigung, auf einen Sommerweg auszuweichen, ist dann nicht gegeben, wenn der Führer eines schwerbeladenen Fuhrwerks damit rechnen muß, daß auf der weichen Fahrbahn des Sommerweges der Wagen einsinken, umkippen und in der Nähe befindliche Menschen oder Sachen beschädigen kann. In dem Falle hat er auf der festen Fahrbahn weiterzufahren bezw. bei begegnenden oder überholenden Fuhrwerken anzuhalten (vgl. OLG. Hamm vom 10. 11. 1926, VR. **27** 251).

10. Gemäß § 37 GO. unterliegt die Unterhaltung des öffentlichen Verkehrs innerhalb der Orte durch Wagen aller Art, Gondeln, Sänften, Pferde und andere Transportmittel sowie das Gewerbe derjenigen Personen, welche auf öffentlichen Straßen oder Plätzen ihre Dienste anbieten, der Regelung durch die Ortspolizeibehörde.

a) Als Fuhrwerke, die im öffentlichen Fuhrgewerbe verwendet werden, kommen solche, die der Personenbeförderung dienen (Droschken, Omnibusse, Mietfuhrwerke), und solche, die für den Gütertransport verwendet und zum öffentlichen Gebrauche bereitgehalten werden, in Betracht. Gelegentliche Beförderung von Personen oder Sachen fällt nicht darunter (vgl. RGSt. **43** 289).

b) Als Fahrräder im Sinne dieser Bestimmung sind Dienstmannsräder, Räder von Messengerboys usw. anzusehen.

c) Die besonderen Bestimmungen über den öffentlichen Fuhrbetrieb können einerseits die Anforderungen über die Ausrüstung und Beschaffenheit des Fahrzeugs, über die Bespannung, das Gewicht, die Ladung, die Höhe, Breite und Länge, die Zahl der zulässigen Fahrgäste, Zwangsversicherung usw. besonders regeln. Sie können anderseits an die Zulassung zur Führung besondere Voraussetzungen, wie Zuverlässigkeit, Kautionsstellung, Bedürfnisfrage, Mindestalter, Erlaubnisschein, stellen und endlich dem Führer besondere Pflichten bezüglich der Aufstellung und der Annahme von Fahrgästen auferlegen. Für Preußen ergeben sich die Einzelheiten aus den Grundsätzen über die Regelung des Droschkenwesens vom 15. 7. 1927 (MBliV. 731), die im Anhang 6a abgedruckt sind.

B. Fuhrwerkverkehr.

a) Fuhrwerk, Bespannung und Ladung.

§ 2.

Beschaffenheit des Fuhrwerks, der Bespannung und der Ladung.

(1) Fuhrwerke müssen sich in verkehrssicherem Zustande[1]) befinden.[2])

(2) Zum Zug untaugliche Tiere[3]) dürfen zur Bespannung nicht verwendet werden. Bissige Zugtiere[4]) müssen mit Maulkorb versehen sein.

(3) Die Ladung[5]) muß so verteilt, verwahrt oder befestigt sein, daß sie weder Personen oder Sachen

beschädigen oder verunreinigen, noch starkes Geräusch oder das Umschlagen des Fuhrwerks verursachen kann.[6]) Das Gewicht des Fuhrwerks und der Ladung muß in angemessenem Verhältnis zur Leistungsfähigkeit des Gespannes stehen.[7]) Am hinteren Ende des Fuhrwerks weit herausragende Ladungen müssen an den Enden durch Strohkränze, Lappen oder dergleichen besonders kenntlich gemacht sein.[8])

(4) Die Zugtiere von Schlitten müssen mit Schellen oder Glocken versehen sein; diese dürfen auch an der Deichsel befestigt sein.[9])

1. Während die KVO. die Inbetriebnahme eines Kraftfahrzeugs auf öffentlichen Wegen von verschiedenen Voraussetzungen, so der polizeilichen Prüfung des Fahrzeugs, abhängig macht und über die Beschaffenheit und Einrichtung ins Einzelne gehende Bestimmungen (§§ 3, 4 KVO.) gibt, beschränkt sich die StrVO. auf die allgemein gehaltene Vorschrift, daß sich das Fuhrwerk in verkehrssicherem Zustand befinden muß.

a) Damit ist negativ zum Ausdruck gebracht, daß die gewöhnlichen Fuhrwerke vor ihrer Inbetriebnahme keiner behördlichen Prüfung unterliegen.

b) Was unter verkehrssicherem Zustand zu verstehen ist, ist nicht erläutert, während in der KVO., die ebenfalls davon spricht, daß Kraftfahrzeuge verkehrssicher sein müssen, der Gesetzgeber in der Anlage zu § 14 Abs. 4 über die Anweisung für die Prüfung der Führer von Kraftfahrzeugen — die einen Bestandteil der VO. bildet — die in Betracht kommenden Teile aufzählt (Abschn. V 1 a). Das KG. vom 25. 10. 1927, ErgBd. 7 227, weist, offenbar in Anlehnung an Müller 496, darauf hin, daß die der KVO. als Anlage I beigegebene „Anweisung über die Prüfung von Kraftfahrzeugen“ über das Erfordernis der Verkehrssicherheit folgendes sagt: „Bei der Beurteilung der Verkehrssicherheit eines Kraftfahrzeuges kommen nur die Teile in Betracht, deren Versagen an dem in Bewegung befindlichen Fahrzeug eine Gefahr für den öffentlichen Verkehr in sich schließt, nämlich Einrichtungen für Lenken, Bremsen, Verhinderung unbeabsichtigter Rückwärtsbewegung, Rückwärtsgang und Radkonstruktion." Das KG. übersieht dabei — was Müller 554 mit Recht hervorhebt —, daß die Anweisung über die Prüfung von Kraftfahrzeugen keine Anlage zur KVO. darstellt, sondern die Anlage einer Bekanntmachung des RVM. vom 16. 3. 1928 (RMinBl. 121) bildet, zu der dieser auf Grund von § 5 Abs. 4 KVO. ermächtigt ist. Deren Inhalt ist also nicht Bestandteil der KVO. Gleichwohl kann sie natürlich auch als Anhaltspunkt unter anderem herangezogen werden. Da der in der KVO. enthaltene Begriff auch sinngemäß für die StrVO. gelten muß (siehe Anm. 2 zu § 1), so sieht das KG. a. a. O. ein Fuhrwerk als verkehrssicher an, wenn es diejenigen Einrichtungen besitzt, deren Nichtvorhandensein bezw. Versagen an dem in Bewegung befindlichen Fahrzeug eine Gefahr für den öffentlichen Verkehr in sich schließt, und wenn sich diese Einrichtungen in einem derartigen Zustande befinden, daß ihr Versagen bei sachgemäßer Unterhaltung und Bedienung nicht zu befürchten ist. Dazu gehört bei hügeligem Gelände das Vorhandensein einer gebrauchsfähigen Bremsvorrichtung.

c) Verkehrssicher ist nicht gleichbedeutend mit betriebssicher. Ein Fahrzeug kann betriebssicher sein, ohne verkehrssicher zu sein. Betriebssicher ist es, wenn sein baulicher Zustand technisch in Ordnung ist und den mechanischen Gesetzen entspricht. Um verkehrssicher zu sein, muß es jedoch auch mit Einrichtungen versehen sein, die eine Gewähr dafür geben, daß der Fahrer seinen verkehrsmäßigen Verpflichtungen nachkommen kann. Dies wird am besten aus dem Beispiel klar, daß ein Kraftfahrzeug bei Schneewetter, obwohl es betriebssicher ist, zu seiner Verkehrssicherheit der Schneeketten bedürfen kann, daß bei unzureichend schalldämpfender Auspuffklappe das Fahrzeug zwar betriebs-, aber nicht verkehrssicher ist.

d) Die einzelnen für den ordnungsmäßigen Zustand in Betracht kommenden Teile sind nicht wie in §§ 3, 4 KVO. besonders aufgezählt. Sinngemäß ist — soweit nicht örtliche Polizeivorschriften dies ausdrücklich bestimmen — folgendes zu fordern:

aa) Die Deichsel des Fuhrwerks muß sich in einem Zustande befinden, der eine ordnungsmäßige Steuerung des Wagens gewährleistet.

bb) Bei vierrädrigen Fuhrwerken müssen die Vorderräder nach der Seite genügend weit einschlagen, um ohne Belästigung des Verkehrs kurz wenden zu können.

cc) Die Radkränze dürfen keine Unebenheiten besitzen, die geeignet sind, die Fahrbahn zu beschädigen.

dd) Das Fuhrwerk muß in hügeligem Gelände mit einer feststellbaren Bremse versehen sein, die es gestattet, ein Vor- oder Rückwärtslaufen des Fahrzeugs zu verhindern. In der StrVO. der Rheinprovinz vom 12. 10. 1926 ist in § 2 ein Abs. 5 hinzugefügt, der folgendes bestimmt: Alle bespannten, vierrädrigen Lastfuhrwerke müssen mit einer ordnungsmäßigen Bremsvorrichtung versehen sein. Desgleichen schreibt § 2 Abs. 2 StrVO. für Thüringen vom 7. 12. 1926 vor: Fuhrwerke, die auf öffentlichen Wegen mit stärkerem Gefälle fahren, müssen mit einer ausreichenden Bremse (Sperrvorrichtung) versehen sein.

2. Polizeiliche Sondervorschriften über Breite und Länge des Fuhrwerks, über Schrotleitern, das Koppeln usw. bleiben durch die StrVO. unberührt.

3. Eine Beschränkung auf bestimmte Tiergattungen ist nicht gegeben. Wenn die StrVO. davon spricht, daß zum Zug untaugliche Tiere zur Bespannung nicht verwendet werden dürfen, so ist damit gesagt, daß solche Tiere, die infolge Krankheit, besonderer Druckempfindlichkeit oder physischer Konstitution im Einzelfalle zum Ziehen ungeeignet sind, nicht als Zugtiere benutzt werden dürfen. Hunde sind nicht generell zum Zug untaugliche Tiere. Es kommt auf ihre Größe, Zahl und das Gewicht des Fuhrwerks an. Hundeschlitten gehören in den nordischen Ländern zu den normalen Fahrzeugen. Örtliche Sondervorschriften in Form von Polizeiverordnungen über Hundeverkehr oder Sonderbestimmungen über Hundeverkehr in der StrVO. (z. B. §§ 32, 33 StrVO. von Lippe) bleiben dadurch unberührt.

4. **Bissige Zugtiere** sind in erster Linie Hunde. Bei Pferden, Maultieren, Eseln — Ochsen und Ziegenböcke kommen nicht in Betracht — ist die Anbringung von Maulkörben nicht üblich. Falls es sich jedoch um bissige Tiere handelt, ist die Benutzung von Trensen, Kandaren usw. nicht ausreichend.

5. Die **Ladung** eines Fahrzeugs umschließt die Gegenstände, zu deren Beförderung das Fahrzeug im Einzelfall bestimmt ist (RG. vom 21. 2. 1928, JW. **28** 2328). Nicht zur Ladung rechnen Menschen und jene Teile, die dem Betriebe des Fahrzeugs selbst dienen, wie z. B. Werkzeugkästen, Reserveräder. Nehmen dagegen auf dem Fahrzeug beförderte Personen Koffer, Arbeitsutensilien und dergl. mit, so gehören diese zur Ladung.

6. Ein **Verstoß** gegen die Vorschriften über die Verteilung, Verwahrung und Befestigung der Ladung liegt nur vor, wenn der Fahrer den Mangel unter normalen Voraussetzungen erkennen konnte. Bei einer Beladung des Fahrzeugs durch Packer oder Ladeleute muß der Fahrer sich darauf verlassen können, daß die Verladung ordnungsmäßig erfolgt ist. Eine Überzeugungspflicht bezüglich des Aufbaues und Zustandes der Ladung liegt nicht vor. Nur wenn offensichtlich oder bei der normalerweise zu verlangenden Überprüfung diese sich in gefahrdrohendem Zustand befindet oder wenn der Fahrer während der Fahrt merkt, daß sich Teile der Ladung zu lösen beginnen, hat dieser für Abhilfe zu sorgen. Andernfalls würde man ihm Pflichten aufbürden die er kraft seines Berufes nicht zu erfüllen vermag. Die Anforderungen, die zu stellen sind, hängen von den Umständen des Einzelfalls ab. Von einem Bierkutscher kann man verlangen, daß er sich von dem richtigen Aufbau und der Befestigung der Fässer überzeugt. Von einem einfachen Fuhrmann, der Möbel befördert, die von Packern verstaut sind, kann man eine genaue Nachprüfung nicht fordern. Sehr weitgehend verlangt das RG. a. a. O. von dem Fahrer eine **zuverlässige** Kenntnis von dem Aufbau und Inhalt der Ladung (dagegen zutreffend Köhler a. a. O., v. Hellingrath, R. d. K. **28** 385).

7. Über die **Belastung** der Fuhrwerke ist nichts gesagt. Diese ist nicht durch die Tragfähigkeit des Fuhrwerks bedingt,

sondern nur von der Leistungsfähigkeit des Gespannes, also der Zugtiere, abhängig. Die Vorschrift bezweckt daher im Gegensatz zu § 4 Abs. 6 KVO. nicht, daß das Zubruchgehen des Fahrzeugs unter zu starken Lasten verhindert wird, sondern daß die Tiere geschützt werden. Eine zu starke Belastung des Fuhrwerks bei genügend starkem Vorspann stellt einen Verstoß gegen § 2 Abs. 1 StrVO. dar, soweit nicht örtliche Sondervorschriften über die Belastung überschritten werden.

8. Wann eine Ladung so weit herausragt, daß sie einer Kenntlichmachung bedarf, ist im Einzelfalle unter Würdigung aller Umstände zu entscheiden. Über die Kenntlichmachung nach vorne herausragender Ladungen ist nichts gesagt. Sie kommen in der Regel auch bei Fuhrwerken wegen der Zugtiere nicht in Betracht. Ein Fahrer, der trotzdem hiergegen verstößt, kann nur aus Abs. 3 Satz 1 (Verteilung und Verwahrung der Ladung) zur Verantwortung gezogen werden.

Bei Langladungen ist der Fahrer zu besonderer Vorsicht hinsichtlich der Fahrregeln (Ausweichen, Überholen usw.) verpflichtet.

9. Die Vorschrift des Abs. 4 ist wegen der Geräuschlosigkeit von Schlittenfahrzeugen im Schnee gegeben. Kraftfahrzeugschlitten fallen nicht darunter.

Die Führer von Schlitten, die in Städten ohne Geläute oder Schellen fahren, sind aus § 366 Nr. 4 StGB. strafbar (siehe Anm. 3 d zu § 34).

§ 3.

Kennzeichnung der Fuhrwerke.

Bespannte Lastfuhrwerke sowie die für den Gewerbebetrieb im Umherziehen und die als Wohnwagen benutzten Fuhrwerke[1]) müssen auf der linken Seite des Fuhrwerks oder an dem Geschirr des linken Zugtieres[2]) mit einer deutlich lesbaren, unverwischbaren[3]) Aufschrift[4]) versehen sein, die den Vor- und Zunamen sowie den Wohnort des Fuhrwerksbesitzers[5]) (Firma

und deren Sitz) angibt.[6])[7]) Für Wirtschaftsfuhren können die obersten Landesbehörden oder die von ihnen bestimmten Behörden Ausnahmen zulassen.[8])

1. Das Gebot der Aufschrift erstreckt sich auf:

a) bespannte Lastfuhrwerke, d. h. auf solche Fuhrwerke, die ihrer Bestimmung nach zur Beförderung von Gütern dienen. Der gelegentliche Transport von Lasten auf Personenwagen läßt solche Fahrzeuge nicht zu Lastfuhrwerken werden (vgl. KG. 1 S 982/26, DRSpZtg. vom 5. 2. 1927). Auch Größe und Gewicht stempeln ein Fahrzeug nicht zum Lastfahrzeug (vgl. KG. vom 19. 3. 1928, R. d. K. **28** 255);

b) Fuhrwerke für den Gewerbebetrieb im Umherziehen. Als solcher ist der Betrieb bestimmter in § 55 GO. aufgezählter Gewerbe außerhalb des Gemeindebezirks des Wohnorts ohne Begründung einer gewerblichen Niederlassung und ohne vorgängige Bestellung anzusehen, nämlich:

1. Feilbieten von Waren,
2. Aufsuchen von Warenbestellung und Ankauf zum Wiederverkauf von Waren bei anderen Personen als bei Kaufleuten oder an anderen Orten als in offenen Verkaufsstellen,
3. Anbieten gewerblicher Leistungen,
4. Darbieten von Musikaufführungen, Schaustellungen, theatralischen Vorstellungen oder sonstigen Lustbarkeiten, ohne daß ein höheres Interesse der Kunst oder der Wissenschaft dabei obwaltet;

c) als Wohnwagen benutzte Fuhrwerke, wie solche von Zigeunern, fahrenden Artisten und Schaustellern verwendet werden.

2. Die Aufschrift muß sich auf der linken Seite des Fuhrwerks oder an dem Geschirr des linken Zugtieres befinden. Demnach ist die Aufschrift an einer dieser Stellen genügend, jedoch bestehen keine Bedenken, außer der Aufschrift an diesen auch weitere an anderen Stellen des Fuhrwerks zuzulassen.

3. Unverwischbar bedeutet weder durch Menschenhand noch durch Regen auslöschbar. Demnach sind Aufschriften mit Kreide, Kalk oder Wasserfarbe unzureichend.

4. Gefordert ist eine Aufschrift, nicht ein Schild. Falls daher ein solches benutzt wird, muß es mit dem Wagen oder Geschirr so verbunden sein, daß es einen Bestandteil desselben bildet.

5. Die Aufschrift muß Vor-, Zunamen und Wohnort des Fuhrwerksbesitzers angeben. Das Wort Fuhrwerksbesitzer ist dem Begriff des Halters im Kraftfahrzeugrecht (§ 7 KGes.) gleichzusetzen, wie denn schon Isaac 112 betont, daß der Halter tatsächlich regelmäßig mit dem mittelbaren oder unmittelbaren Besitzer identisch ist. Es ist darunter diejenige Person zu verstehen, die für eigene Rechnung das Fuhrwerk in Gebrauch hat, die Verfügungsgewalt darüber besitzt und die Kosten des Betriebes bestreitet (RG. vom 9. 2. 1928, **120** 154). Der Begriff ist demnach ein wirtschaftlicher, kein rechtlicher (BayObLG. vom 9. 7. 1926, DJZ. **26** 1572).

6. Die Aufschrift dient nicht registerlichen Zwecken wie die Kennzeichen der Kraftfahrzeuge. Sie ist auch keine beweiserhebliche Urkunde, wie etwa das Schild bei den Kraftfahrzeugen (RGSt. **58** 16) oder das früher bei Fahrrädern verabfolgte Schild (RGSt. **40** 169), sondern ein bloßes Erkennungs- und Unterscheidungszeichen.

7. Für das Vorhandensein und die Lesbarkeit der Aufschrift ist nicht nur der Fuhrwerksbesitzer, sondern auch der Fuhrwerkslenker verantwortlich (KG. vom 19. 4. 1906, DJZ. **06** 767; BayObLG. vom 17. 11. 1927, DRZ. **28** II 78).

8. Bei Wirtschaftsfuhren kann die oberste Landesbehörde Ausnahmen zulassen. So bestimmt z. B. § 3 Abs. 2 StrVO. für Thüringen vom 21. 12. 1926, daß auf Wirtschaftsfuhren innerhalb der Gemarkung des Betriebssitzes Abs. 1 keine Anwendung findet. Die Rechte der obersten Landesbehörden

sind vielfach delegiert. So können in Bayern die Bezirkspolizeibehörden Ausnahmen gewähren (§§ 3, 34 StrVO. für Bayern vom 8. 5. 1926). Siehe auch Anm. 11 zu § 4.

§ 4.

Beleuchtung der Fuhrwerke.

(1) Während der Dunkelheit und bei starkem Nebel[1]) müssen bespannte[2]) Fuhrwerke[3])[4]) (von zusammengekoppelten das vorderste) mindestens eine hellbrennende Laterne mit farblosem oder gelblichem Glase führen.[5]) Diese muß am vorderen Teil des Fuhrwerks auf der linken Seite so angebracht sein, daß der Lichtschein von entgegenkommenden und überholenden Fahrzeugen leicht bemerkt werden kann;[6]) unter dieser Voraussetzung kann sie bei nicht dem Personenverkehr dienenden Fuhrwerken auch auf der linken Seite an einem Zugtier oder unter dem Fuhrwerk befestigt werden.[7])

(2) Bespannte Langholzfuhrwerke[8]) und andere bespannte Fuhrwerke, deren Ladung mehr als 1 Meter nach hinten übersteht, haben während der Dunkelheit und bei starkem Nebel am hinteren Ende eine zweite hellbrennende Laterne mit farblosem, gelblichem oder gelbrotem Glase zu führen, die so angebracht sein muß, daß der Lichtschein von hinten leicht zu sehen ist. Ebenso muß bei hochgedeckten, mehr als 4,5 Meter langen Fuhrwerken (Möbelwagen oder dergleichen) und zusammengekoppelten Fuhrwerken eine solche zweite Laterne am hinteren Ende des Fuhrwerks (bei zusammengekoppelten Fuhrwerken des letzten Fuhrwerks) angebracht sein.[9])

(3) Für Wirtschaftsfuhren kann die oberste Landesbehörde oder höhere Verwaltungsbehörde[10]) Ausnahmen von der Vorschrift des Abs. 1 Satz 1 und für zusammengekoppelte Fuhrwerke von der Vorschrift des Abs. 2 Satz 2 zulassen.[11])

1. Die Beleuchtung hat zu erfolgen:

a) während der Dunkelheit. Hierbei entscheidet die kalendermäßige, nicht die tatsächliche Dunkelheit (siehe Anm. 8 zu § 1);

b) bei starkem Nebel.

Wenn Müller 510 den Nebel als stark ansieht, falls er die gleiche Verkehrsunsicherheit schafft wie die Dunkelheit, d. h. dem Führer die Möglichkeit nimmt, die Fahrbahn genügend weit zu übersehen, so trifft dies für die KVO. zu, erscheint aber für die StrVO. nicht anwendbar. Bei Kraftfahrzeugen gestatten die elektrischen Scheinwerfer, die heute normal sind, durch Anzünden die Sicht zu verbessern. Bei den schwachen Petroleum-, Azetylen- oder Kerzenlampen der Fuhrwerke ist dies nicht der Fall. Hier muß sich der Fahrer vollkommen auf das ununterstützte Auge und das Gehör verlassen. Das Anzünden der Laterne dient nicht der besseren Sichtgewährung für den Fahrer, sondern der Warnung anderer Wegebenutzer. Ob dies durch die Vorschrift erreicht wird, erscheint zweifelhaft. Da sich die Laterne am vorderen Teil des Fahrzeugs befinden muß, so sehen entgegenkommende oder überholende Wegebenutzer nicht den schwachen Lichtschein, sondern zuerst die Umrisse des Gespannes bezw. die Hinterwand des Fuhrwerks.

2. Nur bespannte Fuhrwerke, d. h. Fuhrwerke, vor denen sich Zugtiere befinden, müssen beleuchtet sein. Über Fuhrwerke, die von Menschen bewegt werden, z. B. Handkarren, ist nichts bestimmt. Soweit daher nicht örtliche Polizeivorschriften es ausdrücklich gebieten, sind diese von der Beleuchtungspflicht befreit.

3. Auch stehende Fuhrwerke müssen im allgemeinen beleuchtet sein. Da jedoch die Anbringung der Laterne nicht im Interesse des Fuhrwerkslenkers gegeben ist, vielmehr dazu dient, entgegenkommende Wegebenutzer auf das Fahrzeug aufmerksam zu machen, so hätte es keinen Zweck, die Beleuchtung eines haltenden Fuhrwerks dann zu fordern, wenn es unter einer fremden Lichtquelle steht, die die Umrisse des Fahrzeugs hinreichend deutlich hervortreten läßt. Für Kraftfahrzeuge ist diese

Frage umstritten. Die Rechtsprechung vertritt überwiegend den Standpunkt, daß stehende Kraftfahrzeuge auf alle Fälle beleuchtet sein müssen (KG. vom 25. 11. 1927, ErgBd. **7** 252; vom 6. 8. 1928, R. d. K. **28** 302; OLG. Hamburg vom 5. 5. 1927, DRZ. **27** II 341; vom 31. 1. 1928, R. d. K. **28** 185; OLG. Naumburg vom 31. 3. 1926, JR. **26** II Nr. 1326; OLG. Rostock vom 15. 6. 1928, HRR. **28** Nr. 1869). Mit Recht betont jedoch das OLG. Königsberg vom 23. 4. 1928, HRR. **28** Nr. 1868, daß die Beleuchtung des Fahrzeugs unterbleiben kann, wenn fremde Beleuchtung die Begrenzung des Fahrzeugs erkennen läßt. Dies muß für Fuhrwerke um so mehr gelten, als die vorgeschriebene eine Laterne sowieso in den wenigsten Fällen geeignet ist, die Umrisse des Fahrzeugs scharf hervortreten zu lassen.

4. Über die Beleuchtung unbespannter Fuhrwerke siehe Anm. 13 zu § 17.

5. Die Anbringung mehrerer Laternen ist erlaubt. Über den Anbringungsort der überzähligen Laternen ist keine Bestimmung getroffen.

6. Die Anbringung der einen Laterne, die das Fahrzeug unter allen Umständen führen muß, kann an drei verschiedenen Stellen erfolgen:

a) auf der linken Seite des Fahrzeugs, und zwar weit genug seitlich, um auch von hinten gesehen zu werden;

b) bei Lastfuhrwerken auch auf der linken Seite an einem Zugtier, jedoch unter der gleichen Voraussetzung, daß sie von hinten sichtbar ist. Bei Verwendung nur eines Zugtieres wird dies im allgemeinen nicht der Fall sein;

c) bei Lastfuhrwerken endlich auch unter dem Fuhrwerk.

7. Eine Bestrafung des Fuhrwerkslenkers wegen mangelhafter Beleuchtung setzt Vorsatz oder Fahrlässigkeit voraus. Der Führer hat sich demnach bei Beginn der Fahrt zu überzeugen, daß die Laterne sich am richtigen Platze befindet, daß sie ordnungsmäßig funktioniert und mit genügend Brennstoff versehen ist. Anderseits ist ihm nicht zuzumuten, daß er während der Fahrt gelegentlich anhält, um sich von dem Brennen der

Laterne zu überzeugen (vgl. OLG. Dresden vom 20. 12. 1927, R. d. K. **28** 67; RG. 3 S 706/28, DRSpZtg. vom 22. 12. 1928; a. A. OLG. Kiel vom 11. 5. 1927, R. d. K. **28** 260). Dies kann nur dann verlangt werden, wenn etwa starker Wind herrscht und er mit dem Verlöschen der Laternen rechnen muß.

Stellt sich unterwegs ein Mangel der Beleuchtung ein, so hat der Führer für Abhilfe zu sorgen (siehe Anm. 4 zu § 6).

8. Das Vorhandensein einer zweiten Laterne ist nur bei den in § 4 Abs. 2 aufgezählten Fuhrwerken erforderlich. Die zweite Laterne muß so angebracht sein, daß der Lichtschein von hinten leicht zu sehen ist, da überholende Wegebenutzer durch sie in der gleichen Weise aufmerksam gemacht werden sollen wie entgegenkommende durch die vordere Laterne (vgl. OLG. Stuttgart vom 19. 3. 1926, Mitt. d. ADAC. Nr. 14).

9. § 4 regelt die Beleuchtung der im Verkehr befindlichen Fuhrwerke ausschließlich. Die Polizeibehörden können daher keine abweichenden Anordnungen treffen (vgl. OLG. Hamburg vom 5. 5. 1927, DRZ. **27** II 341).

10. Die oberste Landesbehörde oder höhere Verwaltungsbehörde kann demnach nur bestimmen, daß Wirtschaftsfuhren bei Dunkelheit nicht mit einer Laterne versehen zu sein brauchen. Sie ist nicht berechtigt, die Anbringung der Laternen an anderen als von Abs. 1 Satz 2 vorgeschriebenen Stellen zu gestatten. Zusammengekoppelte Fuhrwerke kann sie nur von der Führung einer zweiten Laterne am Schluß des letzten Fuhrwerks, nicht dagegen von der Anbringung von Laternen überhaupt befreien. Wegen der Gefahr, die anderen Wegebenutzern von unbeleuchteten Fuhrwerken droht, sind derartige Ausnahmen nicht wünschenswert.

11. Die betreffenden Behörden haben zum Erlaß derartiger Ausnahmebestimmungen zum Teil die Polizeibehörden delegiert. So sind in Preußen in verschiedenen Provinzen die Landräte und in Stadtkreisen die Ortspolizeibehörden dazu ermächtigt (§ 4 Abs. 3 der PolVO. des Oberpräsidenten von Pommern vom 17. 9. 1926, § 4 Abs. 3 der PolVO. des Oberpräsidenten von Schleswig-Holstein vom 7. 3. 1927 usw.). In Bayern sind die Bezirkspolizeibehörden (§ 4 Abs. 3, § 34 StrVO. für Bayern vom 8. 5. 1926), in Anhalt die Kreispolizeibehörden (§ 4 Abs. 3 StrVO. für Anhalt vom 16. 11. 1926), in Thüringen die Kreisämter und Stadtvorstände der Stadtkreise delegiert (§ 4 Abs. 3 StrVO. für Thüringen vom 3. 12. 1926). Lippe läßt überhaupt keine Ausnahmen für Wirtschaftsfuhren zu (StrVO. für Lippe vom 16. 12. 1926 in der Abänderung vom 24. 10. 1927).

b) Der Führer und seine Pflichten.

Vorbemerkung zu §§ 5 bis 17.

Der Abschnitt B b der Verordnung gliedert sich in drei Teile:

Der erste (§ 5) gibt die Anforderungen, die an die Persönlichkeit des Führers zu stellen sind.

Der zweite (§§ 6 bis 9) gibt die Betriebsvorschriften. Die Sicherheit des Publikums verlangt ein besonderes Maß von Umsicht und Verantwortungsbewußtsein seitens des Fuhrwerkslenkers. Die Verhaltenserfordernisse sind daher in §§ 6 bis 9 ausdrücklich hervorgehoben.

Der dritte (§§ 10 bis 17) umschließt die eigentlichen Fahrregeln. Auf der Beobachtung geordneter Straßendisziplin beruht die Sicherheit und Reibungslosigkeit des Verkehrs. In Deutschland herrschte bis zum Erlaß der StrVO. ein unübersehbares Durcheinander von Fahrvorschriften, die auf örtlichen Polizeiverordnungen beruhten und nicht nur untereinander, sondern auch mit den Fahrregeln anderer Fahrzeuge, vor allem der Kraftfahrzeuge, in Widerspruch standen. Es bedeutet daher einen großen Fortschritt unseres Verkehrslebens, daß diese Fahrregeln nicht nur innerhalb der verschiedenen Länder, sondern auch zu den Fahrregeln der Kraftfahrzeuge auf einen gemeinsamen Generalnenner abgestellt worden sind. Und wenngleich die gefundene Lösung nur ein Kompromiß bedeutet, dem manche Schwächen anhaften, so ist doch eine unvollkommene, aber einheitliche Lösung besser als der bisherige Zustand.

Die Fahrregeln sind Erfahrungsnormen, die sich als der Sicherheit und Reibungslosigkeit des Verkehrs besonders dienlich erwiesen haben. Daraus ergibt sich, wie das RG. bereits 1907 ausgesprochen hat (RG. vom 11. 5. 1907, SeuffBl. **72** 943), daß ihnen zwar auch bei erheblichen Unbequemlichkeiten nachzukommen ist, daß aber anderseits, wenn ihre Beachtung nach Lage des Einzelfalls nicht möglich oder wenigstens nach vernünftigem Ermessen mit Nachteil oder Gefahr für Personen oder Sachen verbunden ist, ihre Nichtbeachtung zulässig wird. Das RG. hat insbesondere in ständiger Rechtsprechung den Grundsatz aufgestellt, daß ein Abweichen von den Fahrvorschriften nicht nur erlaubt, sondern sogar geboten sein kann, wenn sich aus dem vorschriftswidrigen Verhalten anderer Personen Umstände ergeben, die von der Beachtung der Fahrvorschriften eine Gefährdung des Verkehrs erwarten lassen (vgl. RGSt. **59** 341, **60** 84; RG. vom 5. 3. 1928, JW. **28** 1720; vom 7. 5. 1928, R. d. K. **28** 280; RG. vom 7. 2. 1927, GoltdArch. **71** 215).

§ 5.

Anforderungen an den Führer.

Jedes bespannte Fuhrwerk[1]) muß während der Fahrt[2]) einen zur selbständigen Leitung tauglichen Führer[3]) haben. Die Führung von Fuhrwerken ist Personen, die wegen körperlicher oder geistiger Mängel oder wegen Trunkenheit zur sicheren Führung nicht imstande sind, verboten.[4]) Solchen Personen und Jugendlichen unter 14 Jahren darf die Führung nicht übergeben oder belassen werden.[5]) Die Landesbehörden[6]) können eine Altersgrenze von mehr als 14 Jahren festsetzen; sie können für Wirtschaftsfuhren Ausnahmen von den Altersgrenzenbestimmungen zulassen. Ungeeigneten Personen, insbesondere solchen, die wiederholt wegen Übertretung verkehrspolizeilicher Vorschriften bestraft sind, kann von der höheren Verwaltungsbehörde für ihren Bezirk die selbständige Führung

bespannter Fuhrwerke dauernd oder zeitweise untersagt werden.[7])[8])

1. Nur bespannte Fuhrwerke (siehe Anm. 2 zu § 4) brauchen einen tauglichen Führer. Demnach kann ein unbespannter Handwagen auch von zum Führen untauglichen Personen, z. B. Kindern unter 14 Jahren, gelenkt werden.

2. Nur während der Fahrt ist ein Führer erforderlich. In Fahrt ist ein Fuhrwerk so lange, bis der Führer den Zweck, den er mit seiner Fahrt verfolgt, erreicht hat (siehe Anm. 1 zu § 18). Das Fahren muß auf öffentlichen Wegen oder Plätzen (siehe Anm. 4 a und b zu § 1) erfolgen. In Fabrikhöfen z. B. gelten die Bestimmungen des § 5 nicht.

Über in Ruhe befindliche Fuhrwerke siehe Anm. 7 zu § 17.

3. Führer im Sinne der §§ 5 bis 17 StrVO. ist derjenige, der das Fahrzeug tatsächlich lenkt. Demnach ist ein Kutscher, der auf einem Jagdwagen neben dem selbstfahrenden Eigentümer sitzt, kein Führer im Sinne eines Lenkers. Bei Bestrafungen wegen Verstoßes gegen die Führerpflichten ist festzustellen, ob der Kutscher das Fahrzeug unter eigener Verantwortung geleitet hat (vgl. OLG. Rostock vom 4. 3. 1927, R. d. K. 28 144). Wer nur das ausführende Organ des Lenkers ist, z. B. ein Gehilfe, der die Zügel hält, aber den Weisungen des Lenkers untersteht, ist nicht Führer.

4. Die Voraussetzungen der Geeignetheit zum Führen eines Fuhrwerks sind:

a) das Vorhandensein körperlicher Eigenschaften. Im einzelnen sind sie nicht so genau umgrenzt wie in der KVO., wo die Anlage über die Prüfung der Führer von Kraftfahrzeugen ins Einzelne gehende Bestimmungen gibt. Immerhin geben diese Vorschriften einen Anhaltspunkt für das, was zu verlangen ist, wenngleich dabei zu berücksichtigen ist, daß an einen Kraftfahrzeugführer wegen der Schnelligkeit, die das Fahrzeug zu erreichen imstande ist, besonders scharfe Anforderungen zu stellen sind, die für Fuhrwerkslenker nicht schlechthin zutreffen. Als wesentlich kommen folgende Punkte in Betracht:

aa) Kopf und Rumpf müssen frei beweglich sein, damit der Führer imstande ist, seitwärts und hinter sich zu sehen. Der Rumpf muß so beweglich sein, daß der Führer sich so weit bücken kann, um die Bremsvorrichtung bedienen zu können.

bb) Im Hinblick auf das Sehvermögen sind zum Führen nur solche Personen geeignet, deren Sehschärfe auf einem Auge ohne oder mit Glas mehr als $^1/_2$, auf dem anderen Auge mindestens $^1/_2$ beträgt, unter der Voraussetzung, daß regelrechte Gesichtsfeldgrenzen vorliegen.

cc) Ungeeignet zum Führen sind Personen, die an Doppelsehen, Linsenlosigkeit und Nachtblindheit leiden.

dd) Hochgradige Neurasthenie, progressive Paralyse und andere Geisteskrankheiten, organische Gehirnkrankheiten, Tabes und andere Rückenmarkskrankheiten, endlich Krämpfe (Epilepsie) und Schwindel machen zum Führen ungeeignet.

ee) Schielen und Einäugigkeit bedingen nicht ohne weiteres die Unfähigkeit zum Führen, was sich daraus ergibt, daß auch mit derartigen Mängeln behaftete Kraftwagenführer zum Führen zugelassen werden können (Abschn. I A 2 d der Anweisung über die Prüfung der Führer von Kraftfahrzeugen und § 15 Abs. 2 KVO.; a. A. bezüglich der Einäugigkeit: Regierung der Oberpfalz, Kammer des Innern, Bescheid vom 12. 5. 1926, Mitt. d. ADAC. Nr. 19).

ff) Auch Schwerhörigkeit macht an sich nicht zum Führen ungeeignet, wie z. B. in Amerika Taubstumme Kraftfahrzeugführerscheine erhalten, da man dort festgestellt hat, daß Taube vorsichtiger als Vollsinnige zu fahren pflegen (Mehle, Unfallursachen und Unfallbekämpfung, in Deutsche Taubstummenzeitschrift vom 15. 5. 1925 S. 43).

Es ist daher im Einzelfalle festzustellen, ob der betreffende Führer den Sinnesmangel durch Aufmerksamkeit ersetzt;

b) das Vorhandensein sittlicher Eigenschaften. Ungeeignet zum Führen sind insbesondere Personen, die zu Roheitsvergehen und zum Trunke neigen. Auch Hang zur Tierquälerei rechnet hierzu;

c) Nüchternheit. Im Gegensatz zur Trunksucht, die als Mangel sittlicher Eigenschaften zum Führen ungeeignet macht, ist Betrunkenheit noch als Sonderfall aufgeführt. Hierin drückt sich die StrVO. deutlicher aus als die KVO., die eine entsprechende Bestimmung nicht kennt. Ein betrunkener Fuhrwerkslenker macht sich daher, ohne Rücksicht darauf, ob Unfälle eintreten, strafbar.

d) Ein Mindestalter ist in § 5 nicht ausdrücklich festgelegt, was vermutlich auf einem Redaktionsfehler beruht. § 5 Satz 3 spricht nur davon, daß Jugendlichen unter 14 Jahren — in Bayern lautet die Fassung: Personen, die strafrechtlich nicht zur Verantwortung gezogen werden können — die Führung nicht übergeben oder belassen werden darf, richtet also, wie sich aus dem Gegensatz zu Satz 2 ergibt, ein Gebot an den Halter des Fuhrwerks, während z. B. § 14 KVO. positiv bestimmt, daß Personen unter 18 Jahren das Führen von Kraftfahrzeugen nicht gestattet ist. Man muß daher im Wege des Ähnlichkeitsschlusses folgern, daß Jugendliche unter 14 Jahren als zum Führen untauglich anzusehen sind. Würde man diesen Schluß nicht ziehen, so wäre im Einzelfalle festzustellen, ob bei einem Alter unter 14 Jahren die sittlichen und körperlichen Eigenschaften (Vorhandensein genügender Einsicht, ausreichender Körperstärke) vorhanden sind, deren es zum Führen eines Fahrzeugs bedarf.

5. Die Vorschrift, daß Personen, bei denen die Voraussetzungen unter 4 a bis d nicht zutreffen, die Führung nicht übergeben oder belassen werden darf, betrifft den Halter des Fahrzeugs. Dieser ist dafür verantwortlich, daß der Führer die geforderten Eigenschaften besitzt. Eine zivil- oder strafrechtliche Haftung wegen Verabsäumung dieser Pflicht setzt jedoch Fahr-

lässigkeit voraus. Ob diese vorliegt, richtet sich nach den Umständen des Falles. Der Halter muß sich zuverlässig erkundigen, wie alt ein von ihm verwendeter Jugendlicher ist. Er kann nicht geltend machen, daß er sich über das Alter getäuscht habe. Er muß sich auch darüber vergewissern, ob ein Kutscher dem Trunke zuneigt. Wieweit er das Nichtvorhandensein der erforderlichen sittlichen und körperlichen Eigenschaften erkennen muß, hängt davon ab, ob diese Mängel genügend klar zutage getreten sind.

Der Halter muß sich auch dagegen sichern, daß ungeeignete Personen nicht unbefugt sein Fahrzeug zu benutzen in der Lage sind. Ein bloßes Verbot der Benutzung genügt ohne weiteres nicht (vgl. OLG. Hamm vom 30. 3. 1927, VR. **27** 250). So hat er unter Umständen die Remise, in der das Fahrzeug steht, beim Fortgehen abzuschließen.

6. Mit Rücksicht auf die Erwägungen in Anm. 4 d müssen die Landesbehörden berechtigt sein, die Führung von Fuhrwerken Personen, die ein bestimmtes Mindestalter nicht erreicht haben, zu verbieten. So gewährt die StrVO. für Anhalt den Ortspolizeibehörden in Städten das Recht, eine Altersgrenze von mehr als 14 Jahren (in Städten unter 10 000 Einwohnern nicht unter 16, in Städten über 10 000 Einwohner nicht über 18 Jahre) festzusetzen. Auch können sie eine Altersgrenze in vorstehendem Rahmen für Wirtschaftsfuhren anordnen.

7. Die Untersagung der Führung ist durch die höhere Verwaltungsbehörde auszusprechen.

a) In Preußen sind dafür die Regierungspräsidenten zuständig, in Bayern die Bezirkspolizeibehörden und Polizeidirektionen in München und Nürnberg-Fürth. Die einzelnen Länder haben in § 5 StrVO. die Zuständigkeit bestimmt.

b) Die Untersagung der Führung bedeutet inhaltlich etwas anderes als die Entziehung der Fahrerlaubnis bei Kraftfahrzeugen (§ 4 KGes., § 36 KVO.). Sie ist dagegen ähnlich der Untersagung der Führung von Kraftfahrzeugen an Ausländer (§ 36 Abs. 2 KVO.) und der Untersagung der Führung von Kleinkrafträdern (§ 48 Abs. 1 Nr. 4 KVO.).

c) Diese Untersagung kennzeichnet sich als polizeiliche Verfügung (OVG. **58** 275). Die höhere Verwaltungsbehörde wird hier als Landespolizei auf dem Gebiete des Verkehrs zum Schutze der Personen und des Eigentums und zur Erhaltung öffentlicher Ordnung und Sicherheit des Verkehrs tätig. Daraus ergibt sich, daß die Verfügung materiell und formell den verwaltungsrechtlichen Bestimmungen entsprechen muß.

aa) Materiell:

In Preußen muß sie den polizeilichen Zwecken entsprechen, also sich im Rahmen des § 10 II 17 ALR. halten. Die Untersagung der Führung kann daher nicht im Interesse des Führenden erfolgen, um diesen vor Unfällen zu schützen, sondern muß im Interesse der öffentlichen Sicherheit und Ordnung ergehen. Sie darf auch nicht einen Strafzweck besitzen, sondern muß sich als Schutzmaßregel kennzeichnen. So würde z. B. eine Untersagung der Führung für eine zu kurze Zeit (etwa zwei Wochen) sich im allgemeinen als Strafmaßregel, nicht als Schutzzweck charakterisieren (vgl. Bescheid der Regierung Oberbayern vom 30. 11. 1927, DAutor. **28** Nr. 1, 5).

bb) Formell:

1. Sie muß von der sachlich zuständigen Behörde, also der höheren Verwaltungsbehörde, erlassen sein. Ortspolizeiliche Untersagungen sind, soweit die Befugnisse nicht delegiert worden sind, unwirksam.

2. Sie muß von der örtlich zuständigen Behörde erlassen sein, d. h. derjenigen Behörde, in der die gefährdeten Interessen liegen. Dies ist im allgemeinen der Wohnsitz der Person, der die Führung untersagt werden soll.

3. Sie muß sich innerhalb der Grenzen der gewährten Befugnis halten. Die höhere Verwaltungsbehörde darf nur die Führung untersagen, sie kann nicht einem kurzsichtigen Führer gebieten, eine Brille zu tragen oder einem einarmigen Fahrer aufgeben, eine Prothese anzuschaffen (vgl. OVG. **63** 265).

4. Die Untersagung muß für einen bestimmten Zeitraum erfolgen, und zwar

α) dauernd; es kann zweifelhaft erscheinen, ob eine solche Verfügung gerechtfertigt ist, da damit keine Möglichkeit für den betreffenden Führer besteht, die Berechtigung wiederzuerlangen. Es wird aber selten Fälle geben, wo die festgestellten Tatsachen mit absoluter Sicherheit auch für alle Zukunft Wirksamkeit behalten werden. Die meisten körperlichen Mängel können mit der Zeit behoben, sittliche Minderwertigkeiten können gebessert, eine strafrechtliche Verurteilung kann im Wege des Wiederaufnahmeverfahrens aufgehoben werden. Von einer dauernden Untersagung der Fahrerlaubnis wird daher nur in Ausnahmefällen Gebrauch zu machen sein;

β) zeitweise; d. h. bis zu einem bestimmten Kalendertermin (z. B. bis zum 1. 1. 1935 oder ein Jahr lang nach Zustellung der Verfügung), nicht dagegen bis zur Behebung des Mangels;

γ) nicht vorläufig; z. B. bis zum Abschluß weiterer Feststellungen oder eines Strafverfahrens;

δ) nicht unter sonstigen Bedingungen; z. B. falls sich der Fahrer nicht bis zu einem bestimmten Zeitpunkt einer ärztlichen Untersuchung unterzieht.

5. Die Verfügung muß soweit begründet sein, daß der Empfänger daraus ersehen kann, weshalb ihm die Fahrerlaubnis entzogen wird, und sich mit Rechtsmitteln dagegen wenden kann.

6. Die Verfügung muß die Erklärung enthalten, daß die Untersagung für den zuständigen (bestimmten) Bezirk gilt. Hierin unterscheidet sich die Untersagung der Führung von Fuhrwerken von der zur Führung von Kraftfahrzeugen durch Ausländer und von Kleinkrafträdern, die für das ganze Reich wirksam ist (§ 36 Abs. 2, § 48 Abs. 1 Nr. 4 KVO.).

7. Einen Verstoß gegen § 143 GO. stellt die Untersagung der Führung nicht dar, da dadurch die Be-

rechtigung zum Gewerbebetrieb nicht entzogen wird. Handelt es sich um einen Angestellten, so kann der Gewerbetreibende einen anderen Führer anstellen; fährt er selbst, so wird dadurch sein Betrieb zwar erschwert, aber nicht lahmgelegt, da er einen anderen zum Führer nehmen kann.

d) Die Polizeiverfügung muß an den richtigen Empfänger gerichtet sein und ihm zugestellt werden.

e) Gegen die Untersagung der Führung von Fuhrwerken, die sich als Polizeiverfügung charakterisiert, sind im Gegensatz zu der Entziehung des Führerscheins bei Kraftfahrzeugen, gegen die der Rekurs zulässig ist (§ 5 KGes.), die Rechtsmittel gegeben, die nach Landesrecht gegen polizeiliche Verfügungen bestehen. So für Preußen § 130 LVG., wonach geltend gemacht werden kann, daß die Verfügung materiell oder formell rechtswidrig ist oder die tatsächlichen Voraussetzungen in der Begründung der Wirklichkeit nicht entsprechen.

f) Die Einlegung eines Rechtsmittels hat im Gegensatz zum Rekurs bei Entziehung des Kraftfahrzeugführerscheins keine aufschiebende Wirkung.

g) Fährt der Führer trotz Untersagung der Fahrerlaubnis weiter, so ist er gemäß § 34 StrVO. (nicht § 366 Nr. 10 StGB.) strafbar (Anm. 3 a zu § 34).

8. Bayern hat dem § 5 einen Absatz 2 mit folgendem Wortlaut hinzugefügt: Bei Ladungen von großer Länge, wie z. B. bei Langholzfuhrwerken, muß dem Führer ein Begleiter zur Lenkung und Einhemmung des hinteren Teiles beigegeben sein. Dies gilt insbesondere bei Lastenbeförderung mittels eines geteilten Fuhrwerks, wenn das hintere Fuhrwerksgestell nicht in der Fahrtrichtung gestellt, sondern um eine lotrechte Achse drehbar ist.

§ 6.

Inbetriebnahme von Fuhrwerken; Ankoppeln von Fuhrwerken.

(1) Der Führer[1]) ist dafür verantwortlich, daß das Fuhrwerk, die Gespanntiere und die Ladung sich in vorschriftsmäßigem Zustand[2]) befinden (§§ 2 und 3)

und daß das Fuhrwerk während der Dunkelheit und bei starkem Nebel in vorgeschriebener Weise beleuchtet ist (§ 4). Der Halter[3]) eines Fuhrwerks darf die Inbetriebnahme nicht anordnen oder zulassen, wenn ihm ein Mangel bekannt ist. Stellen sich Mängel unterwegs ein, so hat der Führer für Abhilfe zu sorgen.[4])

(2) Das Ankoppeln von mehr als einem Fuhrwerk[5]) ist nur mit polizeilicher Erlaubnis zulässig; Ausnahmen können von den Landesbehörden für Wirtschaftsfuhren vorgesehen werden.

1. Verantwortlich für den Zustand des Fahrzeugs, der Gespanntiere und der Ladung ist

a) der Führer (siehe Anm. 3 zu § 5);

b) der Eigentümer. Wenngleich dies in der StrVO. nicht besonders zum Ausdruck gebracht ist, so ergibt es sich doch aus allgemeinen Rechtsgrundsätzen. Nach preußischem Recht (§§ 33 ff. I 8 ALR.) ist jeder Eigentümer verpflichtet, sein Eigentum in einem polizeilichen Zustand zu erhalten. Dies ist in der Rechtsprechung des OVG. und der Rechtslehre ständig zum Ausdruck gekommen (OVG. vom 20. 11. 1897, KK. 2 56; vom 28. 10. 1896, ebendort 61, Hatschek 174). Der Eigentümer muß also dafür sorgen, daß sein Fahrzeug sich in einem solchen Zustand befindet, daß es die Öffentlichkeit nicht gefährdet. Er ist deshalb dafür verantwortlich, wenn das Fahrzeug infolge Mangelhaftigkeit des Baues zusammenbricht und dabei Personen oder Sachen verletzt. Er ist verantwortlich, wenn das Fahrzeug in hügeligem Gelände mangels Bremsen nicht zu halten ist. Er ist verantwortlich, wenn durch zum Zuge untaugliche Tiere Schaden entsteht. Diese Verantwortung trifft ihn neben dem Führer (vgl. KG. Lastauto 27 Nr. 24, 29). Jedoch folgert Müller 404 auf Grund der Entstehungsgeschichte und Fassung des § 16 KVO. — der im wesentlichen mit § 6 StrVO. gleichlautend ist —, daß der Eigentümer nur für Mängel des Fahrzeugs verantwortlich ist, soweit sie ihm als solche bekannt sind;

c) der Halter. Die Verantwortlichkeit des Eigentümers muß wegfallen, wenn er die tatsächliche Gewalt über das Fahrzeug einem anderen überträgt oder überläßt. In dem Falle wird der Halter an Stelle des Eigentümers und in gleichem Umfange wie dieser verantwortlich. Dies ist in § 6 Abs. 1 Satz 2 ausdrücklich hervorgehoben. Damit ist die alte preußische Rechtspraxis (KG. vom 15. 3. 1909, Jahrb. 37 C 4; OVG. **16** 392, **21** 416, **28** 389, **33** 444), wonach Eigentümer und Halter nebeneinander für den polizeimäßigen Zustand einer Sache verantwortlich sind, beseitigt.

Der Begriff des Halters im Sinne des § 6 StrVO. deckt sich nicht mit dem des Halters im Sinne von Fuhrwerksbesitzer des § 3 StrVO. (Anm. 5 zu § 3). Während der Polizei gegenüber es für die Haltereigenschaft auf wirtschaftliche Beziehungen ankommt, muß — wie Müller 409 für § 16 KVO. zutreffend hervorhebt — strafrechtlich allein verantwortlich sein, wer die tatsächliche Gewalt über das Fahrzeug ausübt, selbst wenn er das Fuhrwerk nicht für eigene Rechnung in Gebrauch hat und die Kosten des Betriebes nicht bestreitet.

d) Der Betriebsleiter eines Unternehmens ist im allgemeinen für den Zustand eines Fahrzeugs nicht verantwortlich (vgl. KG. vom 28. 9. 1927, VR. **27** 581).

e) Begleitleute, z. B. solche, die auf angekoppelten Fuhrwerken mitfahren, sind nur in Ausnahmefällen strafbar (vgl. RG. vom 15. 12. 1927, DRZ. **28** II 71).

2. Der Führer ist für den Zustand des Fahrzeugs, der Zugtiere und der Ladung verantwortlich.

a) Der erforderliche Zustand ist in §§ 2 und 3 StrVO. festgelegt.

b) Dieser Zustand umgreift auch die Verbindung der Zugtiere mit dem Fahrzeug, obgleich darunter in der StrVO. nichts gesagt ist. Der Führer ist daher dafür verantwortlich, daß das Fahrzeug mit ordnungsmäßigen Zügeln versehen ist. Auch mangelhafte Halfter, Kumte, Gurte, Sielen, Vorderbracken, Ortscheite lassen das Fahrzeug nicht in verkehrssicherem Zustand sich befinden.

c) Desgleichen ist über zum Fahren untaugliche Tiere in § 2 StrVO., worauf § 6 Bezug nimmt, nichts gesagt. Denn dieser spricht nur von zum Zug untauglichen Tieren. Wenn man davon ausgeht, daß der Begriff Fuhrwerk die Zugtiere nicht umschließt (Anm. 3 a zu § 1), so wäre ein Fuhrwerkslenker nicht gehindert, sich eines blinden Pferdes zu bedienen. Gleichwohl muß man auch hier sinngemäß ergänzen, daß der Fahrer für den Zustand des Tieres verantwortlich ist. Er darf daher blinde Tiere nur soweit benutzen, als sie zum Fahren tauglich sind, wobei allerdings zu beachten ist, daß bei Pferden als Nasentieren der Gesichtssinn keine sonderliche Rolle spielt.

Der Führer hat auch dafür zu sorgen, daß die Hufe der Zugtiere bei Schnee und Eis mit Schneestollen versehen sind.

3. Die Pflichten des Halters für die Inbetriebnahme gehören rechtssystematisch nicht unter den Abschnitt „Der Führer und seine Pflichten".

a) Die Verantwortlichkeit des Halters erstreckt sich nur auf die Inbetriebnahme, d. h. die Benutzung des Fahrzeugs zu seinem bestimmungsgemäßen Zweck. Gleichgültig ist, ob das Fahrzeug zum erstenmal gefahren wird oder bereits benutzt ist.

b) Im Gegensatz dazu ist für Mängel, die sich nach der Inbetriebnahme (unterwegs) einstellen, der Führer verantwortlich.

c) Die Verantwortlichkeit des Führers für den ordnungsmäßigen Zustand des Fahrzeugs bei Inbetriebnahme bleibt unberührt.

d) Der Halter ist nur verantwortlich, wenn ihm ein Mangel bekannt ist. Fahrlässige Unkenntnis ist nicht ausreichend. Der Halter ist also im Gegensatz zum Führer nicht verpflichtet, das Fahrzeug vor der Inbetriebnahme zu untersuchen.

4. Die Abhilfe, für die der Führer bei Mängeln zu sorgen hat, muß nach den Umständen des Falles in verschiedenen Maßnahmen bestehen.

a) In Ausbesserung: So bei Lösung der Ladung, Reißen der Bügel.

b) Im Herbeiholen von Hilfe: So bei Achs- oder Radbrüchen. Dabei hat der Führer die erforderlichen Maßnahmen zu treffen, daß während seiner Abwesenheit Unfälle und Verkehrsstörungen vermieden werden (§ 17 Abs. 2 StrVO.).

c) In vorsichtigem Weiterfahren: So beim Versagen der Beleuchtung, bei Federbrüchen. Im ersteren Falle wäre es falsch, wenn der Führer das Fahrzeug stillegen würde, da er dann auf dunkler Straße den Verkehr erst recht gefährden würde. Der Führer muß daher berechtigt sein, das Fahrzeug — allerdings mit besonderer Vorsicht — weiterzufahren (vgl. OLG. Kiel vom 23. 11. 1927, VR. 28 190).

5. Der Gesetzgeber hätte richtiger vom Ankoppeln mehrerer Fahrzeuge gesprochen, da der Begriff Fuhrwerk Kraftfahrzeuge usw. nicht umschließt. Sinngemäß muß jedoch auch das Ankoppeln dieser Fahrzeuge hinter einem Anhängefahrzeug ohne polizeiliche Erlaubnis unzulässig sein, da dadurch Verkehrsgefahren vorgebeugt werden soll.

§ 7.

Leitung und Bedienung von Fuhrwerken; Mitführen nicht eingespannter Tiere.

(1) Der Führer ist zur gehörigen Vorsicht[1]) in Leitung und Bedienung[2]) seines Fuhrwerks verpflichtet.[3-6]) Er muß das Gespann[7]) stets in seiner Gewalt haben[8]) und darf die Fahrbahn nicht aus den Augen lassen. Nimmt der Führer auf dem Fuhrwerke Platz, so muß der Platz so gewählt sein, daß er freie Aussicht nach vorn und nach den Seiten hat und stets in der Lage ist, die Zügel sicher zu handhaben.[9]) Das Aufsitzen auf der Deichsel ist verboten.

(2) Nicht eingespannte Tiere — mit Ausnahme von Saugfohlen — dürfen nur an der rechten Seite oder hinter dem Fuhrwerk mitgeführt werden; sie müssen an einem angespannten Zugtier oder am Fuhrwerk kurz angebunden sein.

(3) Auf Handwagen oder Handkarren abschüssige Wegestrecken hinabzufahren, ist verboten.[10])

1. Der lebhafte Streit, der sich hinsichtlich der gleichlautenden Bestimmung des § 17 KVO. in der Rechtslehre und Rechtsprechung über die Frage entsponnen hat, ob das Vorsichtsgebot eine blankettausfüllende Norm darstellt oder nicht, hat auch für § 7 StrVO. Bedeutung. Die zurzeit vorherrschende und zu billigende Ansicht sieht in dieser Bestimmung keinen fest umrissenen Strafrechtstatbestand, vielmehr nur einen Maßstab für die vom Führer anzuwendende Sorgfalt, die über die allgemein — z. B. von Fußgängern — zu fordernde hinausgeht (vgl. RG. vom 10. 7. 1928, JW. **28** 2325; KG. vom 9. 6. 1914, **46** 348; BayObLG. vom 17. 2. 1925, JW. **25** 1517; OLG. Celle vom 4. 6. 1926, JR. **26** II Nr. 2005; OLG. Hamburg vom 13. 3. 1926, R. d. K. **27** 224; Heucke 152; Müller 407, 565; Lechner 246). Den entgegengesetzten Standpunkt vertreten OLG. Dresden (vom 25. 1. und 28. 6. 1927, VR. **27** 584; vom 6. 12. 1927, DAutor. **28** Nr. 2, 6; vom 20. 6. 1928, R. d. K. **28** 288) und Stuttgart (vom 20. 4. 1927, R. d. K. **27** 188), mit der Begründung, daß § 17 KVO. unter dem Abschnitt „Besondere Pflichten des Führers" stehe und daher als strafrechtlicher Tatbestand aufzufassen sei. Es muß jedoch rechtspolitisch bedenklich erscheinen, eine derartig dehnbare und unbestimmt gefaßte Vorschrift zu einer Verurteilungsgrundlage zu erheben.

2. Der erhöhte Grad von Vorsicht, Aufmerksamkeit und Überlegung, der vom Fuhrwerkslenker zu verlangen ist und der auf der unberechenbaren Natur der Zugtiere — gleichwie beim Kraftfahrzeug auf der Geschwindigkeit, die es erreichen kann — beruht, gebietet eine besondere Rücksichtnahme auf die anderen Wegebenutzer. Der Führer hat nicht nur die Fahrbahn selbst, sondern auch die Bürgersteige, zum mindesten in ihrem an die Fahrbahn grenzenden Teil, sorgfältig zu beobachten (vgl. RG. vom 22. 12. 1927, R. d. K. **28** 185). Bezüglich des Kraftfahrzeuglenkers hat das RG. in ständiger Rechtsprechung (vgl. RG. v. 5. 4. 1927 und 13. 2. 1928,

DRSpZtg. vom 11. 6. 1927 und 26. 5. 1928; vom 12. 1. 1928, JW. **28** 797) den Grundsatz aufgestellt, daß dieser auch mit dem unverständigen und unbesonnenen Benehmen anderer, insbesondere der Fußgänger, zu rechnen habe, und dieser Grundsatz kommt auch bezüglich des Fuhrwerkslenkers in einer Entscheidung des RG. (vom 18. 1. 1927, JW. **27** 2515) zum Ausdruck, wo es heißt: „Nach der Rechtsprechung des RG. muß der Lenker eines Fuhrwerks auch mit Unbesonnenheiten der am Verkehr beteiligten Personen rechnen, sofern diese nicht außerhalb des Bereichs der gewöhnlichen Erfahrung liegen." Ganz besonders gilt dies gegenüber Kindern (vgl. RG. vom 17. 5. 1927, VR. **27** 504; vom 4. 1. 1927, VR. **27** 39) und alten Leuten (OLG. Hamm vom 9. 5. 1926, VR. **27** 94).

3. Körperliche Mängel, wie Schwerhörigkeit, zwingen den Fuhrwerkslenker zu erweiterter Vorsicht (vgl. RG. vom 4. 11. 1927, Mitt. d. ADAC. Nr. 73). Er muß dann den fehlenden Sinn durch vermehrtes Umblicken ersetzen (OLG. Celle vom 24. 1. 1928, R. d. K. **28** 139).

4. Ein Verstoß gegen die Sorgfaltspflicht kann auch darin liegen, daß der Führer mit einem zu schweren Fuhrwerk einen Sommerweg befährt, dort einsinkt, umkippt und andere Personen verletzt oder Sachen beschädigt (vgl. OLG. Hamm vom 10. 11. 1926, VR. **27** 251).

5. Bei Blendung durch entgegenkommende Kraftfahrzeuge ist der Führer zu besonderer Sorgfalt verpflichtet. Er muß damit rechnen, daß sich in seiner Fahrbahn Menschen oder sonstige unbeleuchtete Hindernisse befinden (vgl. OLG. Düsseldorf vom 23. 1. 1928, R. d. K. **28** 79; OLG. Dresden vom 28. 2. 1928, R. d. K. **28** 118; vom 19. 9. 1928, DAutor. **28** 465; OLG. Hamm vom 9. 3. 1927, VR. **27** 508). Er muß daher sein Fahrzeug gegebenenfalls anhalten und darf erst weiterfahren, wenn eine Sicherheit in bezug auf die vor ihm liegende Fahrbahn vorhanden ist (vgl. RG. vom 10. 11. 1927, R. d. K. **28** 48; BayObLG. vom 18. 2. 1927, VR. **27** 195). Zu weitgehend erscheint es dagegen, wenn er nach Ansicht des RG. (vom 21. 10. 1927, R. d. K. **28** 175) mit der Möglichkeit zu rechnen hat, daß er bei Näher-

kommen eines Fahrzeugs so vollständig geblendet wird, daß er nichts mehr sehen kann und deshalb auf alle Fälle sofort bremsen muß.

6. Der Fuhrwerkslenker muß bei starker Belastung des Fuhrwerks der Beschaffenheit der Straße Rechnung tragen, da die eisenbeschlagenen Reifen sonderlich bei auf der Fahrbahn liegenden Steinen die Straßenoberfläche zu beschädigen vermögen.

7. Der Fuhrwerkslenker muß auf die Natur der Tiere, insbesondere ihre Instinkte, Rücksicht nehmen. So muß er damit rechnen, daß die Tiere, wenn sie sich ihrem Stall nähern, der auf der linken Straßenseite liegt, vorzeitig nach dieser Seite abzubiegen neigen (KG. vom 8. 11. 1927, Mitt. d. ADAC. Nr. 71). Beim Scheuen von Pferden muß er abspringen und die Pferde am Kopfe halten. Er darf nicht mit den Zügeln reißen.

8. Wenngleich es dem Fahrer nicht ausdrücklich verboten ist, die Pferde von der Straße anstatt vom Bock aus zu lenken, so darf er sich nicht so weit vom Fahrzeug entfernen, daß er nicht jederzeit durch Zuspringen den Pferden in das Geschirr fallen kann. Der Fahrer darf weder den Pferden voraus noch hinter dem Wagen gehen. Das Fahrzeug in der Gewalt haben bedeutet nicht nur, bei plötzlich auftauchenden Hindernissen es rechtzeitig zum Stehen bringen zu können, sondern auch den Regeln des Straßenverkehrs jederzeit nachzukommen in der Lage zu sein. Bei Warnungszeichen anderer Wegebenutzer, die den Fahrer überholen wollen, muß dieser rechtzeitig die rechte Straßenseite einnehmen, bei Feuerwehr- und Polizeifahrzeugen unverzüglich freie Bahn machen.

9. Bei Langholzfuhrwerken darf der Sitz nicht auf der rechten Seite quer zur Fahrtrichtung eingenommen werden (RG. vom 2. 4. 1908, Soergel **08** 258 Nr. 52).

10. Auf, nicht mit Handwagen und Handkarren abschüssige Wegestrecken hinabzufahren ist verboten. Die Vorschrift bezieht sich also nur auf Personen, die auf solchen Fahrzeugen sitzen, liegen oder stehen.

§ 8.

Fahrgeschwindigkeit.

(1) Der Führer hat die Fahrgeschwindigkeit so einzurichten, daß er in der Lage bleibt, seinen Verpflichtungen Genüge zu leisten.[1-5])

(2) Ist der Überblick über die Fahrbahn behindert, die Sicherheit des Fahrens durch die Beschaffenheit des Weges beeinträchtigt, oder herrscht lebhafter Verkehr, so muß so langsam gefahren werden,[6]) daß das Fuhrwerk auf kürzeste Entfernung[7]) zum Stehen gebracht werden kann.

(3) Innerhalb geschlossener Ortsteile[8]) darf nur mit mäßiger Geschwindigkeit[9]) gefahren werden.[10])

1. Die Bestimmung des § 8 Abs. 1 läßt wie die des § 7 Abs. 1 die Frage auftauchen, ob dieser Tatbestand fest genug umrissen ist, um als blankettfüllende Norm zu wirken. Während die Rechtslehre und der überwiegende Teil der Rechtsprechung den § 18 Abs. 1 KVO. (= § 8 Abs. 1 StrVO.) mit der Vorschrift des § 17 Abs. 1 KVO. (= § 7 Abs. 1 StrVO.) gleich behandeln, erblicken das RG. vom 10. 7. 1928, JW. **28** 2325, und KG. vom 5. 3. 1928, R. d. K. **28** 178, in § 18 Abs. 1 KVO. im Gegensatz zu § 17 Abs. 1 KVO. eine blankettausfüllende Norm, das RG. mit der Begründung, daß auch § 366 Nr. 2 StGB., wonach das übermäßig schnelle Fahren in Städten oder Dörfern bestraft wird, allgemein als blankettfüllende Norm angesehen wird.

2. Die Abgrenzung von § 8 Abs. 1 StrVO. und § 366 Nr. 2 StGB. ist schwierig. Während § 18 KVO. in Verbindung mit § 21 KGes. als lex specialis des Reichsrechts der Regelung des § 366 Nr. 2 StGB. vorgeht, bildet § 8 StrVO., selbst in Verbindung mit der Blankettvorschrift des § 366 Nr. 10 StGB., nur eine landesrechtliche Norm (siehe Anm. 3 a zu § 34). Das gleiche gilt, wenn man § 34 StrVO. als Blankettgesetz ansieht. Demnach räumt die reichsrechtliche Regelung des § 366 Nr. 2 StGB. die Bestimmung des § 8 Abs. 1 StrVO. soweit aus,

als sie sich mit ihr deckt. Die Kongruenz ist allerdings nicht voll vorhanden, da § 366 Nr. 2 das übermäßig schnelle Fahren in Städten und Dörfern bestraft, während nach § 8 Abs. 1 auch schon schnelles Fahren bestraft werden kann, wenn dadurch der Fahrer nicht in der Lage bleibt, seinen Verpflichtungen[1]) Genüge zu leisten, und diese Pflicht auch außerhalb von Städten und Dörfern besteht. Die Grenze zwischen übermäßig schnellem und schnellem Fahren ist flüssig. Ein Fuhrwerkslenker, der in Städten oder Dörfern im Galopp oder scharfen Trab dahinrast, macht sich gemäß § 366 Nr. 2 StGB. strafbar ohne Rücksicht darauf, ob er den Verkehr gefährdet, also auch auf menschenleerer Straße bei Nachtzeit (OLG. Stuttgart, WürttJ. **15** 71; a. A. KG. vom 12. 2. 1914, DJZ. **14** 701; LeipzKomm. Anm. 3 zu § 366; Olshausen Anm. c zu § 366[2]). Ein Fuhrwerkslenker, der schnell fährt, macht sich gemäß § 8 Abs. 1 StrVO. nur strafbar, wenn mit Rücksicht auf vorhandenen Verkehr eine Gefährdung von Wegebenutzern eintreten kann. Es hängt also von den Umständen des Einzelfalls ab, ob aus § 8 StrVO. in Verbindung mit § 366 Nr. 10 StGB. oder aus § 366 Nr. 2 StGB. zu bestrafen ist. Soweit letzterer zutrifft, geht er § 8 StrVO. vor.

3. Bei einem körperlichen Mangel muß der Führer diesem Umstande durch Herabsetzen der Fahrgeschwindigkeit Rechnung tragen (vgl. RG. vom 4. 1. 1915, Recht **15** Nr. 2151).

4. Sieht der Führer das planlose Handeln eines vor ihm auf der Straße befindlichen Wegebenutzers, so ist er zur besonderen Vorsicht und Herabminderung der Geschwindigkeit verpflichtet (RG. vom 4. 12. 1915, Recht **15** Nr. 2147).

5. Auch mutwilliges und leichtsinniges Benehmen anderer Wegebenutzer trotz wiederholter

---

[1]) Der Verordnungsgeber hätte in § 8 StrVO. besser das Wort Pflichten gebraucht. Es bestehen Pflichten im Sinne ethischer Gebotsnormen gegenüber der Allgemeinheit, dagegen Verpflichtungen im Sinne schuldrechtlicher Beziehungen zu bestimmten Personen. Der Begriff der Verpflichtung ist dem Strafrecht nicht geläufig.

Signalgebung soll nach RGSt. **56** 156 den Führer verpflichten, den Wagen in dem Zeitpunkt zum Stillstand zu bringen, wo die Gefahr noch ausgeschlossen werden konnte.

6. In drei Fällen muß besonders langsam gefahren werden:

a) Wenn der Überblick über die Fahrbahn behindert ist. Dies ist subjektiv vom Fahrer aus zu beurteilen. Fahrbahn im Sinne des § 8 StrVO. ist nicht nur der befahrbare Teil des Weges, sondern auch die Geländeteile daneben (vgl. RG. vom 15. 3. 1927, R. d. K. **27** 127; vom 15. und 22. 11. 1927, R. d. K. **28** 48; OLG. Dresden vom 27. 1. 1927, R. d. K. **28** 19). Behindert kann der Überblick sein:

aa) durch die Natur des Weges, wie Wegekrümmungen, Bäume, erhöhte enge Brücken. Die Überblicksmöglichkeit über eine Seite des Weges genügt nicht (vgl. RG. vom 24. 2. 1927, R. d. K. **27** 144);

bb) durch Gegenstände auf dem Wege, so wenn parkende Kraftdroschken auf der Mitte der Straße oder haltende Fahrzeuge auf dem Wege die freie Sicht versperren;

cc) durch Staubwolken vorausfahrender Fahrzeuge (vgl. RG. vom 15. 12. 1927, R. d. K. **28** 47) und Sprühregen (vgl. RG. vom 13. 6. 1927, VR. **27** 411);

dd) durch Dunkelheit. Wenngleich Dunkelheit an sich nicht zum Langsamfahren verpflichtet, so muß trotzdem der Führer seine Geschwindigkeit der Reichweite seiner Beleuchtung und der Sichtmöglichkeit anpassen (vgl. RG. vom 8. 7. 1927, VR. **27** 587; vom 3. 10. 1927, DJZ. **28** 320). Das gleiche gilt für starken Nebel (vgl. RG. vom 23. 1. 1928, R. d. K. **28** 66);

ee) durch den Sitz des Führers, z. B. wenn dieser von Führersitz aus ein in der Fahrbahn auftretendes Hindernis nicht so zeitig, d. h. auf solche Entfernung erblicken kann, daß das Auffahren auf das Hindernis oder ein Zusammenstoßen mit diesem mit Sicherheit zu vermeiden ist (BayObLG. vom 18. 1. 1927, VR. **27** 152).

b) Wenn die Sicherheit des Fahrens durch die Beschaffenheit des Weges beeinträchtigt wird, so bei Glatteis, Schlaglöchern, feuchten Asphaltstraßen, endlich auch bei abschüssiger, gefrorener Straße (vgl. RG. vom 27. 4. 1928, R. d. K. **28** 197).

Beim Herannahen an einen Bahnübergang muß der Führer seine Geschwindigkeit so einrichten, daß er beim Schließen der Schranken sein Fahrzeug noch rechtzeitig vor diesen zum Stehen bringen kann (vgl. OLG. Dresden vom 2. 5. 1928, R. d. K. **28** 285).

c) Wenn lebhafter Verkehr herrscht, d. h. tatsächlich stattfindet und für den Führer wahrnehmbar ist, gleichgültig, ob es sich um Fußgänger- oder sonstigen Verkehr handelt.

7. Der Begriff der kürzesten Entfernung ist ein relativer. Es bemißt sich nach den Umständen des Falles, welche Bremsstrecke noch als kürzeste Entfernung betrachtet werden kann. Von Bedeutung ist besonders auch, auf welche Entfernung dem Führer des Fahrzeugs ein etwa in der Fahrbahn auftauchendes Hindernis sichtbar ist. Demnach kann unter Umständen selbst ein Bremsweg von wenigen Metern noch als kürzeste Entfernung anzusehen sein (vgl. BayrObLG. vom 18. 1. 1927, BR. **27** 153; vom 22. 7. 1927, DRZ. **27** II 296; vom 6. 7. 1928, Mitt. d. ADAC. Nr. 117; OLG. Dresden vom 25. 1. 1928, R. d. K. **28** 117).

8. Ein geschlossener Ortsteil liegt vor, wenn die Baulichkeiten einer Ortschaft in räumlichem Zusammenhang stehen, nach außen hin als solche in die Erscheinung treten und sich erkennbar vom offenen Lande abgrenzen (vgl. KG. vom 18. 11. 1907, DJZ. **08** 253; OLG. Karlsruhe vom 25. 11. 1926, R. d. K. **28** 253; BayObLG. vom 29. 7. 1927, R. d. K. **28** 252; OLG. Dresden vom 5. 10. 1927, R. d. K. **28** 128; vom 30. 11. 1927, LZ. **28** 646; vom 10. 1. 1928, DRZ. **28** II 118; OLG. Celle vom 24. 6. 1927, R. d. K. **28** 252). So ist nach Ansicht des KG. vom 10. 6. 1912, DJZ. **12** 1473 der Berliner Tiergarten ein geschlossener Ortsteil.

Geschlossener Ortsteil ist ein Rechtsbegriff. Ein Irrtum

darüber charakterisiert sich als unbeachtlicher Strafrechtsirrtum (OLG. Dresden vom 4. 4. 1928, R. d. K. **28** 180).

9. Das Gebot, mit „mäßiger Geschwindigkeit" zu fahren, ist nicht viel bestimmter als das des „Langsamfahrens" für Kraftfahrzeuge, das das BayObLG. (vom 6. 7. 1928, R. d. K. **28** 328; vom 26. 4. 1927, R. d. K. **28** 335) für ungültig hält. Es ist anderseits aber nicht unbestimmter als das des übermäßig schnellen Fahrens in § 366 Nr. 2 StGB., so daß man es für Fuhrwerke als gültig erachten muß. Mäßige Geschwindigkeit bedeutet Schritt oder verkürzten Trab.

10. Wegen der Bestrafung bei Verstößen gegen § 8 siehe Anm. 3 b zu § 34. Ein Mitfahrender, der, ohne selbst die Zügel zu führen, das schnelle Fahren des Kutschers gebilligt und schleunigste Beförderung gewünscht hat, ist bei vorsätzlicher Begehung als Mittäter, bei fahrlässiger Begehung als Nebentäter strafbar (RG. in LZ. **23** 391). Wenn der Eigentümer oder Halter eines Fahrzeugs wahrnimmt, daß der Führer eine Gesetzwidrigkeit begeht, insbesondere die zulässige Geschwindigkeit überschreitet, hat er dagegen einzuschreiten. Unterläßt er dies, obwohl er die Möglichkeit hat, dem Führer entsprechende Weisung zu geben, der dieser auf Grund seines Abhängigkeitsverhältnisses Folge zu leisten hat, so kann er als Mittäter strafrechtlich verantwortlich gemacht werden (vgl. OLG. Dresden vom 26. 9. 1928, DAutor. **28** 465).

§ 9.

Warnungszeichen.

Der Führer hat Personen,[1]) die sich in gefährlicher Nähe[2]) des Fuhrwerks befinden, rechtzeitig[3]) durch Zuruf oder in sonst geeigneter Weise[4]) zu warnen. Der Gebrauch von Hupen ist verboten.

1. § 9 StrVO. ist gegenüber § 19 KVO. wesentlich milder gefaßt. Während bei Kraftfahrzeugen das Gebot der Abgabe von Warnungszeichen, wo es die Sicherheit des Verkehrs erfordert, eine außerordentlich scharfe Auslegung erfahren hat, ist das Warnungsgebot des § 9 StrVO. nur auf Personen, die sich in gefährlicher Nähe des Fuhrwerks befinden, beschränkt. Der Führer darf die Warnung nur unterlassen, wenn er sich überzeugt hat, daß die Person das Nahen des Fuhrwerks bemerkt und ihr Verhalten darauf eingestellt hat.

2. Wann die Nähe der Person zum Fuhrwerk gefährlich ist, hängt davon ab, ob sich das Fuhrwerk im Schritt, Trab oder Galopp befindet, ob die Straße schlüpfrig oder abschüssig ist, ob sich dort ein Bürgersteig befindet oder nicht. Befinden sich Personen auf dem Bürgersteig, so würde auch bei unmittelbarer Nähe zum Fuhrwerk eine Warnungspflicht entfallen, da der Führer damit rechnen kann, daß Personen nicht unversehens vom Bürgersteig auf die Straße laufen. Personen, die sich hinter dem Fahrzeug — selbst in gefährlicher Nähe dazu — befinden, hat der Führer im allgemeinen nicht zu warnen. Er darf damit rechnen, daß, wenn sie ihn überholen wollen, sie sich gebührend in acht nehmen (vgl. RG. vom 7. 3. 1927, VR. **27** 304). Die Zeichen, die der Führer gemäß § 15 StrVO. beim Anhalten und Abbiegen zu geben hat, bleiben dadurch unberührt. Das Eigengeräusch des Fahrzeugs (besonders Pferdegetrappel) ist kein Ersatz für Warnungszeichen (vgl. RG. vom 4. 7. 1927, VR. **27** 461).

3. Die Warnung hat so rechtzeitig zu erfolgen, daß der Wegebenutzer sein Verhalten entsprechend einrichten kann und Unfälle vermieden werden. Der Führer muß, wenn er an einer Straßenkreuzung in eine Seitenstraße einbiegen will, so frühzeitig Zuruf geben, daß ein Fußgänger, der den Straßendamm der Seitenstraße in unmittelbarer Nähe der Kreuzung überschreiten will, gewarnt wird, ehe er den Fahrdamm betritt (vgl. OLG. Hamburg vom 25. 1. 1921, Recht **21** Nr. 2013). Er muß mit dem Überhören seiner Warnungszeichen rechnen (vgl. RG. vom 9. 1. 1928, Luft- und Kraftfahrt **28** 62). Nur wenn die Abgabe von Zeichen deswegen keinen Zweck hat, weil dadurch ein Unfall nicht mehr abgewandt werden kann, ist dem Führer kein Vorwurf zu machen (vgl. Müller 592). Zu frühzeitiges Abgeben von Warnungszeichen ist unter Umständen nicht rechtzeitig (vgl. OLG. Dresden vom 12. 7. 1927, VR. **27** 581).

4. In sonst geeigneter Weise. Peitschenknallen kann im allgemeinen nicht als geeignetes Warnungszeichen gelten. In Bayern ist durch einen dem § 9 hinzugefügten Abs. 2 zweckloses oder übertriebenes Knallen mit der Peitsche verboten.

§ 10.

Rechtsfahren und Einbiegen.

(1) Der Führer hat mit seinem Fuhrwerk, soweit nicht besondere Umstände entgegenstehen,[1]) die rechte Seite des Weges[2]) einzuhalten[3]) und darf die linke Seite[4]) nur beim Überholen oder beim Anhalten an links liegenden Grundstücken[5]) — soweit dies örtlich nicht verboten ist[6]) — benutzen. Langsam fahrende Fuhrwerke[7]) haben innerhalb geschlossener Ortsteile[8]) möglichst die äußerste rechte Seite einzuhalten.[9]) Beim Durchfahren von scharfen oder unübersichtlichen Wegekrümmungen[10]) ist stets[11]) die rechte Seite[12]) einzuhalten.[13])

(2) Beim Einbiegen in einen anderen Weg[14]) hat der Führer nach rechts in kurzer Wendung,[15]) [16]) nach links in weitem Bogen[17]) [18]) zu fahren.[19-21])

1. Die Vorschrift des Rechtsfahrens gilt für den Regelfall, und zwar auch auf leerer Straße (vgl. KG. vom 6. 2. 1928, DJZ. 28 946). Eine Abweichung vom Gebot ist nur erlaubt,

a) wenn andere Wegebenutzer sich falsch verhalten, so daß bei Beobachtung des Rechtsfahrens der Verkehr gefährdet wird (siehe Vorbem. zu § 5). Dies jedoch nur so lange, bis die Benutzung der rechten Straßenseite wieder gefahrlos möglich ist;

b) wenn besondere Umstände entgegenstehen. Diese können liegen

aa) in der natürlichen Beschaffenheit des Weges. So z. B., wenn die Fahrbahn auf der rechten Seite aufgerissen ist oder sich dort Schlaglöcher befinden (vgl. BayObLG. vom 18. 10. 1927, DAutor. **28** Nr. 2, 8). Hochbeladenen Heuwagen wird, falls die Straße stark gesattelt ist, das Recht zuzugestehen sein, auf der Mitte der Straße zu fahren;

bb) in Hindernissen auf der Fahrbahn. Dazu rechnen auch Menschenansammlungen. Wenn der Führer z. B. einen politischen Demonstrationszug überholt, darf er die linke Seite einhalten (vgl. OLG. Köln vom 27. 1. 1928, DAutor. **28** 419);

cc) in Witterungsumständen. So darf der Fahrer auf der Mitte des Weges fahren, wenn er infolge starken Nebels oder Schneegestöbers Gefahr läuft, durch Einhalten der rechten Straßenseite neben den Fahrdamm zu geraten (vgl. ObGerHof Saarlouis vom 8. 11. 1927, DAutor. **28** 347).

dd) Eine bessere Übersicht berechtigt dagegen den Fahrer nicht, auf der Mitte der Straße zu fahren (KG. 1 S 764/26, DMSpZtg. vom 6. 11. 1926).

2. Die Grenze erlaubter Abweichung darf nicht zu eng gezogen werden. Der Führer braucht bei Schlaglöchern auf der rechten Straßenseite nicht so lange rechts zu fahren, bis er einem Unfalle nahe ist. Er ist auch nicht gezwungen, seine Geschwindigkeit entsprechend zu verringern und rechts weiterzufahren.

3. Bei einem Abweichen von der Regel des Rechtsfahrens ist vom Führer ein erhöhter Grad von Vorsicht und Aufmerksamkeit zu verlangen (vgl. RG. vom 5. 4. 1927, DAutor. **28** Nr. 2, 8).

4. In den erwähnten Fällen darf der Führer nicht allein auf der Mitte, sondern, falls erforderlich, auch auf der linken Seite der Fahrbahn fahren. Die Ansicht Müllers (600), der auf Grund des gesetzlichen Wortlauts „nur beim Überholen und Anhalten an linksliegenden Grundstücken“ ein Befahren der linken Straßenseite abgesehen von diesen ausdrücklich benannten Fällen für unzulässig hält, erscheint zu weitgehend, da sie technisch in einer Reihe von Fällen undurchführbar ist.

5. Die Fassung „beim Anhalten an linksliegenden Grundstücken“ ist nicht glücklich gewählt. „Beim Anhalten“ ist nicht gleichbedeutend mit „zum Anhalten“. „Zum Anhalten“ weist auf eine zweckbestimmte Tätigkeit, nämlich das Fuhrwerk zum Stillstand zu bringen. „Beim Anhalten“ deutet auf einen Zustand, nämlich daß das Fahrzeug hält. Nun könnte eingewendet werden, daß Anhalten und Stillhalten nicht das gleiche seien, sondern daß Anhalten auf alle Fälle zum Stillstand bringen bedeutet und im Stillstand sein mit Halten gekennzeichnet wird. Aber der Verordnungsgeber spricht von Anhalten auch da, wo ein Fahrzeug hält. So heißt es in § 20 KVO., daß der Führer beim Scheuen von Tieren erforderlichenfalls anzuhalten hat, d. h. er muß das Fahrzeug nicht nur zum Stillstand bringen, sondern auch so lange halten, bis das Tier vorüber ist. In § 16 StrVO. heißt es: „Der Führer hat auf das Haltezeichen der Polizeibeamten anzuhalten.“ Ganz offenbar soll der Fahrer jedoch nicht allein das Fahrzeug zum Stillstand bringen, sondern auch damit so lange halten, bis der Polizeibeamte die Weiterfahrt freigibt. In §§ 28 und 55 des schweizerischen Entwurfes und § 52 der österreichischen VO. vom 28. 4. 1910 ist davon die Rede, daß der Führer nach einem Unfall anzuhalten hat. Die StrVO. gebraucht also das Wort Anhalten sowohl dynamisch für den Vorgang des Verringerns der Geschwindigkeit bis zum Stillstand als auch statisch für den Zustand des Haltens.[1]) Bezieht sich aber Anhalten auch auf im Stillstand befindliche Fahrzeuge, so kommt man zu dem ebenso merkwürdigen wie unbefriedigenden Ergebnis, daß der Fahrer, wenn er sein Fahrzeug derart aufstellt, daß das Grundstück links der Fahrtrichtung liegt, strafbar ist, während er, wenn er es umgekehrt zum Aufstellen bringt, straffrei bleibt. Man kann daher die Vorschrift nur dahin verstehen, daß ein Herüberfahren zum Halten oder Abfahren nach dem Halten an solchen Grundstücken

[1]) Im Französischen wird hier sehr viel schärfer vom Gesetzgeber zwischen s'arrêter = zum Stillstand bringen und stationner = Halten unterschieden.

nicht gegen den Verkehrsstrom erfolgen soll. Hierbei könnten dann örtliche Vorschriften weitergehend bestimmen, daß das Hinüberfahren zum Halten oder Abfahren nach dem Halten an linksliegenden Grundstücken allgemein unstatthaft sei, also auch dann nicht erfolgen darf, wenn kein Verkehr vorhanden ist. Über das Recht der Aufstellung selbst ist dadurch nichts gesagt. Dieses richtet sich vielmehr nach § 17 StrVO.

6. Die Ausnahme, daß beim Überholen oder Anhalten an linksliegenden Grundstücken links gefahren werden darf, kennzeichnet nur eine Möglichkeit, gewährt aber kein Recht. Es ist daher selbstverständlich und brauchte nicht ausdrücklich betont zu werden, daß, soweit kein örtliches Verbot besteht, der Führer nicht geltend machen kann, daß er die linke Straßenseite benutzen konnte (vgl. Müller 600).

7. Die Langsamkeit des Fuhrwerks bemißt sich nach der üblichen Geschwindigkeit der Fuhrwerke. Im allgemeinen sind daher langsam fahrende Fuhrwerke solche, die Schritt fahren. Würde man den Begriff „Langsam fahren" auf den sonstigen Straßenverkehr abstellen, so würde mit Rücksicht auf den Kraftfahrzeugverkehr jedes Fuhrwerk langsam fahren.

8. Geschlossener Ortsteil siehe Anm. 8 zu § 8.

9. Die äußerste rechte Seite ist nach Möglichkeit einzuhalten. Jedoch ist dort, wo keine erkennbaren Fußwege vorhanden sind und die Breite der Straße es zuläßt, mindestens 1 m Abstand vom Straßenrand zu halten (§ 18 Abs. 1 Satz 2 StrVO.). Die Vorschrift bezweckt, dort, wo starker Kraftfahrzeugverkehr vorhanden ist, eine reibungslose Verkehrsabwicklung zu fördern.

10. Unübersichtliche Wegekrümmung siehe Anm. 6a zu § 8.

11. Das Wort „stets" weist darauf hin, daß der Führer sich nicht damit entschuldigen kann, eine Wegekrümmung der Bequemlichkeit halber in der Mitte genommen zu haben (vgl. BayObLG. vom 21. 2. 1928, DRZ. 28 II 156). Anderseits wird man trotz der Fassung der Gesetzesstelle ein absolutes Ver-

bot nicht annehmen können, da in solchen Fällen, wo die Innehaltung der rechten Straßenseite in Kurven wegen der Beschaffenheit des Weges, des falschen Verhaltens anderer Wegebenutzer oder sonstiger Betriebsgefahren (steiler Berghang) gefahrdrohend oder gar unmöglich ist, der Führer mit seinem Fahrzeug nicht lahmgelegt werden kann.

12. Auf völlig freien Plätzen besteht die Vorschrift des Rechtsfahrens nicht. Hat der Platz jedoch einen abgegrenzten inneren Kern, so ist die rechte Seite des daran entlangführenden Weges einzuhalten (vgl. BayObLG. vom 6. 3. 1928, R. d. K. **28** 364).

13. Bestritten ist, ob das Gebot des Rechtsfahrens auch auf Einbahnstraßen gilt oder ob diese in ihrer ganzen Breite befahren werden dürfen. Die Rechtsprechung lehnt es durchweg ab. Das BayrObLG. (vom 15. 2. 1927, JW. **27** 2811) erklärt, es sei aus dem Wortlaut des Gesetzes nicht zu entnehmen, daß für Einbahnstraßen eine Ausnahme von der Regel des Rechtsfahrens habe gemacht werden sollen. Jedoch hat der Verordnungsgeber hieran offenbar gar nicht gedacht. Wenn das BayObLG. dann fortfährt, daß bei beiderseitigem Befahren von Einbahnstraßen die Fußgänger gefährdet werden könnten, da sie gewohnt seien, bei Überschreitung der Fahrstraße sich allenfalls nach auf der rechten Seite daherkommenden Fahrzeugen umzuschauen, so wird damit einer Unerzogenheit der Fußgänger ungebührlich Rechnung getragen. In ähnlichen Gedankengängen bewegen sich die Entscheidungen anderer Gerichte (vgl. OLG. Hamburg vom 7. 11. 1927, R. d. K. **28** 152; OLG. Dresden vom 31. 1. 1928, ebendort). Das KG. vom 24. 3. 1927, Recht **27** Nr. 1241, erklärt, daß auf Grund einer Polizeiverordnung von 1904 eine Bestrafung wegen Linksfahrens auf einer Einbahnstraße nicht gerechtfertigt sei, da einer Rechtsnorm nicht etwas unterstellt werden könne, was zur Zeit ihres Erlasses nicht existierte, mit dessen späterer Existenz auch nicht gerechnet werden konnte. Zu dem augenblicklichen Zustand auf Grund von § 10 StrVO. und des gleichlautenden § 21 KVO. nimmt es jedoch ausdrücklich keine Stellung.

Die Rechtslehre ist überwiegend der Auffassung, daß Einbahnstraßen auch links befahren werden dürfen (Isaac in JW. **27** 2811; Müller 600; Spengruber in R. d. K. **27** 98; Gülde in R. d. K. **28** 152; v. d. Groeben in R. d. K. **27** 108; Wolff-Williger in DAutor. **28** Nr. 2, 3). Dem ist schon aus der Erwägung heraus beizupflichten, daß Einbahnstraßen ihren Zweck, einen stärkeren Verkehr aufzunehmen, nicht erfüllen können, wenn auch dort das Gebot des Rechtsfahrens gelten würde. In dem Falle würden sie nur den Verkehr hindern, da damit Fahrzeuge zu Umwegen gezwungen werden. In Preußen empfiehlt der RdErl. vom 21. 11. 1927 (MBliV. 1105) bei polizeilichen Anordnungen das beiderseitige Befahren von Einbahnstraßen zu gestatten, jedoch zu bestimmen, daß alle Fahrzeuge möglichst rechts zu fahren und links zu überholen haben. Die Berliner Verkehrsordnung vom 15. 1. 1929 bestimmt in § 17 Abs. 2, daß in Einbahnstraßen den Fahrzeugen die Ausnutzung der Fahrbahn in ihrer ganzen Breite gestattet ist.

14. Von einem Einbiegen in einen anderen Weg kann nur bei Seitenwegen die Rede sein. Gabelt sich die Straße in mehrere Teile, so ist es Tatfrage, welche der so entstandenen neuen Straßen die Fortsetzung der Hauptstraße ist und bei welcher von ihnen das Einbiegen ein Abweichen von der bisherigen Fahrtrichtung bedeutet (BayObLG. vom 8. 11. 1927, DRZ. **28** II 37).

15. „In kurzer Wendung" bedeutet nicht scharf rechts fahren (OLG. Dresden vom 24. 1. 1928, R. d. K. **28** 265). Wenn ein Fußsteig vorhanden ist, können durch zu nahes Heranfahren an den Bordstein in der Nähe befindliche Fußgänger gefährdet werden. Ist kein Fußsteig vorhanden, so muß der Fahrer gemäß § 18 Abs. 1 StrVO. einen Abstand von 1 m vom Straßenrand für Fußgänger und sonstige Wegebenutzer frei lassen (vgl. OLG. Dresden vom 10. 1. 1928, R. d. K. **28** 263).

16. Der Begriff Weg im Sinne des § 10 Abs. 2 StrVO. umschließt nicht notwendig die ganze Fahrbahn. Ist nur ein Teil einer Fahrstraße gut bepflastert und wird allgemein nur dieser Teil von Fahrzeugen benutzt, so ist dieser Teil, nicht die Fahrstraße als Ganzes, der Weg, in den nach rechts in kurzer Wendung einzubiegen ist (RG. vom 10. 5. 1928, HRR. **28** Nr. 1791). Biegt also ein Fuhrwerk nach rechts in einen Weg ein, dessen der Wegeeinmündung zu gelegene Seite infolge von Katzenköpfen oder sonstigen Unebenheiten der Straße zu befahren gefährlich ist, so bedeutet „in kurzer Wendung" nicht das Einlenken auf diesen Wegeteil, sondern auf denjenigen Teil der Fahrbahn, der üblicherweise von Fahrzeugen benutzt wird.

17. „In weitem Bogen" bedeutet ebenfalls nicht, daß der Fahrer am äußersten Rande des Weges einen Kreis zu beschreiben hat. In den meisten Fällen ist ein stark ellipsenförmiger Bogen angebracht und ausreichend.

18. Beim Einbiegen in eine linke Seitenstraße, die von der Ausgangsstraße durch einen freien Platz getrennt ist, braucht der Fahrer nicht den ganzen Platz am äußersten rechten Rande zu durchfahren, da er damit nur den Verkehr, der aus anderen Straßen in den Platz hineinströmt, behindert. Es ist daher in dem Falle genügend, wenn der Fahrer in angemessenem Bogen den Platz überquert (vgl. BayObLG. vom 14. 2. 1928, DRZ. **28** II 157).

19. Beim Einbiegen aus der Überholstellung in eine linke Seitenstraße ist der Führer nicht verpflichtet, sich vorher auf die rechte Straßenseite zu begeben, da dies den Verkehr nur aufhalten würde. Vielmehr darf er aus der Überholstellung in weitem Bogen nach links in die Seitenstraße einbiegen (vgl. RG. vom 10. 5. 1928, DRZ. **28** II 341). Nicht dagegen kann ihm das gleiche Recht beim Einbiegen in eine rechte Seitenstraße zugebilligt werden, da er hierdurch Gefahren für den Verkehr heraufbeschwören würde.

20. Abweichenden Anweisungen der Verkehrspolizeibeamten in bezug auf das Einbiegen hat der Fuhrwerkslenker nachzukommen (vgl. OLG. Hamburg vom 5. 3. 1928, R. d. K. **28** 264).

21. Das Einbiegen in Einbahnstraßen muß, selbst wenn man das beiderseitige Fahren als erlaubt betrachtet, nach den Regeln des § 10 Abs. 2 StrVO. erfolgen.

§ 11.

Ausweichen.

(1) Der Führer hat entgegenkommenden[1]) anderen Wegebenutzern[2]) rechtzeitig[3]) und genügend nach rechts auszuweichen oder, falls dies die Umstände oder die Örtlichkeit nicht gestatten, zu halten,[4]) bis der Weg frei ist.[5]) Jedoch hat der Führer entgegenkommenden Schienenfahrzeugen[6]) nach links auszuweichen, wenn der Abstand zwischen dem Schienenfahrzeug und dem rechten Wegerand ein Rechtsausweichen nicht zuläßt.

(2) Soweit bei Begegnung mit anderen Wegebenutzern ein Ausweichen unmöglich ist, hat der Führer nötigenfalls umzukehren oder rückwärts zu fahren, wenn ihm dies nach den Umständen des Einzelfalles am leichtesten fällt.[7])

(3) Auf steilen, an Abhängen liegenden Wegen, die für den Kraftfahrzeugverkehr gesperrt und als solche durch Warnungstafeln gekennzeichnet sind,[8]) dürfen beladene bergabfahrende Fuhrwerke ausnahmsweise auch nach links ausweichen, wenn die Talseite rechts gelegen ist.[9])

1. Entgegenkommend bedeutet, daß sich der Wegebenutzer dem Fahrzeug nähert. Doch fallen darunter nach der Ansicht des BayrObLG. (vom 23. 12. 1927, JW. **28** 1750) auch solche Fahrzeuge, die ganz vorübergehend die Fahrt unterbrechen (a. A. Müller 603, Oberländer-Bezold 158). Gegenüber stillstehenden Wegebenutzern, z. B. linkshaltenden Fahrzeugen, ist keine besondere Vorschrift gegeben. Doch müssen hier die Bestimmungen des § 11 sinngemäß gelten.

2. Über den Begriff Wegebenutzer siehe Anm. 7 zu § 1.

3. Rechtzeitig, d. h. so früh, daß der entgegenkommende Wegebenutzer in seiner Fahrt nicht behindert wird.

4. Der Führer muß, wenn die Sicherheit des Fahrens durch die Umstände oder die Örtlichkeit, insbesondere die Beschaffenheit des Weges, beeinträchtigt ist (siehe Anm. 6 b zu § 8), das Fahrzeug zum Halten bringen. Er hat nicht das Recht oder die Pflicht, von der Straße hinweg etwa in den Chausseegraben auszuweichen (OLG. Karlsruhe vom 24. 5. 1928, DAutor. **28** 467). Er darf in den Fällen auch nicht auf der Mitte der Fahrbahn weiterfahren. Nach Ansicht des BayrObLG. (vom 5. 6. 1928, R. d. K. **28** 400) muß der Führer auch anhalten, wenn ihm zwei Wegebenutzer entgegenkommen, von denen der eine gerade (unzulässigerweise) den anderen überholen will, so daß kein Raum zum genügenden Ausweichen bleibt.

5. Die Vorschrift des § 11 gilt auch, wenn auf einem nur für Fuhrwerke freigegebenen Wege ein Kraftfahrzeug oder auf einer Einbahnstraße ein Fahrzeug dem Führer begegnet. Damit bekommt der Führer nicht das Recht, die Regel des Rechtsausweichens zu mißachten.

6. Über den Begriff Schienenfahrzeug siehe Anm. 7 a zu § 1. Die Vorschrift bringt im Grunde eine Selbstverständlichkeit zum Ausdruck, da das Schienenfahrzeug, das an eine feste Spur gebunden ist, anderen Wegebenutzern nicht ausweichen kann. Das wird durch die Vorschrift des § 14 Abs. 2 StrVO. besonders betont.

7. Beim Begegnen mit Kraftfahrzeugen an einer zu engen Wegestelle kann der Fuhrwerkslenker, da dem Kraftfahrer das Rückwärtsfahren leichter fällt, von diesem Rücksichtnahme verlangen.

8. Die Ausnahmevorschrift des § 11 Abs. 3 wird selten zur Anwendung kommen, da die Voraussetzungen: Sperrung für Kraftfahrzeugverkehr und Kennzeichnung durch Warnungstafeln, in den wenigsten Fällen gegeben sind. Ihre Beobachtung erscheint auch nur in Ausnahmefällen wünschenswert (Volkmann 28).

9. Gemäß § 19 RPostGes. vom 28. 10. 1871 wird bestraft, wer einem Postwagen nicht ausweicht.

§ 12.

Überholen.

(1) Der Führer hat eingeholte[1]) andere Wegebenutzer[2]) auf der linken Seite zu überholen.[3-7]) Schienenfahrzeuge hat er jedoch rechts zu überholen,[8]) es sei denn, daß der Abstand zwischen dem Schienenfahrzeug und dem rechten Wegerand ein Rechtsüberholen nicht zuläßt. Schnelleren Wegebenutzern, welche die Absicht, zu überholen, kundgeben, hat er dies durch sofortiges Rechtshalten zu ermöglichen.

(2) An einer Haltestelle haltende Schienenfahrzeuge[8]) dürfen auf der Seite, auf der die Fahrgäste ein- und aussteigen, nur in Schrittgeschwindigkeit und nur in einem solchen seitlichen Abstand überholt werden, daß die Fahrgäste nicht gefährdet werden.

(3) Nach dem Überholen darf sich der Führer erst wieder nach rechts wenden, wenn der überholte Wegebenutzer dadurch nicht gefährdet wird.

(4) An unübersichtlichen Wegestellen[9]) und an Stellen, an denen die Fahrbahn durch andere Wegebenutzer oder in sonstiger Weise verengt ist, ist das Überholen[10]) verboten.[11])[12])

1. Nur in gleicher Richtung sich bewegende Wegebenutzer werden eingeholt. An stillstehenden wird vorbeigefahren.[1]) In umgekehrter Richtung kommenden wird begegnet. Nach Ansicht des OLG. Hamburg (vom 27. 7. 1927 und 20. 10. 1927, HRR. 28 Nr. 585 und Müller 606) sind zu den in Bewegung befindlichen Fahrzeugen auch solche zu rechnen, die in kurzer Unterbrechung der Fahrt auf der Wegestrecke halten. Der Unterschied

[1]) Insofern drückt sich der Verordnungsgeber, wenn er in § 12 Abs. 2 StrVO. von der „Überholung" haltender Schienenfahrzeuge spricht, nicht genau aus.

zwischen Überholen und Vorbeifahren kann besonders im Falle des § 12 Abs. 4 StrVO. wesentlich werden (siehe Anm. 10).

2. Wegebenutzer siehe Anm. 7 zu § 1. Für das Überholen von Fußgängern, die nicht zu den Wegebenutzern rechnen, gelten §§ 7, 8 StrVO. Beim Überholen eines Fußgängers auf schmaler Straße muß der Fahrer langsam fahren und sich durch Zurufe bemerkbar machen (vgl. RG. vom 14. 10. 1926, VR. **27** 44; OLG. Celle vom 1. 8. 1928, DAutor. **28** 424).

3. Für das Überholen haben sich zwei international geltende Regeln herausgebildet:

Das Überholen hat nach der inneren Straßenseite — also in Deutschland, wo rechts gefahren wird, links — zu erfolgen.

Das langsamere Fahrzeug hat dem schnelleren Gelegenheit zum Überholen zu geben.

4. Die Vorschrift des Linksüberholens ist nur eine Regel, die sich als zweckdienlich erwiesen hat. Es muß aus den in der Vorbemerkung zu § 5 angegebenen Gründen erlaubt sein, davon abzuweichen, und zwar nicht nur, wenn es mit Rücksicht auf das vorschriftswidrige Verhalten anderer Wegebenutzer geboten ist — der Betreffende gibt die Durchfahrt links nicht frei —, sondern auch, wenn im Hinblick auf die Beschaffenheit des Weges dies notwendig erscheint. So z. B. wenn ein schwerbeladener Heuwagen wegen der Sattlung der Straße auf der Mitte fährt und der Führer dem Überholenden bedeutet, daß er rechts vorbeifahren solle. Zu weitgehend erscheint die Ansicht des RG. (vom 4. 11. 1926, VR. **27** 95), daß das Rechtsüberholen auch dann unzulässig sei, wenn es aus Gefälligkeit erfolgt, um dem Führer eines Pferdegespanns das zur Ermöglichung des Linksüberholens erforderliche Abbiegen von der festen Straße auf den Sommerweg zu ersparen. Wenn auf der Straße kein sonstiger Verkehr herrscht, erscheint das Abweichen unbedenklich, zumal wenn der andere Wegebenutzer erkennbar das Fahrzeug rechts vorbeifahren lassen will (vgl. OLG. Karlsruhe vom 9. 12. 1926, R. d. K. **28** 231). Es kann aber auch einem Fahr-

zeuglenker, dem ein anderes Fahrzeug die Vorbeifahrt links nicht freigibt, nicht zugemutet werden, auf die Dauer hinter dem eingeholten Wegebenutzer zu bleiben (vgl. BayObLG. vom 13. 12. 1927, DRZ. **28** II 116).

So darf auch ein Führer einen Demonstrationszug, der sich auf der linken Seite der Straße bewegt, rechts überholen, wenn dies ohne Gefährdung der Teilnehmer möglich ist (vgl. OLG. Stuttgart vom 7. 9. 1927, DMSpZtg. vom 6. 10. 1928).

5. Bestritten ist, ob das Überholen durch örtliche Sondervorschriften verboten werden kann. Auf dem Gebiet des Kraftfahrzeugrechts hat die Frage die Rechtsprechung wiederholt beschäftigt, ob, wenn ein allgemeines ortspolizeiliches Überholungsverbot für den Fuhrverkehr besteht, dieses auch auf Kraftfahrzeuge Anwendung findet. Die Stellungnahme dazu hängt davon ab, ob man in der Vorschrift des § 23 KVO. (der mit § 12 StrVO. gleichlautet) eine erschöpfende Regelung des Überholens erblickt oder nicht.

Im ersteren Falle würde für eine weitergehende Regelung örtlicher Behörden kein Raum sein. Dieser Ansicht sind das BayObLG. (vom 31. 5. 1927, JW. **27** 2232; vom 24. 5. 1927, JW. **27** 2815), OLG. Hamburg (vom 17. 10. 1927, R. d. K. **28** 110; vom 26. 10. 1927, R. d. K. **28** 158), Müller 607, Peters § 23 Anm. 8. Das OLG. Dresden (vom 1. 3. 1927, VR. **27** 247) vertritt die Auffassung, daß eine allgemeine, für einen größeren Bezirk mit zahlreichen Ortschaften verschiedenster Bauart getroffene polizeiliche Anordnung, wenn sie von den reichsrechtlichen Vorschriften des Überholens abweicht, ungültig ist. Daß allerdings die Polizeibehörde auf Grund von § 30 KVO. (= § 18 StrVO.) ein Verbot des Überholens für einen ganz bestimmten Weg anordnen kann, wird auch vom BayObLG. und OLG. Hamburg anerkannt.

Im zweiten Falle bleibt den örtlichen Behörden eine strengere Regelung unbenommen. Diese würde auf dem Umweg über § 2 Abs. 1 KVO. auch für Kraftfahrzeuge bindend sein. Diese Ansicht vertritt das KG. (vom 2. 4. 1928, VR. **28** 437; vom 9. 8. 1928, R. d. K. **28** 324).

Das gleiche muß für § 12 StrVO. gelten. Wenn dieser die Frage des Überholens abschließend regelt, so sind örtliche Vorschriften, die mit der landesrechtlichen Vorschrift des § 12 StrVO. in Widerspruch stehen, ungültig, woran auch die in § 32 StrVO. vorbehaltene Möglichkeit der Verschärfung nichts ändern kann (siehe Anm. 2 zu § 32). Dies ist zu bejahen, da die StrVO. ebenso wie die KVO. die Fahrregeln des Fuhrverkehrs erschöpfend festlegen will, um damit der Buntscheckigkeit örtlicher Sondervorschriften zu steuern. Gerade die Fahrregeln sind im Einklang mit denen der KVO. mit einer Sorgfalt ausgearbeitet, die ausländischen Gesetzgebungen fremd ist, und für das Überholen besteht weder ein Bedürfnis noch eine Notwendigkeit, weitergehende Forderungen aufzustellen, als sie bereits gegeben sind. Nun könnte man freilich aus § 10 StrVO. den Einwand herleiten, daß der Verordnungsgeber doch selbst von örtlichen Sondervorschriften spricht, die Beachtung erheischen. Aber m. E. bezieht sich der in Parenthese eingefügte Satz des § 10 Abs. 1 StrVO. — der allerdings unklar ist (vgl. Müller 600) — nur auf das Anhalten an linksliegenden Grundstücken, nicht auch auf das Überholen. Demnach müssen örtliche Sonderregelungen des Überholens als ungültig angesehen werden.

6. Die Pflichten des Überholenden:

a) Bevor der Führer mit dem Überholen beginnt, hat er sich zu überzeugen, ob die Straße zum Überholen geeignet ist (siehe Anm. 9).

b) Der Führer hat durch Warnungszeichen dem vor ihm befindlichen Wegebenutzer zu erkennen zu geben, daß er ihn überholen will (vgl. RG. vom 14. 5. 1928, R. d. K. **28** 232).

c) Das Ausbiegen nach links hat so rechtzeitig zu erfolgen, daß der Führer vorfühlen kann, ob die Fahrbahn frei ist (vgl. OLG. Dresden vom 22. 5. 1928, R. d. K. **28** 286).

d) Das Überholen hat mit besonderer Sorgfalt zu erfolgen (RG. vom 2. 11. 1926, Recht **27** Nr. 54). Der Führer hat darauf zu achten, daß er von dem Überholten genügend Abstand hat (vgl. BayObLG. vom 1. 6. 1928, R. d. K. **28** 231)

Er muß auch damit rechnen, daß ein überholter Wegebenutzer ein wenig nach links ausbiegt (vgl. RG. vom 22. 9. 1927, R. d. K. 28 80).

e) Das Wiedereinlenken in die alte Fahrbahn darf erst geschehen, wenn der überholte Wegebenutzer dadurch nicht gefährdet wird (§ 12 Abs. 3 StrVO.).

7. Die Pflichten des Überholten:

a) Der Überholte hat schnelleren Wegebenutzern, die die Absicht des Überholens kundgeben, dies durch sofortiges Rechtshalten zu ermöglichen.

b) Der Überholte darf das Überholen nicht vereiteln, indem er etwa nach der Mitte des Weges zu lenkt (vgl. RG. vom 19. 12. 1927, DMSpZtg. vom 3. 3. 1928; BayObLG. vom 18. 1. 1927, JW. 27 2815). Mutwilliges, d. h. vorsätzliches Verhindern des Vorbeifahrens ist gemäß § 366 Nr. 3 StGB. strafbar (siehe Anm. 3c zu § 34).

c) Der Überholte hat auch kein Recht, durch Wettfahren das Überholen zu verhindern.

d) Er hat anderseits nicht die Pflicht, das Überholen durch Verlangsamung seiner Geschwindigkeit zu erleichtern (vgl. BayObLG. a. a. O.; OLG. Kiel vom 25. 7. 1928, DAutor. 28 399).

8. Das Überholen von Schienenfahrzeugen:

a) Fahrende Schienenfahrzeuge sind grundsätzlich rechts zu überholen. Nur wenn der Abstand zwischen dem Schienenfahrzeug und dem rechten Wegerand — bei Fußsteigen dem Bordstein — ein Überholen nicht zuläßt, ist ein Linksüberholen gestattet. Anzuhalten ist der Führer in solchen Fällen nicht verpflichtet.

b) Haltende Schienenfahrzeuge sind nur in Schrittgeschwindigkeit und mit besonderem Abstand zu überholen.

aa) Dieses Gebot bezieht sich nach der ausdrücklichen Fassung der VO. nur auf Schienenfahrzeuge, die an Haltestellen halten, nicht also auf solche, die auf der Strecke stehenbleiben und Fahrgäste absetzen oder aufnehmen. In solchen Fällen trifft den Führer nur die allgemeine Sorgfaltspflicht der §§ 7 und 8 StrVO.

bb) Unter **Halten** ist nicht nur der tatsächliche Stillstand, sondern auch die Auslaufbewegung des gebremsten Wagens zu verstehen (vgl. RG. vom 7. 4. 1925, R. d. K. **26** 8; OLG. Hamburg vom 16. 6. 1927, R. d. K. **27** 215; OLG. Dresden vom 16. 6. 1927, DRZ. **27** II 302; vom 18. 1. 1928, R. d. K. **28** 144). Die entgegengesetzte Auffassung vertreten OLG. Hamburg (vom 17. 10. 1927, HansRZ. **28** 39) und Müller 608. Letzterer mit der Begründung, daß dann der Führer auch zum Halten gezwungen sei, wenn das Schienenfahrzeug an der Haltestelle bremst, jedoch nicht zum Stillstand gelangt. Dem steht entgegen, daß Schienenfahrzeuge nur in Ausnahmefällen an Haltestellen durchfahren und dann meist nicht bremsen.

cc) Unerheblich ist es, ob eine **Schutzinsel** sich zwischen dem Schienenfahrzeug und dem Fußsteig befindet. Die Pflichten des Führers aus § 12 Abs. 2 StrVO. bleiben dadurch unberührt (vgl. Müller 609).

dd) Unerheblich ist es, ob **Fahrgäste tatsächlich ein- oder aussteigen**, da dies immer noch im letzten Augenblick geschehen kann (BayObLG. vom 24. 5. 1927, JW. **27** 2814; RG. vom 13. 8. 1928, R. d. K. **28** 303).

c) Das **Überholen von Schienenfahrzeugen in Einbahnstraßen** muß, soweit das beiderseitige Befahren der Straße als zulässig erachtet wird, auch auf der linken Seite des Schienenfahrzeugs gestattet sein.

9. **Verboten** ist das **Überholen** — und zwar umfaßt dieses die ganze Bewegung des überholenden Fahrzeugs, von dem ersten Ansatz, der es neben das zu überholende Fahrzeug stellt, bis zum Abschluß der Vorbeifahrt (vgl. RG. vom 16. 1. 1928, DRZ. **28** II 158; vom 9./16. 1. 1928, R. d. K. **28** 235) —:

a) an **unübersichtlichen Wegestellen**. Dies liegt im Gegensatz zu § 8 Abs. 2 StrVO., der von „Behinderung des Überblicks über die Fahrbahn" spricht, dann vor, wenn die Straße ihrer natürlichen Beschaffenheit nach, also objektiv, den Überblick beeinträchtigt (BayObLG. vom 6. 5. 1927, JW. **27** 2232; vom 18. 1. 1927, JR. **27** II Nr. **904**). Solches ist bei Wegeeinmündungen, besonders aber in Kurven der Fall. Die Rechtsprechung erachtet deswegen das Überholen in Kurven bei Kraftfahrzeugen auf alle Fälle für unzulässig (RG. vom 1. 12. 1927, LZ. **28** 193; BayObLG. vom 9. 12. 1927, DRZ. **28** II 78). Gleiches muß für Fuhrwerke gelten;

b) an Stellen, an denen die Fahrbahn verengt ist. Eine Verengung liegt vor, wenn der zum Überholen zur Verfügung stehende Raum so eng ist, daß das überholende Fahrzeug in gefahrdrohende Nähe anderer Wegebenutzer, insbesondere des Überholten, oder sonstiger die Fahrbahn einengender Hindernisse gerät (vgl. RG. vom 10. 7. 1928, HRR. **28** Nr. 2257; OLG. Dresden vom 17. 4. 1928, DAutor. **28** 296; vom 13. 9. 1927, JW. **28** 426; vom 14. 8. 1928, Mitt. d. ADAC. Nr. 122; OLG. Stuttgart vom 31. 8. 1927, R. d. K. **28** 256; OLG. Kiel vom 17. 3. 1928, HRR. **28** Nr. 2076).

10. Verboten ist das Überholen, nicht das Vorbeifahren an den in § 12 Abs. 4 bezeichneten Stellen. Wenn daher z. B. an einer verengten Wegestelle — entgegen der Bestimmung in § 17 Abs. 1 Satz 2 StrVO. — ein Fahrzeug aufgestellt ist oder es sonstwie durch die Aufstellung den Weg verengt, so darf der Fuhrwerkslenker an ihm vorbeifahren. Denn während das sich bewegende Fahrzeug die Wegestelle bald verläßt und damit ein schnelleres Fahrzeug zum Überholen ansetzen kann, bleibt bei einem falsch aufgestellten Fahrzeug die Wegestelle solange verengt, bis dieses abfährt. Da nun das Überholen an verengten Wegestellen verboten ist, so könnte der Führer nicht weiterfahren, wenn man § 12 Abs. 4 auch auf stillstehende Fahrzeuge beziehen würde. Der Führer hat daher das Recht der Vorbeifahrt. Allerdings muß er die Vorschrift des § 8 Abs. 2 StrVO. befolgen d. h. so langsam fahren, daß er das Fuhrwerk auf kürzeste Entfernung zum Stehen bringen kann.

11. Das unerlaubte Überholen ist nach Ansicht des OLG.

Dresden (vom 13. 9. 1927, JW. **28** 426), auch wenn dadurch weder Personen noch Sachen beschädigt werden, strafbar.

12. Wegen der Bestrafung bei Verstößen gegen § 12 StrVO. siehe Anm. 3 c zu § 34.

§ 13.

Vorfahren an Wegekreuzungen.

(1) An[1]) Kreuzungen und Einmündungen von Wegen[2]) hat, unbeschadet der von Polizeibeamten im Einzelfall zu treffenden Anordnungen,[3])[4]) das auf einem Hauptverkehrswege[5]) sich bewegende Fuhrwerk die Vorfahrt gegenüber dem aus einem Seitenwege[6]) kommenden Fahrzeug; im übrigen hat das von rechts kommende Fuhrwerk[7]) die Vorfahrt.[8])

(2) (Welche Wege als Hauptverkehrswege anzusehen sind, bestimmt sich nach den Verkehrsverhältnissen.[9]) In allen Fällen sind Hauptverkehrswege im Sinne dieser Vorschrift die als solche gekennzeichneten Verkehrsstraßen erster Ordnung sowie sämtliche Straßen, in denen Schienengleise[10]) für Straßenbahnen verlegt sind.)

1. Das Vorfahrtrecht setzt voraus, daß zwei Fahrzeuge an einer Wegekreuzung oder Wegeeinmündung gleichzeitig oder nahezu gleichzeitig eintreffen. Das bedeutet aber nicht, daß ein Fahrzeug schon um deswegen die Vorfahrt hat, weil es in seiner Fahrt weiter gelangt ist als das andere. Eine derartige Formulierung, die sich vereinzelt in die Rechtsprechung eingeschlichen hat (vgl. OLG. Dresden vom 20. 3. 1928, R. d. K. **28** 217; LG. Berlin vom 3. 11. 1927, R. d. K. **28** 139), kann praktisch dazu führen, daß das Vorfahrtsrecht in vielen Fällen über den Haufen geworfen wird (Volkmann 149). Richtig dagegen ist die Äußerung des KG. (vom 6. 2. 1928, R. d. K. **28** 69), daß die Bestimmungen über das Vorfahrtrecht nicht in Frage kommen, wenn das von rechts kommende Fahrzeug in so großer Entfernung ist oder so langsam fährt, daß mit einem gefahrlosen Vorbeikommen des von links kommenden Fahrzeugs beim normalen Verlauf der Dinge gerechnet werden kann (ähnlich BayObLG. vom 20. 4. 1928, DAutor. **28** 253; OLG. Dresden vom 29. 9. 1927, VR. **28** 136). Demnach hat ein Fahrzeug nicht schon deshalb das Vorfahrtrecht, weil es die mittlere Straßenachse erreicht hat. Vielmehr kommt es darauf an, welches Fahrzeug bei Beibehaltung der vorhandenen Fahrgeschwindigkeit den längeren Weg zum Koordinatenschnittpunkt der Fahrspuren besitzt, was im Einzelfalle vom Richter festzustellen ist.

2. Das Vorfahrtrecht gilt nur an Straßenkreuzungen und Einmündungen von Wegen. Eine Straßenkreuzung liegt vor, wenn zwei Straßen sich schneiden, nicht also wenn Seitenwege in eine Straße so einmünden, daß der eine nicht die gerade Verlängerung des anderen bildet.

Zu den Einmündungen von Wegen rechnen nicht Torausfahrten und Privatwege, die aus Grundstücken auf die Straße führen.

3. Die Regeln des Vorfahrtrechtes gelten nicht, wo eine allgemeine Verkehrsregelung (z. B. durch Signalampen) besteht oder wo ein Verkehrsschutzmann Anordnungen gibt (vgl. RG. vom 6. 10. 1927, JW. **27** II Nr. 2184).

4. Das Vorfahrtrecht ist kein absolutes Recht, das ohne Rücksicht auf andere Wegebenutzer ausgeübt werden kann. Vielmehr muß nach der ständigen Rechtsprechung der Gerichte der Führer damit rechnen, daß andere Wegebenutzer sein Vorfahrtrecht nicht achten, und sein Verhalten, insbesondere seine Geschwindigkeit, danach einrichten (RG. vom 22. 6. 1928, R. d. K. **28** 280; OLG. Stuttgart vom 13. 12. 1926, DMSpZtg. vom 7. 4. 1927; ähnlich OLG. Dresden vom 17. 4. 1928, DAutor. **28** 231; vom 25. 9. 1928, DAutor. **28** 464). Dies ist besonders bei Zusammenstößen für die zivilrechtliche Haftpflicht von Bedeutung, da damit den Führer, trotzdem ihm das Vorfahrtrecht zustand, mitwirkendes Verschulden treffen kann.

5. Der Begriff Hauptverkehrsweg ist ein Rechtsbegriff (vgl. BayObLG. vom 7. 10. 1927, DRZ. **28** II 37). Ob ein Hauptverkehrsweg vorliegt, hängt von der Verkehrsbedeutung, diese wieder von der Verkehrsstärke des Weges ab (RG. v. 11. 5. 1928, HRR. **28** Nr. 1871, BayObLG. vom 17. 12. 1926, VR. **27** 351). Nach Ansicht des KG. (vom 6. 2. 1928, R. d. K. **28** 69) soll dort, wo eine örtliche Regelung den Begriff der Hauptverkehrsstraße bestimmt, dies bindend sein. Jedoch unterliegt diese Ansicht deshalb Bedenken, weil damit die erstrebte Einheitlichkeit durch örtliche Verordnungen hinfällig gemacht werden kann. Aber auch die Ansicht der BayObLG. ist nicht bedenkenfrei. Einmal deswegen, weil ein Führer die Unterscheidung, ob eine Straße ein Hauptverkehrsweg ist oder nicht, in einer Großstadt selten treffen kann, dies vielmehr unter Würdigung von Umständen geschehen muß, die der Richter nur nachträglich nach Kenntnis aller Einzelheiten, womöglich gar nach Anhörung von Sachverständigen, vornehmen kann. Anderseits deswegen, weil ein Hauptverkehrsweg, der gegenüber einer einmündenden kleinen Nebenstraße sich als solcher kennzeichnet, bei Einmündung einer großen Seitenverkehrsader dieses Charakters entkleidet wird, um dann vielleicht wieder Hauptverkehrsweg zu werden.

6. Nicht geregelt ist die Frage, ob auch bei einem Fahrzeug, das aus einem Hauptverkehrswege in eine linksgelegene Seitenstraße einbiegt, die Bestimmungen des § 13 Anwendung finden, da sich dieser nur auf „aus einem Seitenweg kommende Fahrzeuge" erstreckt. Es ist also nichts darüber gesagt, ob das Vorfahrtrecht auch gilt, wenn ein Fahrzeug aus einer Hauptverkehrsstraße in einen Seitenweg einbiegen will, so z. B. in einen solchen, der links in die Hauptverkehrsstraße einmündet, und auf dem Hauptverkehrsweg Fahrzeuge daherkommen, die an der Wegeeinmündung vorbeifahren. Über das Einbiegen ist in § 10 Abs. 2 StrVO. nur bestimmt, wie es fahrtechnisch zu geschehen hat, nicht, wann es erfolgen darf. Aber auch hier muß sinngemäß § 13 StrVO. Anwendung finden. Der Einbiegende muß daher warten, bis die linke Straßenseite von entgegenkommenden Fahrzeugen frei ist (vgl. BayObLG. v. 6. 11. 1928, DAutor. **29** 69).

7. Das Wort Fuhrwerk beruht offenbar auf einem Fassungsversehen (Müller 888). Die preußischen StrVO. haben auf Grund des RdErl. vom 27. 7. 1928 (MBliV. 876) das Wort Fuhrwerk durch Fahrzeug ersetzt. Auch in Anhalt spricht § 13 StrVO. zutreffend von Fahrzeug.

8. Das Vorfahrtrecht gegenüber den einzelnen Kategorien der Wegebenutzer ist nicht unbestritten:

a) Eisenbahn. Diese hat, selbst wenn die Schranken eines Bahnübergangs nicht geschlossen sind, gegenüber allen Wegebenutzern, also auch den Fuhrwerken, ein Vorfahrtrecht (KG. vom 25. 10. 1927, R. d. K. **28** 135; OLG. Dresden vom 2. 5. 1928, R. d. K. **28** 285).

b) Straßenbahn. Hier sind die Ansichten geteilt. Die Rechtsprechung vertritt, soweit sie sich bislang mit der Frage beschäftigt hat, den allerdings nicht überzeugend begründeten Standpunkt, daß die Straßenbahn gegenüber allen Fahrzeugen ein Vorfahrtrecht habe (so früher das KG. vom 17. 12. 1926, ErgBd. **6** 276; AG. Detmold vom 20. 6. 1927, R. d. K. **27** 260). Auch in der Rechtslehre ist diese Auffassung vertreten (vgl. Hegener in R. d. K. **28** 234; Peters § 24 Anm. 1). Wenn allerdings das Vorfahrtrecht damit begründet wird, daß gemäß § 25 Abs. 2 KVO. — der mit § 14 StrVO. gleichlautend ist — Fahrzeuge, die sich auf Schienengleisen befinden, diese bei Annäherung von Schienenfahrzeugen unverzüglich zu räumen haben (v. Rohrscheidt in V.Z. am Mittag 1928 Nr. 12; Bussow ebendort Nr. 17), so wird damit verkannt, daß das Freimachen eines bereits besetzten Raumes mit dem Vorfahrtrecht nichts zu tun hat (vgl. Müller 613; KG. vom 25. 6. 1928, R. d. K. **28** 295). Da § 13 StrVO. ganz allgemein bestimmt, daß das Fuhrwerk in den genannten Fällen gegenüber einem aus einem Seitenwege bezw. von links kommenden Fahrzeug die Vorfahrt hat und der Begriff Fahrzeug als Oberbegriff Schienenfahrzeuge, Kraftfahrzeuge und Fuhrwerke umfaßt, so muß auch die Straßenbahn den Regeln des § 13 StrVO. unterworfen sein. Das kommt in Preußen durch den RdErl. vom 6. 8. 1928 (MBliV. 891) zum Ausdruck, wonach § 5 Abs. 2 StraßenbPolVO. die Bestimmung erhalten soll: „Für die Fahrtregelung der Straßenbahnen an Wegekreuzungen gelten die Bestimmungen der Straßenverkehrsordnung." Das RG. (vom 5. 11. 1928, JW. **28** 3193) hat denn auch in jüngster Zeit seine alte Ansicht verlassen und betrachtet die Straßenbahn den Bestimmungen des Vorfahrtrechtes unterworfen. Die Rechtslehre vertritt überwiegend den Standpunkt, daß sich § 24 KVO. (= § 13 StrVO.) auf Straßenbahnen bezieht (Müller 614; Lechner in R. d. K. **28** 89; Koch in DAutor. **28** Nr. 6, 1).

Über die Regelung des Vorfahrtrechts in Preußen und Lippe siehe Anm. 9.

c) Postfahrzeuge. Für die Fahrzeuge der Reichspost bestehen auf Grund des RPostGes. vom 28. 10. 1871 Sonderrechte, die als reichsrechtliche Normen den landesgesetzlichen vorgehen. Gemäß § 19 RPostGes. haben alle Fuhrwerke den ordentlichen Posten, den Extraposten, Kurieren und Stafetten auszuweichen. Diese Vorschrift ist auch heute gültig. Jedoch können die Sonderrechte der Postfahrzeuge nur dann in Frage kommen, wenn die Ausübung des Sonderrechts zur Wahrung eines ordnungsmäßigen Postbetriebes erforderlich ist (vgl. KG. vom 6. 1. 1928, VR. **28** 250).

d) Kraftfahrzeuge. Da die Kraftfahrzeuge dem Begriff Fahrzeuge unterfallen, so haben sie gegenüber Fuhrwerken keine Sonderstellung.

e) Radfahrer. Da auch die Fahrräder zu den Fahrzeugen zu rechnen sind, so würden an sich die Radfahrer ebenfalls des Vorfahrtrechts teilhaftig sein (vgl. Müller 613). Demgegenüber läßt das OLG. Celle (vom 24. 1. 1928, DAutor. **28** 231) den Gesichtspunkt durchschlagend sein, daß der Radfahrer, da er beweglicher ist und schneller halten kann, den Kraftfahrzeugen — somit also auch den Fuhrwerken — das Vorfahrtrecht zu gewähren hat.

f) Fußgänger. Diese rechnen nicht zu den Wegebenutzern. Ihnen gegenüber gelten die §§ 7 und 8 StrVO.

9. Der Abs. 2 des § 13 StrVO. ist von einzelnen Ländern nachträglich hinzugefügt worden. So von Lippe und den preußischen Provinzen. Letztere haben den Zusatz auf Grund eines RdErl. vom 27. 7. 1928 (MBliV. 876) vorgenommen.

Diese Regelung begegnet rechtspolitisch zwei Bedenken. Erstens ist damit in die mühsam errungene Einheitlichkeit der Straßenverkehrsverordnungen in den deutschen Ländern die erste Bresche geschlagen. Zweitens wird dadurch die gleichlautende Fassung, die bislang zwischen § 13 StrVO. und § 24 KVO. bestanden hatte, auseinandergerissen. Müller (R. d. K. 28 290) macht mit Recht auf die Antinomie aufmerksam, daß bei einem Zusammenstoß zwischen einem Kraftfahrzeug und einem Fuhrwerk an einer Wegekreuzung der Kraftfahrer sich darauf berufen kann, daß eine Straße, obwohl in ihr Straßenbahnschienen liegen, der Verkehrsbedeutung nach keinen Hauptverkehrsweg darstellt, während der Fuhrwerkslenker, gerade weil Straßenbahnschienen darin verlegt sind, geltend machen kann, daß sie als Hauptverkehrsweg zu gelten habe.

Eine Lösung dieses Gegensatzes versucht Müller a. a. O. durch den Gedankengang zu erzielen, daß, soweit das Reichsrecht in § 24 KVO. den Begriff des Hauptverkehrsweges nicht festgelegt hat, das Landesrecht oder sogar örtliche Polizeivorschriften den Begriff näher bestimmen könnten, wodurch dieser auch für den Kraftfahrzeugverkehr Geltung bekäme. — Aber damit würde der seltsame Fall eintreten, daß eine reichsrechtliche Vorschrift — wie sie § 24 KVO. für den gesamten Kraftfahrzeugverkehr gibt — durch landesrechtliche Vorschriften außer Kraft gesetzt würde, und dieses unbefriedigende Ergebnis kann man auch nicht dadurch einleuchtender machen, daß gemäß § 2 Abs. 1 KVO. die Vorschriften der StrVO. für Kraftfahrzeuge sinngemäß zu gelten haben. Demnach muß § 13 Abs. 2 — soweit er besteht — als ungültig angesehen werden (vgl. Anm. 2 zu § 32).

Aber auch vom rein praktischen Standpunkt aus ergibt die Neuregelung eine Vielzahl von Möglichkeiten, die es dem Fuhrwerkslenker unmöglich macht, den Bestimmungen des § 13 gerecht zu werden, so daß er zweckmäßig — jedenfalls in allen Zweifelsfällen — dem von rechts kommenden Fahrzeug die Vorfahrt gewähren wird (vgl. RG. vom 11. 5. 1928, HRR. 28 Nr. 2871). Nach einer Zusammenstellung von Borchert (DAutor. 28 386) regelt sich die Vorfahrt — soweit Abs. 2 in Geltung ist — wie folgt:

1. Eine als solche gekennzeichnete Hauptverkehrsstraße (Verkehrsstraße 1. bezw. 2. Ordnung, Einbahnstraße) kreuzt sich mit einer gleichermaßen erkennbaren Straße. Beide Straßen haben keinen Straßenbahnverkehr. Vorfahrt hat: das von rechts kommende Fahrzeug.
2. Eine als solche gekennzeichnete Hauptverkehrsstraße kreuzt sich mit einer Straße von geringerer Bedeutung ohne Kenntlichmachung durch Verkehrstafeln. Beide Straßen haben keinen Straßenverkehr. Vorfahrt hat: das auf der Hauptverkehrsstraße befindliche Fahrzeug.
3. Eine als solche gekennzeichnete Hauptverkehrsstraße kreuzt sich mit einer Straße ohne Verkehrstafeln, aber mit Straßenbahnverkehr. Vorfahrt hat: 1. die von rechts kommende Straßenbahn; 2. das von rechts kommende Fahrzeug.
4. Eine als solche gekennzeichnete Hauptverkehrsstraße kreuzt sich mit einer gleichermaßen erkennbaren Straße. Beide haben Straßenbahnverkehr. Vorfahrt hat: 1. die von rechts kommende Straßenbahn; 2. das von rechts kommende Fahrzeug.
5. Zwei Straßen, die nicht als Hauptverkehrsstraßen kenntlich gemacht sind, kreuzen sich. Eine der beiden Straßen hat Straßenbahnverkehr. Vorfahrt hat: 1. die Straßenbahn; 2. das auf der Straße mit Straßenbahnverkehr befindliche Fahrzeug.
6. Zwei Straßen, die nicht als Hauptverkehrsstraßen kenntlich gemacht sind, kreuzen sich. Beide Straßen haben Straßenbahnverkehr. Vorfahrt hat: 1. die von rechts kommende Straßenbahn; 2. das von rechts kommende Fahrzeug.

10. Wenn nach der Fassung des Abs. 2 schon solche Straßen als Hauptverkehrsstraßen gelten, in denen Schienengleise verlegt sind, kommt es nicht darauf an, ob die Schienen von der Straßenbahn benutzt werden. Da vielfach in Großstadtstraßen tote Gleise liegen, die nur in Ausnahmefällen von Straßenbahnen befahren werden, so ergeben sich auch hieraus Bedenken gegen Abs. 2. Eine verkehrslose Straße mit Schienengleisen würde gegenüber einer verkehrsreichen ohne Schienen den Charakter des Hauptverkehrsweges haben.

§ 14.

Verhalten gegenüber Feuerwehr usw.

(1) Für Fahrzeuge der Polizei und Feuerwehr, die sich durch besondere Zeichen kenntlich machen, ist schon bei ihrer Annäherung freie Bahn zu schaffen.[1]) Ferner ist Kranken- und Rettungswagen und in Tätigkeit befindlichen Spreng- und Kehrmaschinen Platz zu machen.[2]) Truppenkörper, geschlossene Verbände der Polizei, Leichenzüge und Prozessionen dürfen nur durch die im Feuerwehrdienst begriffenen Fahrzeuge unterbrochen oder sonstwie in ihrer Bewegung gehemmt werden.[3])

(2) Fuhrwerke, die sich auf Schienengleisen befinden, haben diese bei Annäherung von Schienenfahrzeugen unverzüglich zu räumen.[4-7])

1. Freie Bahn zu schaffen ist:

a) den Fahrzeugen der Polizei und Feuerwehr. Gleichgültig ist, ob es sich um Kraft-, Pferde- oder von Menschenhand bewegte, um ständig im Dienst befindliche oder zur Hilfeleistung herangezogene Fahrzeuge handelt.

b) Das Fahrzeug muß äußerlich erkennbar sein, d. h. nach Aufbau und Anstrich oder durch besondere Kenntlichmachung ergeben, daß es sich um ein Polizei- oder Feuerwehrfahrzeug handelt.

c) Das Fahrzeug muß durch besondere Zeichen auf sich aufmerksam machen, d. h. durch Glocken, Fanfaren oder Trillerpfeifen. Die äußere Erkennbarkeit des Fahrzeugs allein ist nicht genügend, da in dem Falle von „kenntlich sein" hätte gesprochen werden müssen.

d) Schon bei der Annäherung bedeutet so rechtzeitig, daß die Fahrzeuge, ohne ihre Fahrgeschwindigkeit zu verringern, durchfahren können.

e) Freie Bahn schaffen heißt die Straße so benutzen, daß das Feuerwehr- oder Polizeifahrzeug in seiner freien Bewegung nicht gehemmt wird.

2. Platz zu machen ist:

a) Kranken- und Rettungswagen. Auch hier ist es unerheblich, wie sie bewegt werden, und ob es sich um ständig im Dienst befindliche oder zur Hilfsleistung herangezogene Wagen handelt. Die Fahrzeuge müssen jedoch als solche erkennbar sein, z. B. das rote Kreuz führen;

b) Spreng- und Kehrmaschinen, die sich in Tätigkeit befinden. Ein solches Fahrzeug genießt also keine Vorrechte, wenn es sich auf dem Wege zur Arbeitsstelle befindet. Anderseits ist es auch in Tätigkeit, wenn es beim Drehen die Kehrmaschine aufhebt oder zum Aufnehmen von Wasser fährt.

c) Platz machen bedeutet, daß das Fahrzeug in der Ausübung der Tätigkeit nicht behindert werden soll.

3. Nicht unterbrochen oder gehemmt werden dürfen:

a) Truppenkörper und geschlossene Verbände der Polizei. Als solche kommen geschlossene Formationen in Betracht, die als Gesamtkörper schwer ihre Richtung verändern können.

b) Leichenzüge und Prozessionen. Darunter fallen nicht Umzüge, politische Demonstrationszüge, Schützenverbände, Musikkapellen oder sonstige Menschenanhäufungen.

c) Unterbrechen bedeutet: in ihrem Zusammenhang trennen. Das Vorfahrtrecht berechtigt daher ein Fahrzeug nicht, eine dieser Formationen seitlich zu durchqueren, selbst wenn eine vorhandene Lücke dies zulassen würde.

d) Ausnahmen gelten nur für die Fahrzeuge im Feuerwehrdienst, nicht dagegen für Rettungswagen und die Fahrzeuge der polizeilichen Überfallkommandos.

4. Zu räumen sind Schienengleise bei Annäherung von Schienenfahrzeugen.

a) Über den Begriff Schienenfahrzeug siehe Anm. 7 a zu § 1.

b) Auf Schienengleisen befindet sich ein Fahrzeug, wenn es nur mit einem Rade eine der Schienen berührt.

c) Die Schienen sind bei Annäherung von Schienenfahrzeugen zu räumen. Da Schienenfahrzeuge ihre Richtung nicht freiwillig verändern können, so bedeutet Räumen nicht nur das Verlassen der Schienengleise mit den Rädern, sondern ein so weit erfolgendes Abstandnehmen von den Schienen, daß das Schienenfahrzeug ohne Berührung des Fuhrwerks durchfahren kann (vgl. KG. vom 17. 9. 1928, R. d. K. **28** 380). Darüber, daß das Recht auf Räumung mit dem Vorfahrtrecht nicht identisch ist, vgl. Anm. 8 b zu § 13.

d) Bei Annäherung siehe Anm. 1 d.

e) Unverzüglich bedeutet ohne schuldhaftes Zögern, d. h. so rasch, wie dies unter Berücksichtigung der Verkehrsverhältnisse auf der Straße möglich ist. Der Fahrer ist jedoch nicht verpflichtet, sein Fuhrwerk in Trab zu setzen, falls etwa ein auf der rechten Straßenseite aufgestelltes Fahrzeug das sofortige Einlenken nach rechts nicht gestattet.

5. Das Überholen oder Durchqueren von Menschenanhäufungen hat mit besonderer Sorgfalt zu erfolgen. Das BayObLG. (vom 14. 1. 1927, St. **27** 22) führt hierzu folgendes aus: „Zeigt sich die Anhäufung von Menschen auf der Fahrbahn in Form eines so dichten Knäuels, daß der einzelne wegen der gegenseitigen Behinderung keine genügende Bewegungsfreiheit hat, um auszuweichen, sind die Raumverhältnisse recht beengt oder ist die zusammengeströmte Menschenmenge aus besonderem Anlaß infolge von Straßenunruhen, Straßenunfällen und dergleichen sichtlich in seelischer Erregung und die Aufmerksamkeit der Leute auf diese Weise erkennbar so ausschließlich durch andere Dinge in Anspruch genommen, daß auf Beachtung sonstiger Verkehrsvorgänge und gewöhnlicher Warnungssignale nicht zu rechnen ist, so ist es offenbar Pflicht des Fahrzeugführers, von der Fahrtfortsetzung abzusehen. Das Nichtanhalten in einer derartigen Situation wird ohne weiteres zur strafwürdigen Fahrlässigkeit. — Kann sich die Menge dagegen teilen und dem Fahrzeug freie Bahn verschaffen, so ist die Weiterfahrt bei genügenden Warnungszeichen an sich nicht ohne weiteres strafwürdig. Das Unternehmen fordert dann aber bei der Aus-

führung die Anwendung allergrößter Vorsicht, weil die Gefährdung von Menschen sehr naheliegend ist. Der Führer darf deshalb mit seinem Wagen nur ganz langsam — beim Fußgänger würde man sagen: Schritt für Schritt — vorrücken. Er muß sich immer wieder die volle Gewißheit verschaffen, daß der zu befahrende Raum von Menschen verlassen ist, und fortwährend gerüstet bleiben, vor einer hindernd im Wege stehenden Person im Augenblick zu halten."

6. Bei Demonstrationszügen, auf die sich § 14 StrVO. nicht bezieht, ist ebenfalls besondere Vorsicht geboten. Hält der Zug die falsche Straßenseite ein oder befinden sich Mitläufer auf der falschen Straßenseite, so hat der Fuhrwerkslenker nicht ohne weiteres das Recht, sich die Durchfahrt zu erzwingen. Er muß sich vielmehr vergewissern, ob dies ohne Gefährdung der Teilnehmer möglich ist, und in Betracht ziehen, daß die Warnungszeichen, die er in solchen Fällen dauernd zu geben verpflichtet ist, in dem Geschrei, Singen oder sonstigem Lärm der Menge nicht genügend beachtet werden (vgl. OLG. Stuttgart vom 7. 9. 1927, DMSpZtg. vom 6. 10. 1928).

7. Das Durchfahren zwischen den Reihen einer Prozession, soweit zur Vorbeifahrt an den Seiten kein Platz ist, ist nicht ohne weiteres verkehrswidrig und stellt an sich keinen groben Unfug dar (OLG. Köln vom 11. 5. 1928, JW. **28** 1759).

§ 15.

Zeichen des Führers.

Der Führer[1]) hat anderen Personen[2]) die Absicht des Stillhaltens durch senkrechtes Hochhalten des Armes oder der Peitsche,[3]) die Absicht[4]) des Umwendens und des Verlassens der bisher verfolgten Fahrtrichtung[5]) durch wagerechtes Halten des Armes oder der Peitsche in der Richtung des Wechsels rechtzeitig zu erkennen zu geben;[6]) zum Abgeben der Zeichen kann auch eine mechanische Einrichtung benutzt werden.[7])

1. Die Zeichengebung obliegt dem Führer. Doch kann dieser sich auch neben ihm sitzender Personen bedienen, wie dies bei Kraftfahrzeugen vielfach üblich ist.

2. Nur Personen gegenüber besteht die Pflicht der Zeichengebung. Soweit keine Personen in Sicht sind, ist Zeichengebung überflüssig. Andererseits darf der Führer nicht darauf vertrauen, daß ein haltendes Fahrzeug verlassen ist, wenn es sich um einen verdeckten Wagen handelt.

3. Die einzelnen Zeichen sind:

a) senkrechtes Hochhalten des Armes oder der Peitsche bei Absicht des Stillhaltens,

b) wagerechtes Ausstrecken des Armes oder der Peitsche in der Richtung des Wechsels, bei Absicht des Umwendens oder Verlassens der bisherigen Fahrtrichtung.

4. Die Zeichen sind schon bei Beabsichtigung des Stillhaltens oder Wechselns der Fahrtrichtung zu geben, d. h. so rechtzeitig, daß andere Wegebenutzer ihr Verhalten danach einrichten können, ohne gefährdet zu werden.

Bei Veränderung der Fahrtrichtung sind die Zeichen so lange zu geben, bis der Beginn der Veränderung stattfindet. Ein zu frühzeitiges Abgeben ist nicht rechtzeitig (vgl. KG. 1 S 1143/27, DRSpZtg. vom 10. 3. 1928).

5. Ein Verlassen der Fahrtrichtung liegt nicht vor, wenn der Führer nur zum Überholen ausweicht oder in eine Straße, die im spitzen Winkel zum Fahrwege einmündet (Gabelung), einlenkt.

6. Das Unterlassen der Abgabe von Zeichen ist nur soweit fahrlässig, als es dem Führer zugemutet werden konnte, es möglich und zweckdienlich ist.

a) So kann dem Führer, wenn er sich einem plötzlichen Hindernis gegenübersieht, nicht zugemutet werden, durch senkrechtes Hochhalten des Armes die Absicht des Stillhaltens kundzugeben. Er braucht hier beide Arme, um die Zügel anzuziehen.

b) Bei geschlossenen Fahrzeugen, z. B. Möbelwagen, hat das senkrechte Hochhalten keinen Sinn, da es der Nachfahrende nicht sehen kann. Das Seitwärtsstrecken des Armes oder der Peitsche beim Abweichen muß jedoch auch bei geschlossenen Fahrzeugen verlangt werden. Während der Führer eines Kraftfahrzeuges seinen Sitz, vor dem sich das Lenkrad befindet, nicht verlassen kann, ist der Führer eines Fuhrwerks, der die Zügel hält, im allgemeinen in der Lage, beim Abweichen nach links den Sitz zu verändern und den Arm so weit links herauszuhalten, daß er für nachfolgende Fahrzeuge sichtbar ist.

c) Bei starker Dunkelheit oder starkem Nebel ist, soweit ein Ausstrecken oder Hochhalten des Armes nicht sichtbar ist, die Nichtabgabe von Zeichen nicht fahrlässig.

7. Mechanische Einrichtungen zur Zeichengebung sind bei Fuhrwerken nicht üblich. Der Halbsatz 2 des § 15 ist nur mit Rücksicht auf die gleichlautende Vorschrift des § 26 KVO. zugefügt worden.

§ 16.

Zeichen der Polizeibeamten.

(1) Den Weisungen[1]) und Zeichen der Polizeibeamten ist Folge zu leisten.[2]) Insbesondere hat der Führer auf den Haltruf oder das Haltzeichen eines als solcher kenntlichen[3]) Polizeibeamten sofort anzuhalten. Zur Kenntlichmachung eines Polizeibeamten ist das Tragen einer Dienstmütze ausreichend.[4]) Den zur Regelung des Verkehrs aufgestellten Polizeibeamten hat der Führer auszuweichen. Die von diesen Beamten gegebenen Zeichen bedeuten:

1. Winken in der Fahrtrichtung „Freie Fahrt".[5])
2. Hochheben eines Armes „Achtung, Halten".[6])
3. Seitliches Ausstrecken eines oder beider Arme „Halt".

(2) Werden Lichtzeichen[7]) verwendet, so bedeutet grünes Licht „Freie Fahrt", gelbes Licht „Achtung, Halten", rotes Licht „Halt", Blinklicht „Langsam fahren".

1. Die Anweisungen der Verkehrsschutzleute stellen verwaltungsrechtlich eine Ausnahme von der Regel dar, daß ein polizeiliches Hilfsorgan nur innerhalb des Gewaltverhältnisses bindende Befehle erteilen kann. Die Frage, wieweit denselben nachzukommen ist, hat die Gerichte bereits vor dem Kriege hinsichtlich der Anweisungen von Schutzleuten an Streikposten beschäftigt. Das KG. (vom 23. 11. 1899, Reger **20** 349) und OLG. Dresden (vom 14. 12. 1905, Fischers Zeitschr. **30** 363) haben derartige Anweisungen als rechtsverbindlich erklärt. Auch das BayObLG. vom 28. 10. 1897 (Reger **17** 92) stellte sich auf den gleichen Standpunkt, indem es ein Urteil aufhob, worin das Landgericht der Meinung war, daß die Aufforderung eines Schutzmanns an Beteiligte, den Standpunkt am Trottoir zu verlassen, keine rechtliche Wirkung habe, da die für den einzelnen Fall zu treffenden Anordnungen von einer Behörde, nicht von einem Hilfsorgan ausgehen müßten. Mayer (II 229) weist mit Recht darauf hin, daß diese Befehlsgewalt einer Nichtbehörde juristisch nur auf Grund der nicht völlig überwundenen Auffassung des Straßenverkehrs als einer besonderen Gewährung von seiten des Staates, als einer Anstaltsnutzung, die den Benutzenden unter die Anstaltsgewalt bringt, zu halten sei.

2. Den Weisungen der Polizeibeamten, insbesondere der Verkehrsschutzleute, unterliegen sämtliche Wegebenutzer; so die Kraftfahrzeuge (§ 27 KVO.) und auch die Straßenbahn (RG. vom 6. 10. 1927, DMSpZtg. vom 31. 12. 1927; OLG. Hamm vom 15. 2. 1927, VR. **28** 240). Auch eine Weisung, die von den gesetzlichen Fahrregeln, z. B. dem Vorfahrtrecht und dem Einbiegen nach links in weitem Bogen, abweicht, ist zu befolgen (vgl. OLG. Hamm vom 5. 3. 1928, R. d. K. **28** 264).

3. Der Beamte muß als solcher kenntlich sein. Wenn der Fahrer ihn nicht erkannt hat, ihn aber bei gehöriger Aufmerksamkeit erkennen mußte, ist das Übersehen fahrlässig und strafbar (vgl. BayObLG. vom 7. 10. 1927, JW. **28** 567).

4. Das Tragen einer Armbinde ist nicht genügend (KG. vom 3. 8. 1927, VR. **27** 584).

5. Freie Fahrt bedeutet, daß der Verkehr ungehindert vonstatten gehen darf. Es ist damit weder ein Befehl zur Fahrt (vgl. OLG. Stuttgart vom 10. 8. 1927, HRR. 28 Nr. 200; OLG. Celle vom 27. 4. 1928, HRR. 28 Nr. 2077) noch ein Gebot des Geradeausfahrens gegeben (a. A. OLG. Stuttgart a. a. O.; OLG. Rostock vom 30. 3. 1928, HRR. 28 Nr. 1693).

6. Das Zeichen „Achtung" kündigt den bevorstehenden Wechsel des Verkehrsstroms an. Daraufhin darf in die betreffende Straßenkreuzung nicht mehr hineingefahren werden. Die bereits durchfahrenden Fahrzeuge haben die Straßenkreuzung möglichst rasch zu räumen. (Für Preußen vgl. RdErl. vom 5. 1. 1927, MBliV. 57 Nr. 5; § 3 der Berliner Verkehrsordnung vom 15. 1. 1929.)

7. Lichtzeichen sind nur soweit zu beachten, als der Verkehr nicht durch einen Verkehrspolizeibeamten geregelt wird. Ist dies der Fall, so gehen dessen Zeichen vor.

Nicht geregelt ist die Frage, wie sich bei einer Verkehrsregelung das Abweichen von der Fahrtrichtung zwecks Einbiegen in eine Querstraße zu vollziehen hat. Es ist davon auszugehen, daß Winkzeichen der Verkehrspolizeibeamten in der Fahrtrichtung bzw. grünes Licht freie Fahrt bedeuten und nicht negativ das Abweichen von der gewiesenen Fahrtrichtung verbieten.

a) Bei einer Verkehrsregelung durch Schutzleute ist dem Fahrer das Einbiegen nach rechts nicht verwehrt. Dies hat in kurzer Wendung unter Abgabe von Richtungs- und Warnungszeichen zu erfolgen.

Ein Einbiegen nach links ist nur zulässig, soweit dadurch die freie Fahrt der entgegenkommenden Fahrzeuge nicht gehindert wird. Der Führer wird sich zweckmäßig mit dem Polizeibeamten in Verbindung setzen, damit dieser ihm das Einbiegen erleichtert.

b) Bei einer Verkehrsregelung durch Lichtzeichen haben mit Aufleuchten des grünen Lichts die Fahrzeuge freie Fahrt.

Das Einbiegen nach rechts wird dadurch nicht berührt, was z. B. die Berliner Verkehrsverordnung vom 15. 1. 1929 in § 3 ausdrücklich betont.

Das Einbiegen nach links dagegen kann nur soweit zulässig sein, als der entgegenkommende Verkehr dadurch nicht gehindert wird. Ist ein solcher vorhanden, so muß der Fahrer so lange halten, bis die entgegenkommenden Fahrzeuge die Kreuzung durchfahren haben.

Das Halten hat in Höhe der mittleren Straßenachse zu geschehen, damit der Führer sofort einbiegen kann. Er ist m. E. nicht verpflichtet, sich in Höhe der Straßeneinmündung aufzustellen. Denn beim Aufflammen des gelben Lichts ist ihm das Einfahren in die Wegekreuzung gesperrt (siehe Anm. 6). Aber auch wenn man davon absehen würde, wäre ein Fuhrwerkslenker kaum in der Lage, innerhalb des „Achtung, Halt"-Zeichens, das z. B. in Berlin nur sechs Sekunden aufleuchtet, das Fuhrwerk in Gang zu setzen und in weitem Bogen nach links einzulenken. Hat er dagegen in Höhe der mittleren Straßenachse gehalten, so vermag er mit Aufflammen des gelben Lichtes sofort nach links umzulenken.

Die Berliner Verkehrsordnung schreibt in § 3 ausdrücklich vor, daß Fahrzeuge, die in gesperrte Wege nach links einbiegen wollen, bei entgegenkommendem Verkehr die Biegung erst durchfahren dürfen, wenn wieder das gelbe Licht erscheint.

§ 17.

Zum Stillstand gelangende Fuhrwerke.

(1) Der Führer eines zum Stillstand gelangenden Fuhrwerks hat dieses so aufzustellen,[1]) daß es den Verkehr nicht behindert.[2]) Insbesondere[3]) ist die Aufstellung an engen Stellen, Wegekreuzungen und scharfen Wegekrümmungen sowie an Haltestellen der Straßenbahnen und Kraftomnibusse verboten.[4-6])

(2) Der Führer darf das Fuhrwerk nur verlassen,[7]) nachdem er die erforderlichen Maßnahmen[8]) getroffen

hat, um Unfälle und Verkehrsstörungen zu vermeiden. Das Absträngen von Zugtieren darf nur auf der Deichselseite erfolgen.[9]) Leicht scheuende Zugtiere dürfen nicht ohne Aufsicht[10]) bleiben.

(3) Unbespannte Fuhrwerke dürfen bei Dunkelheit oder starkem Nebel[11]) nicht auf öffentlichen Wegen belassen werden.[12]) Kann ihre Entfernung aus besonderen Gründen nicht erfolgen, so muß die Deichsel hochgeschlagen oder abgenommen und an der dem Wege zugekehrten Seite des Fuhrwerks eine hellbrennende Laterne angebracht werden, deren Licht von vorn und hinten deutlich wahrnehmbar ist. Kann die Deichsel nicht abgenommen oder hochgeschlagen werden, so ist eine Laterne an der Deichselspitze und eine hinten am Fuhrwerk anzubringen.[13])

1. Aufstellen ist nicht gleichbedeutend mit Halten. Von einem Aufstellen kann nicht die Rede sein, wenn das Fahrzeug nur vorübergehend auf ganz kurze Zeit zu irgendeinem augenblicklichen Zweck da, wo es sich gerade befindet, hält, sondern nur, wenn es zum Zweck der Aufbewahrung oder Unterbringung während einer nicht ganz unerheblichen Fahr- oder Benutzungspause irgendwo hingestellt oder stehengelassen wird. Unter einem zum Stillstand gelangten Fahrzeug ist daher nur ein solches zu verstehen, das entweder seine Fahrt beendet hat oder diese auf einen Zeitraum von einiger Dauer unterbrechen soll (BayObLG. vom 5. 2. 1926, JW. **26** 1998; vom 25. 10. 1927, JW. **28** 566). Das KG. (vom 18. 10. 1927, R. d. K. **28** 214) bringt zum Ausdruck, daß ein kurzes und vorsichtiges Aufstellen zur Aufnahme einer Mahlzeit nicht rechtswidrig sei. Das AG. Duisburg (vom 13. 4. 1928, R. d. K. **28** 215) nimmt das Bestehen einer Verkehrssitte an, nach der es den Fahrzeugen gestattet ist, kurze Zeit auf der Straße auf ihre Fahrgäste zu warten (vgl. Anm. 2 bis 8 zu § 31).

2. Um verkehrshindernd zu wirken, muß die Aufstellung so erfolgt sein, daß der Verkehr tatsächlich gehemmt,

belästigt oder gefährdet worden ist. Eine in der Rechtsprechung häufig vertretene Ansicht (vgl. BayObLG. vom 5. 6. 1928. R. d. K. **28** 215; OLG. Hamburg vom 25. 4. 1927, JW. **27** 2069; vom 27. 2. 1928 — R III 14/28 —, R. d. K. **28** 215; vom 27. 2. 1928 — R II 13/28 —, R. d. K. **28** 215; KG. 1 S 674/27, DRSpZtg. vom 5. 11. 1927; vom 1. 7. 1927, R. d. K. **27** 216), daß bereits die Möglichkeit einer Verkehrsbehinderung ausreichend sei, um den Tatbestand des § 17 zu erfüllen, läßt sich mit dem Wortlaut der Verordnung nicht vereinen (ebenso Müller 626). Unzutreffend erscheint es auch, wenn OLG. Hamburg (vom 25. 4. 1927, JW. **27** 2069; vom 21. 1. 1928, HRR. **28** Nr. 1694) und KG. (vom 18. 10. 1927, R. d. K. **28** 214) annehmen, daß der Begriff verkehrshindernd durch örtliche Polizeivorschriften bestimmt werden kann (des näheren siehe Anm. 6).

Wenn die Aufstellung objektiv verkehrshindernd ist, so ist es ohne Bedeutung, daß andere Fahrzeuge dasselbe taten. Das Mitwirken einer anderen Bedingung hebt die ursächliche erste nicht auf (OLG. Jena vom 2. 3. 1928, HRR. **28** Nr. 1872).

3. § 17 Abs. 1 Satz 2 StrVO. spricht zwar davon, daß das Aufstellen an bestimmten Wegestellen verboten sei. Müller 627 folgert jedoch aus dem Wort „insbesondere", mit dem der Satz 2 an Satz 1 anknüpft, daß es sich hier nicht um ein schlechthin ausgesprochenes Verbot handelt, sondern daß auch die Aufstellung an jenen Wegestellen den Verkehr hindern muß, um strafbar zu sein (a. A. OLG. Hamm vom 9. 11. 1927, VR. **28** 437).

4. Unberührt bleibt das Recht der Polizeibeamten, in Einzelfällen das Halten wegen Gefährdung der Verkehrssicherheit zu verbieten (vgl. OVG. vom 14. 10. 1926, R. d. K. **27** 15).

5. Das Aufstellen eines Fahrzeuges auf Fußwegen ist auch dann unzulässig, wenn der Verkehr dadurch nicht behindert wird (vgl. KG. vom 22. 11. 1927, DJZ. **28** 462).

6. Streitig ist, ob die Vorschriften des § 17 Abs. 1 durch örtliche Polizeiverordnungen verschärft werden können. Nach einer häufig vertretenen Auffassung schließt § 28 KVO., der mit § 17 StrVO. gleichlautet, örtliche Vorschriften über das Anhalten und Aufstellen von Fahrzeugen nicht aus (vgl. KG. vom 29. 4. 1927, R. d. K. **28** 187; OLG. Hamburg vom 25. 4. 1927, JW. **27** 2069; BayObLG. vom 25. 3. 1927, R. d. K. **27** 211). Man wird jedoch mit Müller 625 (vgl. auch Isaac in R. d. K. **27** 16) annehmen müssen, daß ebenso wie die Materie des Aufstellens von Kraftfahrzeugen reichsrechtlich in § 28 KVO. erschöpfend geregelt ist, auch die gleichlautende landesrechtliche Bestimmung des § 17 Abs. 1 StrVO. das Recht der Aufstellung von Fuhrwerken abschließend festlegt (vgl. Anm. 2 zu § 32). Damit wäre für örtliche Sondervorschriften nur so weit Raum, wie der Verordnungsgeber selbst Ausnahmen gegeben hat. Hier könnte nur das in § 10 Abs. 1 Satz 1 StrVO. erwähnte Recht in Frage kommen, das Anhalten an linksliegenden Grundstücken zu verbieten. Jedoch ist dies, wie in Anm. 5 zu § 10 ausgeführt, nicht auf das Aufstellen von Fahrzeugen zu beziehen.

Das Recht der Polizeibehörde, die Aufstellung von Fahrzeugen auf einem bestimmten Wege gemäß § 18 zu verbieten, bleibt unberührt (BayObLG. vom 5. 2. 1926, JW. **26** 1996).

7. Ein Verlassen des Fuhrwerks liegt nur vor, wenn der Führer sich derartig vom Fuhrwerk entfernt, daß es sich selbst überlassen bleibt (vgl. Isaac 449). Wenn daher der Führer neben dem Fahrzeug steht, verläßt er das Fahrzeug nicht (vgl. OLG. Hamburg vom 10. 6. 1926, R. d. K. **27** 224; OLG. Düsseldorf vom 21. 9. 1927, R. d. K. **28** 239). Man wird jedoch auch annehmen müssen, daß, wenn der Fahrer sich von dem Fahrzeug kurz entfernt, etwa um ein Tor zu öffnen oder an einer Haustüre zu läuten, ein Verlassen nicht vorliegt (a. A. OLG. Hamburg vom 10. 6. 1926, a. a. O.).

8. Die erforderlichen Maßnahmen sind im Einzelfalle verschieden. Abstängen der Zugtiere allein genügt nicht. Es müssen gegebenenfalls die Bremsen angezogen werden. Beim Anhalten auf abschüssigen Wegen muß ein Hemmschuh angelegt werden (vgl. LG. Hamburg vom 25. 4. 1928, R. d. K. **28** 327).

9. Zur Vermeidung von Unfällen müssen Zugtiere, die zum Schlagen neigen, so aufgestellt werden, daß sie Personen oder Sachen nicht verletzen oder beschädigen können (vgl. Anm. 3 e zu § 34).

10. Ohne Aufsicht ist ein Fahrzeug auch, wenn die Aufsicht ungenügend ist, z. B. Kindern anvertraut wird, die der Zugtiere nicht Herr sind.

11. Dunkelheit siehe Anm. 8 zu § 1; starker Nebel siehe Anm. 1 b zu § 4.

12. Öffentlicher Weg siehe Anm. 6 a zu § 1.

13. Das Stehenlassen unbespannter Fuhrwerke bei Dunkelheit oder starkem Nebel ist also grundsätzlich auch dann nicht erlaubt, wenn sie mit der erforderlichen Beleuchtung versehen werden. Nur wenn ein Weiterfahren nicht in Frage kommt, d. h. das Fuhrwerk etwa wegen Beschädigung nicht mehr vorwärts zu bringen ist, ist die Aufstellung unter Beobachtung der gegebenen Vorschriften gestattet.

14. Wegen der Bestrafung bei Verstößen gegen § 17 vgl. Anm. 3 bis 8 zu § 31, 3 e und f zu § 34.

c) Die Benutzung öffentlicher Wege.

§ 18.

Verbote und Beschränkungen der Benutzung von Wegen.

(1) Der Verkehr[1]) mit Fuhrwerken ist auf die hierfür bestimmten Fahrwege[2]) beschränkt. Wo keine erkennbaren Fußwege[3]) vorhanden sind und die Breite der Fahrbahn es zuläßt, haben die Fuhrwerke mindestens einen Meter Abstand vom Straßenrand zu halten.

(2) Auf polizeiliche Fahrverbote[4]) und sonstige Beschränkungen[5]) des Fuhrwerksverkehrs[6]) auf einzelnen Wegen ist durch Warnungstafeln[7]) oder in sonst geeigneter Weise hinzuweisen.[8-12])

(3) Das Anbringen[13]) von Tafeln,[14]) die zu Ver-

wechslungen mit den von der Polizeibehörde angebrachten Tafeln Anlaß geben können,[15]) ist verboten.[16])[17])

1. Der Begriff des Verkehrs wird in Rechtsprechung und Rechtslehre vielfach mit dem des Betriebes nach §§ 1 und 7 KGes. gleichgesetzt. Doch muß mit Peters (JW. **26** 1997) und Müller 117 angenommen werden, daß sich diese Ausdrücke nicht decken. Ein Fahrzeug kann in Betrieb sein, ohne daß es sich im Verkehr befindet. So z. B. wenn es auf der geschlossenen Einfahrbahn einer Kraftfahrzeugfabrik fährt. Es kann umgekehrt im Verkehr sein, ohne daß es sich im Betrieb befindet, so z. B. wenn ein defektes Fahrzeug abgeschleppt wird. Im Verkehr ist ein Fuhrwerk nicht allein solange, wie es infolge der Zug- oder Triebkräfte sich in Bewegung befindet (so Oberländer-Bezold 88), sondern solange, bis der Zweck, den der Führer mit seiner Fahrt erreichen will, erfüllt ist (vgl. BayObLG. vom 5. 2. 1926, JW. **26** 1996; vom 19. 2. 1926, JW. **27** 1813). Demnach ist auch ein Fahrzeug, das vorübergehend auf der Straße steht, im Verkehr. Unerheblich ist, ob das Fahrzeug mit der Hand bewegt wird (z. B. Schieben eines Fuhrwerks, eines Fahrrades).

2. Ein Fahrweg darf von Fuhrwerken benutzt werden:

a) soweit er seiner Natur nach sich als Fahrweg kennzeichnet. Dies richtet sich danach, ob erkennbare Spuren dafür vorhanden sind, daß überhaupt ein Weg vorliegt, ob der Weg breit genug ist, um ein Fahrzeug aufzunehmen usw. Ein ausgetretener breiter Fußpfad gibt dem Fahrer kein Recht, ihn mit Fuhrwerken zu befahren. Radfahrwege und Reitwege sind keine Fahrwege für den Fuhrwerksverkehr;

b) soweit er nicht durch polizeiliche Maßnahmen für den Fuhrwerksverkehr gesperrt ist (siehe Anm. 4).

3. Verboten ist der Fuhrwerksverkehr auf Fußwegen.

a) Fußwege sind solche Wege oder solche Teile eines Weges, die ausschließlich von Fußgängern benutzt werden.

b) Der Fußweg muß sich erkennbar von der Fahrbahn abheben. Es ist daher eine Abgrenzung durch Einfassung, Erhöhung oder ähnliches erforderlich.

Die Rechtsprechung und Rechtslehre setzen vielfach den Begriff des Fußweges auf Landstraßen dem des Banketts gleich. Das Wort Bankett findet sich in § 25 StrVO. Außerdem ist ist noch in § 29 StrVO. von „für Fußgänger eingerichteten Wegen (Bürgersteigen usw.)" die Rede. Wenn Fußweg und Bankett dasselbe wären, so hätte der Verordnungsgeber es nicht nötig gehabt, in § 25 StrVO. das Fremdwort Bankett zu gebrauchen. M. E. ist deshalb zwischen Fußwegen und Banketten zu scheiden. Bankette sind diejenigen Teile der Fahrbahn, die nicht befestigt sind und der Lagerung von Straßenbau- und Unterhaltungsstoffen dienen, allerdings auch von Radfahrern und Fußgängern benutzt werden dürfen. Für ein Bankett ist nach herrschender Ansicht eine Erhöhung oder Einfassung nicht erforderlich (KG. 1 S 838/26, DMSpZtg. vom 20. 11. 1926; BayObLG. vom 19. 2. 1926, JW. **26** 1235; Müller 633; Oberländer-Bezold 72). Fußwege dagegen dienen ausschließlich dem Fußgängerverkehr. Ist auf einer Landstraße ein erkennbarer Fußweg vorhanden, so besteht die Verpflichtung, mindestens 1 m Abstand vom Straßenrande zu halten, nicht. Vielmehr können dort die Fahrzeuge unmittelbar an dessen Rande fahren (Müller 634). Der Verordnungsgeber bezweckt nämlich, daß der Fußgänger, soweit ihm kein besonderer Teil der Fahrbahn ausschließlich eingeräumt ist, einen Streifen von 1 m seitlich des Straßenrandes, d. h. des äußersten Randes der gesamten Fahrbahn, zu seiner Benutzung frei haben soll. Dies erübrigt sich, wenn er einen abgegrenzten Fußsteig zur Verfügung hat, da ihn dieser sichert. Wenn dagegen nur ein Bankett vorhanden ist, das häufig kaum erkennbar ist, keine Erhöhung zu haben braucht und oft schmaler als 1 m ist, würde für den Fußgänger die Gefahr bestehen, daß er nicht genau das Bankett einhält. Um ihm hierbei einen Spielraum von 1 m zum Gehen zu sichern, sollen die Fahrzeuge den Abstand von 1 m halten.

Richtig wird zwischen Fußgänger- und Materialienbankett vom **LG. Kottbus** (vom 20. 5. 1927, Mitt. d. ADAC. Nr. 68) geschieden, wenngleich die Ansicht, daß das Fußgängerbankett sich dem Auge überhaupt nicht darzubieten braucht, abzulehnen ist.

c) Das Befahren von Fußwegen ist, ohne Rücksicht darauf, in welchem Umfange es geschieht, verboten (vgl. OLG. Dresden vom 8. 11. 1927, R. d. K. **28** 207).

4. Der Fuhrwerksverkehr kann durch polizeiliche Anordnungen auf einzelnen Wegen verboten werden.

a) Ein allgemeines Verbot des Fuhrwerksverkehrs auf sämtlichen Wegen einer Gemeinde ist ungültig (vgl. BayObLG. vom 19. 2. 1926, JW. **27** 2813). Das gleiche gilt von einem allgemeinen Sonntagsfahrverbot.

b) Ein polizeiliches Fahrverbot für bestimmte Wege, das auf Grund der landesrechtlichen Vorschriften und, soweit dadurch der Kraftfahrzeugverkehr in Mitleidenschaft gezogen wird, unter Berücksichtigung des § 30 KVO. zu erfolgen hat, kann bedingt sein durch:

aa) die Natur des Weges: starkes Gefälle, Enge der Fahrbahn, ungenügend gesicherte Abhänge;

bb) den Zustand des Weges: mangelhafte Straßenoberfläche, Schlaglöcher. Der häufigste Fall ist, daß Wegebauarbeiten vorgenommen werden;

cc) die Eigenart des Verkehrs: starker Fußgängerverkehr an Kirchen und Schulen;

dd) nicht dagegen die Erhaltung der landschaftlichen Schönheit einer Gegend oder das Interesse am Wildbestand. Polizeiliche Vorschriften, welche lediglich der Förderung der Wohlfahrt, z. B. der Annehmlichkeit der Anwohner dienen, sind unzulässig.

c) Zur Rechtsgültigkeit der Sperrung ist erforderlich, daß die PolVO. von der zuständigen Behörde erlassen ist und materiell und formell den landesrechtlichen Bestimmungen genügt.

d) Die Sperrung der Straße gilt auch für Anlieger (vgl. OLG. Dresden vom 15. 6. 1927, LZ. **27** 1569).

5. Die Polizei kann die Benutzung von Wegen beschränken:

a) Sie kann anordnen, daß nur für Anlieger die Benutzung des Weges gestattet ist. Dies geschieht meistens in der Form, daß die Straße für den Durchgangsverkehr gesperrt wird. Ist die Straße für Anlieger freigegeben, so haben nicht nur diese das Recht der Benutzung. Der Weg kann auch von anderen Personen, soweit sie die Interessen der Anlieger wahrnehmen, befahren werden. So z. B. können dem Anlieger Frachtstücke von anderen Personen zugestellt werden (vgl. OLG. Stuttgart vom 30. 3. 1928, R. d. K. **28** 238).

b) Sie kann anordnen, daß der Weg an Sonn- und Feiertagen gesperrt wird (vgl. KG. 3 S 211/212. 26, DMSpZtg. vom 2. 10. 1926).

c) Sie kann anordnen, daß ein Weg nur in einer bestimmten Geschwindigkeit (z. B. Schrittgeschwindigkeit) befahren werden darf.

d) Sie kann anordnen, daß ein Weg nur von Fuhrwerken mit einer bestimmten Belastung benutzt werden darf (vgl. KG. vom 16. 5. 1927, VR. **27** 406).

e) Sie kann das Überholen und Aufstellen von Fahrzeugen auf bestimmten Straßen verbieten (OLG. Hamburg vom 26. 10. 1927, R. d. K. **28** 158; BayObLG. vom 5. 2. 1926, JW. **26** 1996).

f) Sie kann endlich anordnen, daß ein Weg nur in bestimmter Richtung befahren werden darf (Einbahnstraße). Dies gilt jedoch nicht für Straßen, die dem Durchgangsverkehr dienen, da diese gemäß § 30 KVO. nur von der obersten Landesbehörde oder bei Übertragung von der höheren Verwaltungsbehörde gesperrt oder in ihrer Benutzung eingeschränkt werden können (vgl. OLG. Breslau vom 1. 2. 1927, R. d. K. **28** 75).

g) Nicht dagegen kann die Polizeibehörde einen Weg für ein einzelnes Fahrzeug sperren, weil es etwa zu breit oder zu schwer für die Straße ist. Vielmehr kann dies nur durch Polizeiverordnung geschehen, die sich an die Allgemeinheit richtet (KG. vom 24. 3. 1927, R. d. K. **27** 117).

6. Straßensperrungen zu einem vorübergehenden Zweck, z. B. der Durchführung von Pflasterarbeiten, können auch im Falle von Durchgangsstraßen von den Ortspolizeibehörden erlassen werden (KG. vom 20. 2. 1926, VR. 27 506; vom 31. 3. 1927, R. d. K. 27 123; vom 17. 9. 1928, R. d. K. 28 395). Die Aufstellung von Sperrblöcken mit Pappschildern allein genügt nicht, vielmehr muß ordnungsmäßiger Erlaß erfolgen (OLG. Dresden vom 17. 4. 1928, R. d. K. 28 180). Soll dagegen die Sperrung für eine längere Dauer vorgenommen werden, so muß dieses im Wege einer PolVO. von der zuständigen Behörde (in Preußen nach dem Gesetz über die allgemeine Landesverwaltung unter Bezugnahme auf § 6 PolVerwGes.) bekanntgegeben werden (KG. vom 4. 9. 1927, VR. 27 582; BayObLG. vom 18. 8. 1927, VR. 28 143).

7. Auf Verbote und Beschränkungen ist durch Warnungstafeln hinzuweisen. Diese Bestimmung läßt die Frage auftauchen, ob hierdurch eine Erweiterung der formalen Voraussetzungen für die Gültigkeit einer PolVO. gegeben ist. Dies ist zu verneinen. Die Formalien der PolVO. richten sich nach Landesrecht, und dies sieht allgemein eine Aufstellung von Hinweistafeln nicht vor. Diese Bestimmungen können im Verordnungswege nicht verschärft werden. Aber auch der Wortlaut: Auf Verbote ist „hinzuweisen" anstatt „Verbote sind durch Warnungstafeln bekanntzugeben" deutet nur darauf hin, daß die Wegebenutzer auf die Wegesperrung noch einmal besonders sinnfällig aufmerksam gemacht werden sollen. Das Verbot selbst tritt mit der vorgeschriebenen Bekanntmachung der PolVO., nicht etwa erst mit der Anbringung der Tafeln in Kraft.

Der Zweck der Vorschrift ist der, daß ein Fahrer nicht schon deshalb bestraft werden soll, weil er eine Polizeiverordnung nicht kennt. Besonders bei Kraftfahrzeugführern, die an einem Tage oft mehr als 100 Ortschaften und fast ebenso viele Polizeibezirke durchfahren, ist es ein ungebührliches Verlangen, daß sie wissen sollen, welche Wege gesperrt sind. Und wenngleich der Fuhrwerkslenker seltener über seinen engeren Bezirk hinauskommt, so kann er gleiches Recht für sich in Anspruch nehmen. Allerdings kann er sich nicht darauf berufen, daß er deshalb nicht strafbar sei, weil die Warnungstafel gefehlt habe, wenn ihm die betreffende PolVO. bekannt ist. Aber soweit das nicht der Fall ist, bildet die Aufstellung der Tafel eine Bedingung der Strafbarkeit.

Rechtsprechung und Rechtslehre verhalten sich zu dieser Frage geteilt. Die Auffassung, daß die Anbringung der Warnungstafeln eine Strafbarkeitsbedingung darstellt, wird vom OLG. Dresden (vom 24. 2. 1926, VR. **27** 503) und von Müller 658 vertreten. — Der 3. Senat des KG. ist der Ansicht, daß die Vorschrift der Anbringung von Warnungstafeln nur eine Anweisung an die Verwaltungsbehörden darstellt und der Führer sich daher auf die Nichtsichtbarkeit oder Nichterkennbarkeit der Tafel nicht berufen kann (KG. vom 22./29. 4. 1926, GoltdArch. **71** 94; vom 10. 1. 1927, R. d. K. **27** 94; vom 7. 3. 1927, R. d. K. **27** 129; OLG. Rostock vom 3. 12. 1926, R. d. K. **27** 234). Dagegen wenden der 1. Senat des KG. (vom 5. 4. 1927, R. d. K. **27** 107) und Müller 658 mit Recht ein, daß eine solche rein verwaltungsrechtliche Vorschrift nicht in die KVO. — und damit auch nicht in die StrVO. — gehört. — Der 1. Senat des KG. endlich nimmt an, daß die Aufstellung von Warnungstafeln zur Rechtswirksamkeit des Polizeiverbots erforderlich ist, wie dies in Preußen sehr häufig gemäß § 144 Abs. 2 des Ges. über die allgem. Landesverwaltung vom 30. 7. 1883 gerade für auf bestimmte Wege bezügliche Polizeiverordnungen geschehen müsse (KG vom 5. 4. 1927, R. d. K. **27** 107; vom 12. 4. 1927, ErgBd. **6** 267).

Aber selbst wenn eine Warnungstafel vorhanden ist und der Führer behauptet, daß er sie wegen schlechter Aufstellung nicht gesehen habe, muß festgestellt werden, daß das Nichtbemerken auf einem Verschulden beruhte.

8. Form und Aufstellung der Warnungstafeln siehe Anhang 6e und die VO. über Warnungstafeln für den Kraftfahrzeugverkehr vom 8. 7. 1927 (RGBl. I 177) sowie die preußischen RdErl. vom 15. 1. 1926 (MBliV. 61) und vom 25. 7. 1927 (MBliV. 775).

9. Inhalt der Warnungstafeln:

a) Eine Warnungstafel ist ohne Bedeutung, wenn ihr nicht eine PolVO. der zuständigen Behörde zugrunde liegt (KG. vom 26. 3. 1928, R. d. K. **28** 321). Vgl. auch Anm. 6 zu § 25.

b) Der Inhalt der Warnungstafel muß sich mit dem Inhalt der Verordnung, auf die sie Bezug nimmt, decken. Wenn z. B. eine Straße nur Sonntags von 12 Uhr mittags bis 9 Uhr abends gesperrt ist, genügt es nicht, wenn die Warnungstafel in allgemeiner Form kundgibt, daß der Weg an Sonn- und Feiertagen gesperrt sei. Das OLG. Hamburg — R III 34/27 — (R. d. K. **27** 152) hat daher ein Urteil aufgehoben, wonach ein Kraftfahrer, der an einem Sonntagmorgen vor 12 Uhr die Straße befahren hatte — wobei ihm sogar ein Schutzmann das Durchfahrtzeichen gab —, wegen Befahrens derselben Straße am Nachmittag bestraft wurde. Er konnte annehmen, daß das auf der Tafel mitgeteilte Verbot in Wahrheit nicht bestehe.

c) Anderseits braucht die Warnungstafel nicht erkennen zu lassen, wer das Verbot oder die Beschränkung angeordnet hat. Es brauchen auch nicht die ganze polizeiliche Vorschrift oder deren wichtigste Bestimmungen wiedergegeben zu werden. Es ist ausreichend, wenn in augenfälliger Weise auf das Bestehen des Verbots oder der Beschränkung hingewiesen wird (KG. vom 10. 2. 1926, GoltdArch. **71** 35).

d) Nicht erforderlich ist die Aufstellung auf einer bestimmten Straßenseite. Es genügt jede deutlich sichtbare Anbringung (BayObLG. vom 9. 10. 1928, RevReg. I 571/28).

10. Die Aufstellung von Warnungs- oder Hinweistafeln ist auch für die Bestrafung von Verstößen gegen sonstige Wegebeschränkungen erforderlich.

a) Bei vorübergehenden Sperrungen von Straßen wegen Pflasterarbeiten kann bei Fehlen einer Sperrtafel der Fahrer geltend machen, daß er sich in einem entschuldbaren Irrtum befunden haben (KG. vom 15. 4. 1926, Recht **26** Nr. 2605).

b) Das gleiche muß beim Fehlen von Halttafeln an Bahnübergängen gelten. Das Gebot der Aufstellung von Warnungstafeln (§ 79 Abs. 4 Eisenbahn-Bau- und -Betriebsordnung), wonach Fuhrwerke zu halten haben, wenn ein Zug sich nähert, muß derartig befolgt werden, daß die Warnungstafel am Übergang unmittelbar mit den Augen wahrnehmbar ist (vgl. RG. vom 29. 3. 1927, BR. 27 299; LG. Halle a./S., Strafkammer, vom 10. 8. 1928, R. d. K. 28 395).

c) Auch Einbahnstraßen müssen durch Hinweistafeln gekennzeichnet sein. Andernfalls kann ein Führer, der sie in falscher Richtung befährt, nicht bestraft werden (KG. 1 S 194/27, DMSpZtg. vom 5. 11. 1927).

d) Private Warnungstafeln von Kraftfahrzeugklubs sind unbeachtlich (vgl. OLG. Kiel v. 6. 10. 1928, DAutor. 29 22).

11. Neben den Verboten und Beschränkungen allgemeinen Inhalts kann die Polizei auch solche für einzelne Personen im Wege der polizeilichen Verfügung vornehmen. So kann sie an einen Rollfuhrmann, der durch den Verkehr seiner Rollwagen aus seiner Einfahrt über den Bürgersteig den Fußgängerverkehr empfindlich stört, ein entsprechendes Verbot richten. Der Verkehrspolizeibeamte kann im Einzelfalle Weisungen geben, die dem Führer ein bestimmtes Tun oder Unterlassen gebieten (vgl. Anm. 1 zu § 16). Diese müssen pflichtgemäß im Interesse des Verkehrs ergehen. (Vgl. dazu KG. vom 26. 3. 1926, DJZ. 26 1045; vom 14. 10. 1926, R. d. K. 27 15.)

Die Warnungstafel kann man nicht als Einzelverfügung ansehen (a. A. Müller 660). Das gleiche gilt für die Lichtzeichen bei automatischer Verkehrsregelung.

Wegen der Bestrafung siehe Anm. 3 a zu § 34.

12. In sonst geeigneter Weise. Darunter fallen automatische Lichtsignalregelung sowie rote Lichter bei Nacht an Bahnübergängen und bei Wegesperrungen infolge Pflasterarbeiten.

13. Zu den von der Polizeibehörde angebrachten Tafeln rechnen nicht nur die Hinweistafeln für Beschränkungen und

Verbote, sondern auch die Ortstafeln, Wegweiser und Warnungstafeln für gefährliche Wegestellen. Es soll dem gesteuert werden, daß geschäftliche Unternehmungen zu Reklamezwecken Schilder aufstellen, die zwar eine Warnung enthalten, deren Wirkung jedoch meist durch die sie umrahmenden Anpreisungen verlorengeht. Das Vorhandensein zu vieler Warnungsschilder an Stellen, wo sie nicht unbedingt erforderlich sind, schwächt den Eindruck der notwendigen Hinweistafeln.

In dem preußischen RdErl. vom 30. 7. 1928 (MBliV. 891) wird ausdrücklich darauf hingewiesen, daß auch der vielfach üblichen Anbringung von Schildern mit der Aufschrift „Autoausfahrt“ oder ähnlichen Aufschriften zur Kennzeichnung von Grundstücksausfahrten entgegenzutreten ist. Diese Schilder erreichen einerseits nicht den beabsichtigten Zweck, die Sicherheit der Ausfahrt zu gewährleisten, da sie den Ausfahrenden im gegebenen Fall nicht von der Verpflichtung weiterer Vorsichtsmaßnahmen entbinden; sie sind anderseits geeignet, bei der großen Zahl solcher Ausfahrten die Führer unsicher zu machen und ihre Aufmerksamkeit von den eigentlichen Verkehrszeichen abzulenken (vgl. auch den preußischen RdErl. vom 24. 2. 1925, MBliV. 287).

14. Die Anbringung von Bildern, die lediglich der Unfallverhütung dienen, fällt nicht unter § 18 Abs. 3.

15. Sinngemäß muß § 18 Abs. 3 auch Anwendung finden, wenn etwa ein Wirt unmittelbar vor einem Bahnübergang eine rote Laterne anbringt, die Anlaß zu Verwechslungen mit einem Sperrlicht der Eisenbahn gibt.

16. Strafbar macht sich nicht nur der Aufsteller der verbotenen Tafel, z. B. ein Reklameunternehmen, sondern auch der Eigentümer eines Grundstücks, der die Aufstellung duldet.

17. In Preußen ist durch RdErl. vom 30. 7. 1928 (MBliV. 891) ersucht, dem § 18 Abs 3 die folgende Fassung zu geben:

> „Tafeln, die nach Form und Farbe zu Verwechslungen mit den von der Polizeibehörde oder auf ihre Veranlassung angebrachten Verkehrszeichen (Verbots- und Verkehrsbeschränkungsschildern, Ortstafeln und Wegweisern) Anlaß geben können, dürfen auf öffentlichen Wegen nicht angebracht

werden. Ebenso ist es verboten, Reklametafeln irgendwelcher Art innerhalb eines Umkreises

von 100 m auf freier Strecke,

von 10 m innerhalb bebauter Ortschaften

von den genannten Verkehrszeichen oder von den Warnungstafeln zur Kennzeichnung gefährlicher Stellen für den Kraftfahrzeugverkehr (vgl. VO. vom 8. 7. 1927, RGBl. I S. 177) aufzustellen."

Zum Teil ist diesem Ersuchen von den zuständigen Behörden in Preußen durch Änderung des § 18 bereits entsprochen.

d) Ausnahmen.

§ 19.

Ausnahmen für Fuhrwerke der Feuerwehr, Wehrmacht und Polizei.

Feuerwehrfuhrwerke[1]) unterliegen nicht[2]) den Vorschriften[3]) über die einzuhaltende Fahrgeschwindigkeit (§ 8) und sind befreit von den Vorschriften über das Ausweichen, Halten, Überholen und Vorfahren in den in den §§ 11 bis 13 und 17 genannten Fällen und von sonst von den Polizeibehörden angeordneten Verboten und Beschränkungen;[4]) das gleiche gilt für im Dienst befindliche Fuhrwerke der Wehrmacht und der Polizei,[5]) wenn Gefahr im Verzuge ist.[6])

1. Zu den Feuerwehrfuhrwerken rechnen nicht nur die Spritzer, Mannschaftswagen und Beiwagen in ständigem Dienst, sondern auch solche Fahrzeuge, die von privaten Personen im besonderen Fall zur Herbeiführung von Rettungsmannschaften, von Feuerlöschgerät, Wasser usw. zur Verfügung gestellt werden. Gleichgültig ist, ob es sich um eine öffentliche oder private Feuerwehr handelt (siehe auch Anm. 1a zu § 14).

2. Die Worte im Dienst befindlich, die sich merkwürdigerweise nur in § 19 Halbsatz 2 finden, müssen sich auch auf

Feuerwehrfuhrwerke beziehen. Im Dienst sind sie nicht nur bei wirklicher Feuersgefahr, sondern auch bei Übungen, nicht dagegen, wenn bei festlichen Anlässen Fahrzeuge ausrücken. Im Dienst sind sie auch, wenn sie von der Brandstätte zurückkehren.

3. Aus der eingehenden Aufzählung in § 19 ergibt sich, daß die Feuerwehr nur von der Beobachtung bestimmter Vorschriften befreit ist, so derjenigen über Fahrgeschwindigkeit, Ausweichen, Halten, Überholen, Vorfahren, und daß für sie Straßensperrungen nicht gelten. Das Recht, von den Bestimmungen des Rechtsfahrens und den Vorschriften über das Einbiegen abweichen zu dürfen, ist nicht ausdrücklich zugestanden. Jedoch muß man annehmen, daß die Polizei hier weitergehende Rechte zur Abweichung von diesen Vorschriften hat als sonstige Fahrzeuge, wenn anders der Zweck rascher Hilfeleistung nicht vereitelt werden soll. So dürfen Feuerwehrfahrzeuge sowohl die Mitte der Straße einhalten, wenn sie dadurch rascher vorwärts kommen, als auch beim Einbiegen nach links in schwacher Ellipsenform fahren.

Den Anordnungen der Verkehrspolizeibeamten ist auch die Feuerwehr unterworfen, da der Verordnungsgeber mit gutem Grund von § 16 StrVO. keine Ausnahme zu ihren Gunsten gemacht hat. Wenn daher ungewöhnlich starke Menschenansammlungen, etwa infolge eines Unfalls auf der Straße, oder eine Prozession an einer Straßenkreuzung den Verkehrsschutzmann veranlassen, dem Feuerwehrfuhrwerk für kurze Zeit Halt zu gebieten, um in der Zwischenzeit die Menschenansammlung zu zerstreuen oder die Prozession zu unterbrechen, so hat dieses Folge zu leisten.

4. Ein Recht, Bürgersteige und Fußwege zu benutzen, steht der Feuerwehr — abgesehen von besonderen Notfällen — nicht zu (vgl. RG. vom 28. 4. 1927, R. d. K. **28** 109).

5. Die Ausnahmestellung, deren sich im Dienst befindliche Fahrzeuge der Wehrmacht und Polizei erfreuen, gilt nur, wenn Gefahr im Verzug ist.

a) Als Fuhrwerke der Wehrmacht sind Fahrzeuge im weitesten Sinne zu verstehen. Auch hilfsweise geliehene und requirierte Fahrzeuge rechnen dazu.

Das Ausrücken zu einer Feldbienstübung verschafft der Wehrmacht keine Ausnahmestellung, da hier keine Gefahr im Verzuge ist. Auch bei Manövern dürfte dies im allgemeinen zu verneinen sein.

b) Zu den Fuhrwerken der Polizei rechnen ebenfalls alle Fahrzeuge, die von dieser zu Hilfe genommen werden. Das Vorliegen von Gefahr ist zu bejahen, wenn die Schutzpolizei bei politischen Umzügen zur Beruhigung der Bevölkerung zu Hilfe eilt. Die Möglichkeit einer Gefahr von Unruhen auf der Straße genügt.

6. Die Fahrzeuge der Post genießen gleicherweise verschiedene Sonderrechte, die im RPostGes. vom 28. 10. 1871 aufgezählt sind.

a) In besonderen Fällen, in denen die gewöhnlichen Postwege gar nicht oder schwer zu passieren sind, können die ordentlichen Posten, die Extraposten, Kuriere und Estafetten sich der Neben- und Feldwege sowie der ungehegten Wiesen und Äcker bedienen (§ 17).

b) Jedes Fuhrwerk muß den ordentlichen Posten sowie den Extraposten, Kurieren und Estafetten auf das übliche Signal ausweichen (§ 19).

c) Der gewährten Vorrechte sind Postfahrzeuge, die für Sonderfahrten, z. B. Ausflüge, in Dienst gestellt werden, nicht teilhaftig.

C. Radfahrverkehr.[1])

a) Das Fahrrad.

§ 20.

Beschaffenheit des Fahrrades.

(1) Jedes Fahrrad[2]) muß versehen sein:

1. mit einer sicher wirkenden Hemmvorrichtung; als solche gilt auch eine Rücktrittbremse;[3])
2. mit einer helltönenden Glocke[4]) zum Abgeben von Warnungszeichen;

3. während der Dunkelheit und bei starkem Nebel[5]) mit einer hellbrennenden Laterne mit farblosem oder gelblichem Glase, welche den Lichtschein nach vorn auf die Fahrbahn wirft.

(2) Fahrräder der Polizei- und Zollbeamten sind bei dienstlicher Benutzung von der Bestimmung des Abs. 1 Nr. 3 insoweit befreit, als die Befolgung dieser Bestimmung die Durchführung besonderer Aufgaben des Dienstes in Frage stellen würde.[6])

(3) Sofern an dem Fahrrad ein Rücklicht[7]) geführt wird, ist gelbrote Farbe zu verwenden.

1. Bereits vor Erlaß der StrVO. bestanden wesentlich gleichlautende Bestimmungen über den Radfahrverkehr in Form von Polizeiverordnungen, die auf Grund eines Bundesratsbeschlusses nach dem Muster der „Grundzüge über den Radfahrverkehr" erlassen wurden (siehe Anhang 5). Durch den Abschnitt C der StrVO. sind diese Bestimmungen schärfer gefaßt. Veraltete Forderungen sind fallengelassen. Hinsichtlich der Fahrregeln ist ganz auf den Fuhrwerkverkehr Bezug genommen. Die älteren Polizeiverordnungen über den Radfahrverkehr sind großenteils mit der Einführung der StrVO. außer Kraft gesetzt worden.

2. Über den Begriff Fahrrad siehe Anm. 7 d zu § 1. § 1 StrVO. spricht von Radfahrern. In jenem Zusammenhang sind Radfahrer solche Personen, die nicht nur Tretfahrräder in der Art der Zwei- und Dreiräder, sondern auch sonstige Räder gebrauchen. Daher sind auch Personen, die ein Landskiff oder Kinderfahrzeuge verwenden, Wegebenutzer im Sinne von Radfahrern des § 1 Abs. 1 Nr. 5 StrVO. Unter den Begriff des Fahrrades im Sinne der §§ 20 bis 27 StrVO. kann man jedoch nur die zwei- und dreirädrigen Fahrzeuge rechnen, die von Personen durch Arm- oder Beinbewegungen auf dem Umwege über einen Übertragungsmechanismus vorwärts getrieben werden. Nur auf sie passen die Bestimmungen über Fahrräder.

3. Das Vorhandensein einer Bremse ist ausreichend.

Gleichgültig ist, ob diese auf das Vorder- oder Hinterrad einwirkt, ob der Bremsarm seinen Widerstand an der Reifendecke oder an der Felge findet. Bei Fahrrädern, die von Personen benutzt werden, welche sich nur eines Beines zum Treten bedienen können, kann die Rücktrittbremse nicht als ausreichend angesehen werden.

4. Nicht erlaubt ist die Benutzung von Sirenen, Trillerpfeifen und Hupen, wie sie ab und zu an Fahrrädern gefunden werden (§ 23 Abs. 3 StrVO.).

5. Dunkelheit siehe Anm. 8 zu § 1. Starker Nebel siehe Anm. 1 b zu § 4. Über die Anbringungsart der Beleuchtungsvorrichtung ist nichts gesagt. Die Laterne kann daher sowohl an der Lenkstange wie an der Gabel des Vorrades, etwa in Höhe der Radachse, angebracht werden. Sie muß jedoch am Fahrrad angebracht sein. Die Mitführung einer elektrischen Taschenlaterne, die vorn am Rock angeknüpft ist oder in der Hand gehalten wird, genügt nicht.

6. In Frage kommt hauptsächlich die Verfolgung von Schmugglern durch Zollbeamte. Diese würden durch den Lichtschein des Rades gewarnt werden.

7. Die Benutzung eines Rücklichts ist bislang nur in Preußen vorgeschrieben. Hier sind die Oberpräsidenten durch RdErl. v. 18. 1. 1929 (siehe Anhang 6 f) ersucht, dem § 20 StrVO. die Fassung, die in dem Erlaß vorgesehen ist, zu geben. Man ist damit der englischen und französischen Gesetzgebung gefolgt.

b) Der Radfahrer und seine Pflichten.

§ 21.

Führung von Fahrrädern; Mitnahme von Personen und Sachen.

(1) Der Radfahrer[1]) ist dafür verantwortlich, daß das Fahrrad sich in vorschriftsmäßigem Zustande[2]) befindet und während der Dunkelheit und bei starkem Nebel[3]) in vorgeschriebener Weise beleuchtet ist. Er darf auf einem einsitzigen Fahrrad nur Kinder unter

sechs Jahren und auch diese nur, falls für sie eine geeignete Sitzgelegenheit auf dem Fahrrade vorhanden ist, mitnehmen;[4]) Gegenstände[5]) darf er nur mitnehmen, falls sie seine Bewegungsfreiheit nicht beeinträchtigen und Menschen oder Sachen nicht gefährden.

(2) Der Radfahrer ist zur gehörigen Vorsicht[6]) bei der Führung[7]) seines Fahrrades verpflichtet.[8-11])

1. Neben dem Lenker des Fahrrades ist der Eigentümer bezw. Halter für den Zustand des Rades verantwortlich (siehe Anm. 1 b und c zu § 6).

2. Der vorschriftsmäßige Zustand ist vorhanden, wenn das Fahrrad den Voraussetzungen des § 20 StrVO. entspricht. Das ist weniger als „verkehrssicherer Zustand", wie ihn § 2 StrVO. fordert. Ein Radfahrer kann deswegen nicht schon bestraft werden, wenn er auf einem Fahrrad mit gelockerten Speichen, mit luftleerem Schlauch oder mit einem Fußtritt bei abgebrochenem zweiten die Straße befährt.

3. Dunkelheit siehe Anm. 8 zu § 1. Starker Nebel siehe Anm. 1 b zu § 4.

4. Die Mitnahme von Personen. Diese dürfen grundsätzlich nur mitgenommen werden, wenn das Fahrrad mehrsitzig ist, d. h. wenn es sich um ein Tandem oder ein ähnliches mehrsitziges Fahrzeug handelt. Die Anbringung eines zweiten Sattels auf einem Fahrrade erfüllt den Begriff der Mehrsitzigkeit nicht.

a) Verboten ist, Kinder über sechs Jahre oder erwachsene Personen auf einem Fahrrade aufsitzen oder auf dem Hinterrad stehen zu lassen.

b) Kinder unter sechs Jahren dürfen mitgenommen werden, wenn eine geeignete Sitzgelegenheit vorhanden ist. Die Anbringung eines zweiten kleinen Sattels erfüllt diese Forderung nicht, da kleine Kinder daran keinen genügenden Halt haben. Vielmehr muß es sich um Körbe oder sonstige Sitzgelegenheiten handeln, die ein Herausfallen des Kindes erschweren.

5. Die Mitnahme von Gegenständen darf:

a) die Bewegungsfreiheit nicht beeinträchtigen. Daher dürfen weder Körbe oder Kisten mit der Hand gehalten noch so angebracht werden, daß dadurch die Führung der Lenkstange oder das Treten der Fußtritte erschwert wird. Auch mangelhafte Sicht infolge des Aufbaus der Gegenstände vor der Lenkstange beeinträchtigt die Bewegungsfreiheit.

b) Sie darf Menschen oder Sachen nicht gefährden. In Betracht kommen hauptsächlich nach den Seiten herausragende Stangen oder zu schwere Gegenstände, die die Gefahr entstehen lassen, daß vorbeikommende Wegebenutzer verletzt werden oder das Fahrrad zusammenbricht.

c) Auch das Mitziehen von Fahrzeugen durch Fahrräder — etwa das von Handkarren — muß in weiterem Sinne als Mitnahme von Gegenständen angesehen werden. Durch Mitziehen eines Handkarrens wird die Bewegungsfreiheit beeinträchtigt.

6. § 21 Abs. 2 StrVO. ist mit § 7 Abs. 1 Satz 1 StrVO. gleichlautend. Hierfür gilt daher das in Anm. 1 zu § 7 Gesagte. Eine blankettausfüllende Norm ist darin nicht zu erblicken.

Die gehörige Vorsicht, die vom Radfahrer zu verlangen ist, geht über die allgemein von Fußgängern zu verlangende Sorgfalt hinaus. Der Radfahrer muß infolge seiner erhöhten Geschwindigkeit ein besonderes Maß von Rücksicht auf die langsameren Wegebenutzer nehmen (vgl. Anm. 2 und 5 zu § 7).

7. Bei der Führung bedeutet nicht nur während des Aufsitzens auf dem Fahrrad, sondern auch während des Nebenhergehens und Führens mit der Hand.

8. Zu der erforderlichen Sorgfalt bei der Führung gehört, daß der Führer nicht auf belebten Straßen beim Wenden und Einbiegen mit einer Hand lenkt. Das Mitnehmen von kleinen Kindern auf dem Arm oder das Anbinden von Hunden ist fahrlässig. Ebenso das Fahren in angetrunkenem Zustande (RG. vom

13. 12. 1909, JW. **10** 105). Schwerhörigkeit verpflichtet zu besonderer Vorsicht (KG. vom 4. 11. 1927, Mitt. d. ADAC. Nr. 73; OLG. Celle vom 24. 1. 1928, DAutor. **28** 231). Der Fahrer darf nicht auf Straßenbahnschienen fahren, da sich in diesen die Räder erfahrungsgemäß festfahren. Er muß bei feuchtem Wetter auf Asphaltwegen mit der Schlüpfrigkeit der Fahrbahn und verminderter Bremswirkung rechnen. Ein Verstoß gegen die Sorgfaltspflicht liegt auch vor, wenn der Radfahrer in gleicher Höhe mit anderen Radfahrern bei lebhaftem Straßenverkehr namentlich in Ortschaften fährt. Der preußische RdErl. vom 5. 8. 1927 (MBliV. 815) macht darauf besonders aufmerksam.

9. Der Radfahrer ist nicht verpflichtet, sich nach hinter ihm kommenden Wegebenutzern umzusehen, kann sich vielmehr darauf verlassen, daß diese sich bei Annäherung rechtzeitig bemerkbar machen (OLG. Düsseldorf vom 26. 3. 1928, R. d. K. **28** 254).

10. Der Radfahrer muß auch mit Unbesonnenheiten anderer Wegebenutzer, besonders der Fußgänger, rechnen. „Es muß auf die Gewohnheiten geachtet werden, die das Publikum im Verkehr auf der Straße angenommen hat, auch wenn diese Gewohnheiten nicht der polizeilichen Regelung entsprechen. Der Radfahrer muß sich so verhalten, daß er, auch wenn er die sich hiernach ergebenden verschiedenen Möglichkeiten des Verhaltens des Fußgängers in Rechnung stellt, den Fußgänger nicht anfährt." (OLG. Hamburg vom 4. 7. 1927, HöchstRR. **27** 293). Vgl. Anm. 2 zu § 7.

11. Unbekannt ist beim Radfahrer:

a) das Erfordernis eines bestimmten Mindestalters. Das ist um so bedenklicher, als Kinder unter 14 Jahren strafrechtlich nicht verantwortlich sind (§ 2 JugGerGes.). Daß heute vielfach Kinder unter 14 Jahren bereits auf Fahrrädern fahren, ist bekannt. Auch bei Jugendlichen zwischen 14 und 18 Jahren ist häufig das zur Strafbarkeit erforderliche Maß von Einsicht (§ 3 JugGerGes.), das heute bei den komplizierten Verkehrsverhältnissen und Verkehrsvorschriften besonders weit zu spannen ist, nicht vorhanden;

b) das Erfordernis bestimmter körperlicher, geistiger und sittlicher Eigenschaften. Auch Schwerhörige, Krüppel und Trunkenbolde sind daher an sich zum Radfahren geeignet;

c) das Erfordernis der Mitführung bestimmter Ausweispapiere. Dies ist 1922 abgeschafft worden.

d) Nicht erwähnt ist endlich auch die Untersagung der Führung, wie sie § 5 StrVO. kennt. Jedoch muß die zuständige Polizeibehörde auch ungeeigneten Radfahrern, z. B. Krüppeln und notorischen Trunkenbolden, im Wege der polizeilichen Verfügung das Radfahren verbieten können, wenn dies im Interesse der öffentlichen Ordnung und der Sicherheit des Verkehrs notwendig erscheint. Über das Verfahren gilt sinngemäß das in Anm. 7 c zu § 5 Gesagte. Fährt der Radfahrer trotz des Verbotes weiter, so ist er gemäß § 34 StrVO. strafbar (Anm. 3 a zu § 34).

§ 22.

Fahrgeschwindigkeit, Anhängen an Fahrzeuge.

(1) Hinsichtlich der einzuhaltenden Fahrgeschwindigkeit gelten die Vorschriften des § 8 sinngemäß.[1]) In den Fällen des § 8 Abs. 2 sowie bei jedem Bergabfahren ist es verboten, beide Hände gleichzeitig von der Lenkstange oder die Füße von den Fußtritten zu nehmen.[2])

(2) Das Umkreisen von Fuhrwerken,[3]) Menschen und Tieren und ähnliche Bewegungen, die geeignet sind, Menschen oder Sachen zu gefährden, den Verkehr zu stören oder Tiere scheu zu machen, sind verboten.

(3) Das Anhängen an Fahrzeuge ist verboten.[4])

1. Über die Pflichten, die dem Fahrer in sinngemäßer Anwendung des § 8 StrVO. obliegen, siehe die Anmerkungen zu § 8. Ein Radfahrer muß, wenn er das planlose Handeln eines vor ihm befindlichen Wegebenutzers sieht, seine Geschwindigkeit herabmindern, um das Rad sofort zum Stehen bringen zu können (vgl. RG. vom 12. 4. 1915, Recht 15 Nr. 2147). Auch bei stark

abfallender Straße muß er langsam und mit großer Vorsicht fahren (RG. vom 10. 11. 1902, JW. **03** 78; vom 6. 5. 1907, Recht **07** Nr. 1641). Bei übermäßig schnellem Fahren in Städten und Dörfern macht sich der Radfahrer aus § 366 Nr. 2 StGB. strafbar (RG. in GoltdArch. **51** 195).

2. Das Radfahren ohne Berührung der Lenkstange oder der Fußtritte ist nicht an sich strafbar, sondern nur

a) bei behindertem Überblick über die Fahrbahn,

b) bei schlechter Wegebeschaffenheit, die die Sicherheit des Fahrens beeinträchtigt,

c) bei lebhaftem Verkehr,

d) beim Bergabfahren.

Zivilrechtlich bedeutet das Fahren ohne Anfassen der Lenkstange unter allen Umständen ein schuldhaftes Handeln (vgl. § 21 Abs. 2 StrVO.).

3. Vermutlich handelt es sich um ein Fassungsversehen, wenn von Fuhrwerken anstatt Fahrzeugen die Rede ist, da auch andere Fahrzeuge (Kraftfahrzeuge, Fahrräder usw.) durch Umkreisen gefährdet werden können.

4. Unter A n h ä n g e n ist nicht nur Festhalten mit der Hand, sondern auch das Fortziehenlassen mittels Stricken oder ähnlicher Verbindungsmittel zu verstehen.

§ 23.

Warnungszeichen, Gefährdung von Menschen oder Tieren.

(1) Der Radfahrer hat überall dort, wo es die Sicherheit des Verkehrs erfordert,[1]) durch deutlich hörbares Glockenzeichen[2]) rechtzeitig[3]) auf das Nahen des Fahrrades aufmerksam zu machen.

(2) Das Abgeben von Glockenzeichen ist sofort einzustellen, wenn Tiere dadurch unruhig oder scheu werden.[4])

(3) Das Abgeben zweckloser[5]) oder belästigender Glockenzeichen ist zu unterlassen. Der Gebrauch von

Signalpfeifen, Hupen und beständig tönenden Glocken (Schlittenglocken und dergleichen) sowie von sogenannten Radlaufglocken, sofern sie derart in Verbindung mit der Hemmvorrichtung stehen, daß sie ertönen, wenn und solange diese in Anwendung gebracht wird, ist untersagt.

(4) Merkt[6]) der Radfahrer, daß ein Tier vor dem Fahrrade scheut[7]) oder daß sonst durch das Vorbeifahren mit dem Fahrrade Menschen oder Tiere in Gefahr gebracht[8]) werden, so hat er langsam zu fahren[9]) und erforderlichenfalls sofort abzusteigen.

1. Die Pflicht des Radfahrers zur Abgabe von Warnungszeichen ist weitergehend als die der Fuhrwerkslenker. Während diese nur Personen in gefährlicher Nähe des Fuhrwerks zu warnen haben, müssen die Radfahrer gleich den Kraftfahrern überall dort, wo es die Sicherheit des Verkehrs erfordert, Warnungszeichen abgeben. Die überaus weitgehenden Forderungen, die die Gerichte auf Grund dieser Fassung an die Kraftfahrer stellen, nämlich daß sie an Wegekreuzungen und unübersichtlichen Wegestellen unter allen Umständen zu hupen haben, kann man auf Radfahrer nicht anwenden. Denn das Fahrrad ist weder seiner Schnelligkeit noch der ihm innewohnenden körperlichen Wucht nach mit dem Kraftfahrzeug zu vergleichen.

Die Pflicht der Abgabe von Glockenzeichen besteht

a) dort, wo mit Rücksicht auf den vorhandenen Verkehr (Fußgänger, Fahrzeuge) mit der Möglichkeit von Unfällen infolge Nichtwarnung gerechnet werden muß;

b) beim Überholen von Wegebenutzern (vgl. RG. vom 14. 5. 1928, R. d. K. **28** 232);

c) beim Einbiegen in einen Seitenweg, so daß Fußgänger, die den Straßendamm der Seitenstraße in unmittelbarer Nähe der Einmündung überschreiten wollen, gewarnt werden, ehe sie den Fahrdamm betreten (vgl. OLG. Hamburg vom 25. 1. 1921, Recht **21** Nr. 2013).

2. Der Fahrer muß mit dem Überhören seiner Glockenzeichen rechnen, diese also notfalls mehrfach geben (vgl. RG.

vom 9. 1. 1928, L. u. K. **28** 62). Der Fahrer handelt schuldhaft, wenn er anstatt des üblichen Glockenzeichens ein Warnungszeichen gibt, das den Fußgänger erschreckt, so daß dieser in der Verwirrung sich seitwärts bewegt und mit dem Rad zusammenstößt (RG. vom 6. 5. 1907, Recht **07** Nr. 1641).

3. Der Fahrer muß die Glockenzeichen rechtzeitig abgeben (siehe Anm. 3 zu § 9).

4. Der Radfahrer hat bei scheuenden Tieren die Glockenzeichen einzustellen. Er kann sie in solchem Falle auch ganz unterlassen (Müller 592, BayObLG. v. 19. 7. 1928, RevReg. 442/28). Voraussetzung einer Bestrafung ist, daß der Radfahrer bei der erforderlichen Aufmerksamkeit das Scheuwerden merken konnte.

5. Zwecklose Glockenzeichen liegen vor, wenn der Radfahrer andere Personen auf sich aufmerksam machen will, ohne daß vom Verkehrsstandpunkt aus ein Bedürfnis zur Abgabe von Glockenzeichen besteht (Herausklingeln von Bekannten).

Belästigend sind Glocken, die schrill klingen, oder Doppelglocken, die mißgestimmt sind.

6. Merken bedeutet, daß der Radfahrer das Scheuen erkannt hat und trotzdem nicht langsam fährt oder absteigt. Es sind also weitergehendere Anforderungen als in § 23 Abs. 2 StrVO. zu stellen (OLG. Hamburg vom 2. 4. 1928, DAutor. **28** 466; BayObLG. vom 25. 3. 1924, RevReg. 1, 87/24 und fortlaufend, Müller 595, Isaac 455, Oberländer-Bezold 543). Die Feststellung, daß der Führer mit der Möglichkeit des Scheuens rechnen mußte, genügt zur Bestrafung nicht (KG. vom 28. 8. 1908, SoergelJahrbSt. **09** 388).

7. Ein bloßes Unruhigwerden, z. B. Ohrenspitzen des Pferdes, ist noch kein Scheuen (BayObLG. vom 14. 6. 1921, RevReg. 1, 246/21).

8. Das Ingefahrbringen von Menschen oder Tieren setzt eine Gefahr für Leib oder Leben voraus, z. B. daß ein Mensch seitlich neben einem Fahrzeug steht und er im Augenblick nicht zurückweichen kann. Der Radfahrer hat dann

kein Recht, so nahe an ihm vorbeizufahren, daß er gestreift und verletzt wird. Das Bespritzen mit Straßenschmutz ist keine Gefährdung.

Für die Gefährdung von Menschen oder Tieren muß Vorsatz vorliegen (BayObLG. in ständiger Rechtsprechung). Der Fahrer muß sich bewußt geworden sein, daß sein Verhalten eine Schädigung von Menschen oder Tieren im Gefolge haben werde, wenngleich eine konkrete Vorstellung des tatsächlich eingetretenen Kausalverlaufs nicht notwendig ist (vgl. RG. vom 10. 7. 1928, JW. **28** 2324). Angesichts einer plötzlich auftretenden Gefahr, die den Führer selbst in Mitleidenschaft zieht, kann eine Einbuße der Fähigkeit klarer Überlegung und zweckgerechten Handelns vorliegen.

9. Geboten ist in den Fällen des § 23 Abs. 4 zunächst nur ein Langsamfahren. Das Absteigen ist nur in Ausnahmefällen erforderlich. Der Radfahrer kann jedoch, falls er sich sachwidrig verhalten hat — was vom Gericht festzustellen ist —, sich nicht darauf berufen, daß er das Absteigen nicht für erforderlich gehalten habe.

§ 24.

Fahrregeln usw.

Für den Radfahrverkehr gelten die Vorschriften der §§ 10 bis 16 sinngemäß.[1-4])

1. Folgende Fahrregeln hat der Radfahrer zu beachten:

a) **Er hat rechts zu fahren (§ 10 Abs. 1 StrVO.). Über das Recht der Benutzung von Banketten siehe Anm. 2 c zu § 25.**

b) **Er hat nach rechts in kurzer Wendung, nach links in weitem Bogen einzubiegen (§ 10 Abs. 2 StrVO.).**

c) **Er hat entgegenkommenden Wegebenutzern rechts auszuweichen oder, falls dies die Umstände oder die Örtlichkeit nicht gestatten, zu halten, bis der Weg frei ist. Schienenfahrzeugen darf er links ausweichen, wenn der Abstand zwischen dem Fahrzeug und dem Wegerand zum Durchfahren zu gering ist (§ 11 StrVO.).**

d) **Er hat, abgesehen von Straßenbahnen, links zu überholen (§ 12 StrVO.). Wenn er hierbei sein Verhalten nicht sach-**

gemäß einrichtet, sondern z. B. ohne Glockenzeichen zu dicht an einem Kraftfahrzeuge entlangfährt, kann er sich nicht auf ein fahrlässiges Verhalten des Kraftfahrers berufen, falls er einen Unfall erleidet (RG. vom 7. 3. 1927, VR. **27** 304). Dies ist besonders zivilrechtlich von Bedeutung.

e) Er hat die Regeln des Vorfahrtrechts zu beachten (§ 13 StrVO.) (siehe Anm. 8 e zu § 13).

f) Er hat den Fahrzeugen der Feuerwehr, Polizei usw. freie Bahn zu schaffen, Kranken- und Rettungswagen sowie in Tätigkeit befindlichen Spreng- und Kehrmaschinen Platz zu machen, darf Truppenkörper, geschlossene Verbände der Polizei, Leichenzüge und Prozessionen in ihrer Bewegung nicht hemmen und hat Schienengleise bei der Annäherung von Schienenfahrzeugen sofort zu räumen (§ 14 StrVO.)

g) Er hat Richtungszeichen zu geben (§ 15 StrVO.).

h) Er hat den Zeichen und Weisungen der Polizeibeamten nachzukommen und Lichtsignalzeichen zu beachten (§ 16 StrVO.).

2. Beim Überholen von Fußgängern — das nicht unter § 12 StrVO. fällt, da Fußgänger keine Wegebenutzer im Sinne der StrVO. sind — hat besondere Vorsicht obzuwalten. Beim Rechtsüberholen muß der Radfahrer seine Geschwindigkeit stark herabmindern, so daß er sein Rad sofort zum Stehen bringen kann. Er muß damit rechnen, daß Fußgänger, die hinter sich das Klingelzeichen eines Radfahrers hören, nach rechts ausweichen, um dem Radfahrer das Linksüberholen zu ermöglichen (RG. vom 8. 7. 1927, R. d. K. **28** 232).

3. Beim Überholen von Pferdefuhrwerken muß der Radfahrer — sonderlich wenn das Pferd nicht in der Gabeldeichsel geht — mit dem Ausbrechen nach links rechnen und das Vorbeifahren dementsprechend einrichten (vgl. LG. Liegnitz vom 25. 6. 1926, VR. **27** 352).

4. Über die Aufstellung von Fahrrädern beim Stillhalten oder Verlassen derselben verhält sich die StrVO. nicht. Jedoch ist der Fahrer verpflichtet, das Fahrrad so aufzustellen, daß es den Verkehr nicht behindert (vgl. Anm. 3 zu § 31).

c) Die Benutzung öffentlicher Wege.

§ 25.

Verbote und Beschränkungen der Benutzung von Wegen.

(1) Zum Radfahren[1]) sind die dafür eingerichteten besonderen Wege (Radfahrwege), soweit diese zur Aufnahme des Radfahrverkehrs ausreichen, andernfalls die für Fuhrwerke bestimmten Fahrwege zu benutzen.[2]) Außerhalb geschlossener Ortschaften[3]) darf mit Zweirädern auch auf den neben den Fahrwegen hinführenden, nicht erhöhten Banketten gefahren werden.[4]) Bei Benutzung der Banketten darf der Verkehr der Fußgänger nicht gestört werden. Die Banketten hat der Radfahrer bei Annäherung an Fußgänger rechtzeitig zu verlassen; sofern dies nicht möglich ist, hat er abzusteigen.[5])

(2) Die Polizeibehörden sind befugt, den Radfahrverkehr auf Wegen, die für Fuhrwerke nicht bestimmt sind, zuzulassen.

(3) Für Verbote und Beschränkungen[6]) des Radfahrverkehrs auf bestimmten Wegen oder Banketten gelten § 18 Abs. 2 und 3 sinngemäß.

1. Radfahren im Sinne des § 25 StrVO. liegt vor, wenn der Fahrer auf dem Rade sitzend fährt. Beim Führen des Rades mit der Hand würde der Radfahrer den Verkehr auf den Radfahrwegen hemmen.

2. Der Radfahrer hat das Recht der Benutzung folgender Straßenteile:

a) der Radfahrwege, d. h. der Wege, die der alleinigen Benutzung für Radfahrer dienen und dafür kenntlich gemacht sind;

b) der für Fuhrwerke bestimmten Fahrwege. Wenn jedoch ein Radfahrweg vorhanden ist und dieser zur Aufnahme des Radfahrverkehrs ausreicht, ist die Benutzung der Fahrwege verboten;

c) der Bankette. Unter Banketten sind im Gegensatz zu den Fußwegen (Anm. 3 b zu § 18) diejenigen Teile der Fahrbahn zu verstehen, die erkennbar unbefestigt sind und im allgemeinen der Lagerung von Straßenbaustoffen dienen. Eine besondere Erhöhung oder Einfassung ist nicht erforderlich (Müller 633; Oberländer-Bezold 72).

3. Der Begriff der geschlossenen Ortschaft ist weitergehend als der des geschlossenen Ortsteils im Sinne von §§ 8 und 10 StrVO. (siehe Anm. 8 zu § 8). Eine geschlossene Ortschaft liegt vor, wenn Baulichkeiten oder Häuser in nicht räumlich weit getrenntem Zusammenhang mit einer Ortschaft stehen. Zerstreute Ortsteile, die außerhalb der zusammenhängenden Bebauungsfläche liegen, gehören nicht dazu, selbst wenn sie innerhalb des Gemeindebezirks liegen. Geschlossene Ortschaft ist ein Rechtsbegriff (siehe Anm. 8 zu § 8).

4. Der Satz 2 des § 25 Abs. 1 StrVO. hat die Frage auftauchen lassen, ob der Radfahrer, falls an jeder Straßenseite ein Bankett läuft, beide oder nur das auf der rechten Seite seiner Fahrtrichtung gelegene Bankett benutzen darf. Die preußischen höheren Verwaltungsbehörden waren hier geteilter Meinung. Die Mehrzahl ließ den beiderseitigen Verkehr zu. Eine Reihe von Regierungspräsidenten und der Oberpräsident von Niederschlesien hielt nur das Befahren des rechtsseitigen Banketts für erlaubt. Der preußische RdErl. vom 2. 2. 1928 (MBliV. 165) erklärte, daß das beiderseitige Befahren der Bankette zulässig sein müsse.

Auch die Rechtsprechung ist nicht einheitlich. Das LG. Görlitz — 1 D 3/17 — stellt sich auf den Standpunkt, daß nur das rechtsseitige Befahren gestattet sei, während das BayObLG. (vom 10. 3. 1927, DRZ. 27 Nr. 431) die entgegengesetzte Auffassung vertritt. Zweck der Erlaubnis zur Benutzung der Bankette durch Radfahrer sei gewesen, einerseits den Verkehr auf den für Fuhrwerke bestimmten Fahrwegen zu entlasten, besonders den durch Maschinenkraft bewegten rascher fahrenden Fahrzeugen die Rücksichtnahme auf Radfahrer zu erleichtern, anderseits dem Radfahrer wünschenswerte Sicherheit vor anderen Fahrzeugen zu gewährleisten. Dieser Zweck werde nicht erreicht, wenn dem Radfahrer nur die Benutzung des rechts neben dem Fahrweg hinführenden Banketts gestattet wäre. Auch da, wo zwei Bankette neben dem Fahrweg vorhanden seien, sei die alleinige Benutzung des rechtsseitigen nicht geboten. Das KG. (vom 16. 2. 1928 — 3 S 535/27 —) hat sich den gleichen Standpunkt zu eigen gemacht. Wenn das KG. ihn damit begründet, daß das Bankett ein besonderer Teil des Fahrweges und damit ein selbständiger Weg sei, auf den sich die Vorschrift des Rechtsfahrens nicht beziehe, so übersieht es, daß der Verordnungsgeber in § 1 Abs. 2 StrVO. nur den Sommerweg als selbständigen Weg bezeichnet hat, dagegen dort die Bankette nicht erwähnt. Das beiderseitige Befahren der Bankette muß daher als unzulässig angesehen werden, zumal in dem beiderseitigen Befahren der Bankette bei Nacht eine große Gefährdung der Kraftfahrzeuge und sonstiger Wegebenutzer liegt (Volkmann 42).

5. Der Radfahrer darf, wie sich aus § 25 Abs. 1 Satz 4 ergibt, auf einem Bankett auch dann nicht an Fußgängern vorbeifahren, wenn dieses genügend breit ist, um vorbeizukommen.

6. Über Verkehrsverbote und Verkehrsbeschränkungen siehe Anm. 4 bis 11 zu § 18. Die Feststellung, daß der Weg durch die Polizeiverwaltung gesperrt war, genügt zur Bestrafung eines Radfahrers, der auf einem verbotenen Wege fährt, nicht. Die Polizeiverordnung oder polizeiliche Anordnung muß gehörig veröffentlicht werden. Die Art der Veröffentlichung von ortspolizeilichen Verordnungen ist durch Erlaß der zuständigen Regierungspräsidenten genau vorgeschrieben, während für ortspolizeiliche Anordnungen die ortsübliche Bekanntmachung durch Abdruck in einer Zeitung oder durch Aushang an der für amtliche Verkündungen bestimmten Stelle genügt. Die Verkündung des Verbots durch die Warnungstafel ist nicht ausreichend (KG. vom 4. 11. 1927, MBliV. 27 1139).

§ 26.

Wettfahrten.

Das Wettfahren[1]) und die Veranstaltung von Wettfahrten[2]) auf öffentlichen Wegen sind verboten. Aus-

nahmen bedürfen der Genehmigung der zuständigen Polizeibehörde, die im einzelnen Falle die besonderen Bedingungen festsetzt.[3])

1. Ein Wettfahren liegt vor, wenn mindestens zwei Fahrzeuge auf gleicher Straße im Kampf um ein bestimmtes Ziel fahren und dabei eine möglichst hohe Geschwindigkeit zu entfalten versuchen (RG. vom 13. 11. 1913, DJZ. 14 444).

2. Während ein Wettfahren meist spontan für eine kurze Zeit zwischen wenigen Radfahrern erfolgt, ist die Veranstaltung einer Wettfahrt die planmäßige Vorbereitung und Durchführung eines Unternehmens, zu dem eine größere Anzahl von Fahrern aufgefordert werden. Daß bereits die Vorbereitung unter den Begriff der Veranstaltung fällt (Galli 883; Müller 663), muß als zu weitgehend abgelehnt werden. Sprachlich ist es durchaus zweifelhaft, ob Veranstalten „Vorbereiten" oder „Durchführen" bedeutet. Aber gerade die Wortfolge Wettfahrten und Veranstaltung von Wettfahrten, also des Wettstreites im kleinen, an denen der Urheber des Gedankens meist teilnimmt, und der Wettfahrt im großen, deren Veranlasser gewöhnlich nicht an der Fahrt aktiv beteiligt ist, deutet darauf hin, daß nur bei tatsächlichem Wettfahren und stattfindenden Wettfahrten eine Genehmigung notwendig ist. Eine Ausschreibung und sonstige Vorbereitungen ohne Einholung der polizeilichen Genehmigung machen daher dann nicht strafbar, wenn die Wettfahrt unterbleibt, z. B. wegen schlechten Wetters abgesagt wird.

Nicht unter Wettfahrten fallen solche Veranstaltungen, bei denen die Zuverlässigkeit des Materials oder die Ausdauer bezw. die Geschicklichkeit der Fahrer geprüft wird, ohne daß es hierbei auf die Schnelligkeit ankommt.

3. Die Vorschrift des § 26 StrVO. unterfällt der dem Verwaltungsrecht bekannten Rechtsfigur der Polizeierlaubnis. Die Abhaltung von Wettfahrten ist grundsätzlich verboten. Der Polizei ist die Erteilung von Ausnahmen vorbehalten. Sie kann die Erlaubnis von der Erfüllung bestimmter Voraussetzungen abhängig machen (Polizeiauflage). Die Versagung der Polizei-

erlaubnis kennzeichnet sich als polizeiliche Verfügung (OVG. **9** 402, **12** 365, **32** 408). Sie ist mit den üblichen landesrechtlichen Rechtsmitteln, so in Preußen gemäß §§ 127 ff. LVG., anfechtbar (a. A. Müller 663).

Für die Genehmigung von Wettfahrten sind in Preußen besondere Richtlinien durch Runderlasse gegeben (siehe Anhang 6 c u. d).

d) Ausnahmen.

§ 27.

Dienstlicher Radfahrverkehr der Beamten.

Ob und inwieweit Ausnahmen[1]) von den gemäß § 25 eingegangenen Vorschriften für den dienstlichen[2]) Radfahrverkehr der Beamten[3]) zugelassen sind, bestimmt die oberste Landesbehörde.

1. Die Ausnahmen des § 27 erstrecken sich nicht auf die Beschaffenheit der Räder, die Pflichten des Fahrers und die Fahrregeln. Diesen sind auch die Beamten im Dienst unterworfen. Der Ausnahmenkreis ist daher sehr begrenzt. Die oberste Landesbehörde kann anordnen, daß Beamte im Dienst auch dort, wo ausreichende Radfahrwege vorhanden sind, Fahrwege benutzen dürfen, sie kann ihnen für Radfahrverkehr gesperrte Wege freigeben usw.

2. Im Dienst ist der Beamte, wenn er die ihm obliegenden amtlichen Funktionen vornimmt, z. B. Polizei- und Landjägereibeamte bei Polizeistreifen. Die Benutzung eines Rades für den Weg zur Arbeitsstätte gewährt kein Ausnahmerecht.

3. Welche Beamten in Frage stehen, ist nicht zum Ausdruck gebracht. Neben den Organen der Polizei dürften auch die der Post (Briefträger zu Rade), der Gerichte (Gerichtsvollzieher), Steuer- und Zollbeamte in Betracht kommen. In den Grundzügen betreffend den Radfahrverkehr § 16 (siehe Anhang 5) waren besonders die Beamten der Post- und Telegraphenverwaltung hervorgehoben.

D. Reitverkehr.

§ 28.

Pflichten des Reiters; Benutzung öffentlicher Wege.

(1) Reiter[1]) sind zur gehörigen Rücksichtnahme auf den übrigen Verkehr[2]) verpflichtet.[3]) Die Vorschriften der §§ 8 bis 16 gelten für sie sinngemäß.[4])

(2) Es ist verboten, mehr als vier Handpferde mitzuführen.[5])

(3) Zum Reiten[6]) sind die dafür eingerichteten besonderen Wege (Reitwege), soweit diese zur Aufnahme des Reitverkehrs ausreichen, andernfalls die für Fuhrwerke bestimmten Fahrwege zu benutzen. Für Verbote und Beschränkungen des Reitverkehrs auf bestimmten Wegen gelten § 18 Abs. 2 und 3 sinngemäß.[7])

1. Über den Begriff Reiter siehe Anm. 7 c zu § 1.

2. Das Gebot der Rücksichtnahme auf den übrigen Verkehr ist das Gegenstück zu der Verpflichtung der Kraftfahrer (§ 20 KVO.) und Radfahrer (§ 23 Abs. 4 StrVO.), beim Scheuen von Tieren anzuhalten und die Maschine außer Tätigkeit zu setzen bezw. vom Rade abzusteigen. Wenn daher der Reiter merkt, daß sein Tier scheuen will, hat auch er das Seine dazu beizutragen, daß andere Wegebenutzer nicht beeinträchtigt werden. So ist er verpflichtet, wenn ein Sommerweg vorhanden ist, auf diesen einzulenken, falls ein Kraftfahrzeug oder Fahrrad entgegenkommt und das Tier daran noch nicht gewöhnt ist. Er muß gegebenenfalls absteigen und sein Tier am Kopfe halten, ja unter Umständen bei besonders scheuen Pferden Scheuklappen anbringen. Er hat dafür zu sorgen, daß das Tier nicht derartig mit Lasten (z. B. querliegenden Stäben) bepackt ist, daß dadurch andere Wegebenutzer gefährdet werden.

3. § 28 Abs. 1 StrVO. kann nicht als blankettausfüllende Norm angesehen werden, da der Tatbestand nicht genügend fest umrissen ist (vgl. Anm. 1 zu § 7).

Es ist damit nur zum Ausdruck gebracht, daß der Reiter die mit Rücksicht auf den Straßenverkehr zu verlangende besondere Sorgfalt zu wahren hat.

4. Der Reiter ist nach § 28 Abs. 1 Satz 2 verpflichtet, bei seinem Reittempo dieselben Vorschriften zu beobachten, denen der Fuhrwerkslenker gemäß § 8 unterliegt. Er muß Warnungszeichen durch Zurufe geben, wenn sich Personen in gefährlicher Nähe des Tieres befinden (§ 9). Er muß rechts reiten (§ 10) und rechts ausweichen (§ 11), links überholen (§ 12), das Vorfahrtrecht achten (§ 13), den in § 14 aufgezählten Fahrzeugen und Personen Platz machen, hat Richtungszeichen zu geben (§ 15) und den Weisungen der Polizeibeamten zu folgen (§ 16).

Die Aufstellung von Tieren ist nicht erwähnt. Hierfür gelten die Vorschriften des § 31 Abs. 1 StrVO.

5. Von einem verbotenen Mitführen von mehr als vier Handpferden kann nur die Rede sein, wenn der Reiter auf dem Sattelpferde sitzt. Geht der Führer neben dem Sattelpferde, so richtet sich die Frage, ob er sich strafbar macht, nach § 30 StrVO.

6. Ein Reiten im Sinne von § 28 Abs. 3 liegt vor, wenn der Reiter auf dem Tiere sitzend sich fortbewegt und dieses nicht gleichzeitig zum Ziehen benutzt wird. Wenn ein Pferd, auf dem der Führer reitet, einen Baumstamm schleppt oder, nachdem es vom Wagen abgespannt ist, das Ortscheit hinter sich herzieht, so handelt es sich nicht um Benutzung des Pferdes als Reittier. Das gleiche gilt, wenn beim Skijöring Personen nachgezogen werden. Hierbei handelt es sich weder um Fuhrwerks- noch um echten Reitverkehr, sondern um eine besondere Form der Wegebenutzung, die in der StrVO. nicht geregelt ist. In solchen Fällen gilt daher nicht die Vorschrift der Benutzung von Reitwegen, soweit diese vorhanden sind und zur Aufnahme des Reitverkehrs ausreichen.

7. Über Verkehrsverbote und Verkehrsbeschränkungen siehe Anm. 4 bis 11 zu § 18.

E. Fußgängerverkehr.[1])

§ 29.

Pflichten der Fußgänger; Benutzung öffentlicher Wege.

(1) Fußgänger[2]) haben in der Regel[3]) die besonderen für die Fußgänger eingerichteten Wege (Bürgersteige usw.) zu benutzen. Die Benutzung von Reit- und Radfahrwegen,[4]) die nicht ausdrücklich durch die Polizeibehörde für den Fußgängerverkehr freigegeben sind, ist verboten.[5])

(2) Bei der Benutzung des Fahrweges ist die erforderliche Rücksicht auf den übrigen Verkehr zu nehmen.

(2) Bei der Benutzung des Fahrweges ist die erforderliche Rücksicht auf den übrigen Verkehr zu nehmen.[6]) Den Weisungen und Zeichen der Polizeibeamten ist Folge zu leisten.[7])

(3) Wer auf die Straßenbahn wartet, hat dazu den Fußweg[8]) oder die Schutzinsel zu benutzen.

(4) Auf Fahrzeuge[9]) während der Fahrt unbefugt aufzuspringen oder von ihnen abzuspringen oder sich daran anzuhalten, ist untersagt.[10])

(5) Für Verbote und Beschränkungen des Fußgängerverkehrs[11]) auf bestimmten Wegen gelten § 18 Abs. 2 und 3 sinngemäß.

1. Vor Einführung der StrVO. bestanden für Fußgänger keine besonderen Verkehrsgebote. Nur die Berliner Verkehrsordnung und vereinzelte Großstadtpolizeiverordnungen enthielten kurze Bestimmungen, die sich auf Fußgänger bezogen. Im allgemeinen stand der Fußgänger außerhalb der Verkehrsgebote, wie er ja auch heute noch begrifflich kein Wegebenutzer ist. Je mehr jedoch der Verkehr zunimmt, um so dringlicher wird es notwendig, den Fußgänger als Glied dem Verkehr einzubeziehen. Auf diesem Wege bedeutet die Regelung des § 29 den ersten Schritt. Wie zaghaft hier der Verordnungsgeber vorgegangen ist

ergibt die vorsichtige und zugunsten des Fußgängers dehnbare Fassung des § 29, die nur einen geringen Ausschnitt von Tatbeständen regelt. So ist es nur in ganz vereinzelten Fällen möglich, gegen Fußgänger, die sich verkehrswidrig verhalten, vorzugehen.

2. Fußgänger im Sinne des § 29 sind solche Personen, die sich zu Fuß bewegen, ohne gleichzeitig in Verbindung mit Tieren oder Sachen eine ziehende oder schiebende Tätigkeit auszuüben. So ist eine Person, die einen Handwagen zieht oder einen Schubkarren schiebt, kein Fußgänger. Sie hat das Recht, meist sogar die Pflicht, den Fahrdamm zu benutzen. Einen Fuhrwerkslenker, der neben seinem Fuhrwerk hergeht, kann man nicht als Fußgänger betrachten. Für ihn gelten auch in dem Falle die Sonderpflichten der §§ 2 bis 18 StrVO. Ähnliches gilt für den Radfahrer, wenn er sein Fahrrad schiebt (vgl. Anm. 7 zu § 21), für den Reiter, wenn er sein Pferd führt (vgl. Anm. 5 zu § 30), den Fuhrmann, der mit abgesträngten Pferden nach Hause geht. Zweifelsfälle stellen das Schieben von Kinderwagen und Rollstühlen dar, da hier sich vorwiegend die Sitte gebildet hat, sie auf Fußwegen zu benutzen.

3. Während Radfahrer und Reiter die für sie eingerichteten besonderen Wege zu benutzen haben und nur soweit diese zur Aufnahme des Verkehrs nicht ausreichen, die für Fuhrwerke bestimmten Fahrwege benutzen dürfen, gilt für den Fußgänger das gleiche Gebot nur „in der Regel". Wann Ausnahmen zulässig sind, ist nicht gesagt. Selbstverständlich ist es beim Überqueren der Straße, da dieses Recht vom Gemeingebrauch mit umschlossen wird. Fraglich erscheint es, ob starker Fußgängerverkehr auf dem Bürgersteig zur Benutzung der Fahrbahn berechtigt. Doch ist der vom Verordnungsgeber in §§ 25 und 28 StrVO. ausgesprochene Gedanke, daß, soweit die Sonderwege zur Aufnahme des Verkehrs nicht ausreichen, die ordentliche Straße zur Benutzung freisteht, auch auf Fußgänger anzuwenden. Freilich wird man hierbei abstufen müssen: was in einer Kleinstadtstraße mit schwachem Fahrzeugverkehr auf den Fahrdamm erlaubt sein kann, mag sich in einer verkehrsbelebten Großstadtstraße als unzulässige Abweichung von der Regel darstellen.

4. Verboten ist für Fußgänger:

a) die Benutzung von Reit- und Radfahrwegen, falls sie nicht ausdrücklich polizeilich dem Fußgängerverkehr freigegeben sind. Zur Bestrafung ist jedoch nötig, daß der Fußgänger das Vorhandensein eines ausschließlichen Reit- oder Radfahrweges aus der Natur des Weges oder einer besonderen Kenntlichmachung durch Tafeln entnehmen konnte;

b) die Benutzung derjenigen Fußwege, die nicht dem Gemeingebrauch unterliegen, z. B. Privatwege, Fußpfade an Bahndämmen;

c) die Benutzung von Fahrstraßen, die durch Polizeiverordnung nur für den Fahrverkehr bestimmt sind. So bestimmt die Berliner Verkehrsordnung vom 15. 1. 1929 in § 47, daß das Überschreiten der Fahrbahn in Verkehrsstraßen erster Ordnung nur auf den Schutzwegen erfolgen darf.

5. § 29 Abs. 1 Satz 1 und Abs. 2 Satz 1 lassen ebenso wie die §§ 7, 8, 21 und 28 die Frage entstehen, ob eine blankettausfüllende Norm vorliegt oder nicht (vgl. Anm. 1 zu § 7). Man wird auch hier das Vorliegen eines hinreichend fest umrissenen Tatbestandes verneinen müssen. Die „erforderliche Rücksicht" des § 29 bedeutet das gleiche wie die „gehörige Vorsicht" der §§ 7 und 21 und die „gehörige Rücksichtnahme" des § 28. Die Worte „gehörig" und „erforderlich", „Vorsicht" und „Rücksicht" sind synonym.

Das KG. (vom 2. 3. 1926, DJZ. 26 1044) hat eine Polizeiverordnung, wonach die Fußgänger auf gewissen Straßen „im durchgehenden Verkehr" nur die rechte Straßenseite benutzen dürfen, für ungültig erklärt, da sie der erforderlichen Bestimmtheit ermangele.

6. Das dem Fußgänger auferlegte Gebot, dem Verkehr Rechnung zu tragen, bildet das Gegenstück zu der Verpflichtung der Kraftfahrer, Fuhrwerkslenker und Radfahrer, auf den Fußgänger Rücksicht zu nehmen. Hier wird man deswegen nicht zu geringe Anforderungen stellen dürfen, weil der Fußgänger nicht zu den Wegebenutzern im Sinne des § 1 StrVO. zählt und er daher den allgemeinen Verhaltensregeln der §§ 10 bis 17 nicht unterliegt (siehe Anm. 7 l zu § 1). Wäre damit dem Fußgänger

ein Freibrief für seine Straßendisziplin gegeben, so würde das System der bestehenden Ordnung aus den Angeln gehoben werden. Aus dem Grunde ist auch vom Fußgänger ein gehöriges Maß von Zucht zu verlangen. Im einzelnen umschließt dies folgendes:

a) Der Fußgänger hat dort, wo keine Bürgersteige vorhanden sind, nach Möglichkeit rechts zu gehen. Soweit er die linke Straßenseite einhält, was vielfach geschieht, um entgegenkommende Fahrzeuge besser sehen zu können und nicht der Gefahr ausgesetzt zu sein, durch von rückwärts kommende Fahrzeuge angefahren zu werden (OLG. Düsseldorf vom 7. 2. 1927, R. d. K. 27 112), muß er, soweit tunlich, den linken Straßenrand einhalten.

b) Das Ausweichen hat in der Regel nach der äußeren Straßenseite zu erfolgen, d. h. wenn der Fußgänger rechts geht, nach rechts, wenn er links geht, nach links.

c) Wenn dem Fußgänger kundgegeben ist, daß ihn ein Fahrzeug auf offener Straße überholen will, so muß er, falls er auf der rechten Straßenseite geht, rechts halten, um so dem Fahrzeug Gelegenheit zum Vorbeifahren zu geben. Wohl kann es Fälle geben, wo der Fußgänger, der auf der Mitte der Straße geht, nach links auszuweichen berechtigt ist, um dem Fuhrwerk Gelegenheit zum Überholen an der rechten Seite zu geben (vgl. OLG. Darmstadt vom 11. 4. 1928, DAutor. 28 228). Im allgemeinen muß aber auch der Fußgänger den Fahrregeln Rechnung tragen.

d) Gegenüber den Fahrzeugen der Polizei und Feuerwehr, Kranken- und Rettungswagen usw. hat der Fußgänger die gleichen Pflichten wie sämtliche Wegebenutzer: er hat ihnen bereits bei ihrer Annäherung freie Bahn zu schaffen.

e) Bevor der Fahrer vom Bürgersteig auf die Fahrbahn heruntertritt, hat es sich davon zu überzeugen, daß nicht Fahrzeuge herannahen (RG. vom 29. 4. 1926, LZ. 26 1011; OLG. Hamburg vom 23. 6. 1927, DAutor. 27 Nr. 14, 4).

f) Das plötzliche Hervortreten auf die Fahrbahn hinter haltenden Fahrzeugen ist fahrlässig (SchöffGer. Harburg vom 25. 3. 1927, R. d. K. 27 127).

g) In Bayern bestimmt § 29 Abs. 1 Satz 2 ausdrücklich, daß Fußgänger auf Fahrwegen den Fuhrwerken und Kraftfahrzeugen aus dem Wege zu gehen haben. Derartige Bestimmungen finden sich auch in Frankreich, Belgien und Österreich (§ 18 Straßenpolizeiverordnung, siehe Anhang 7).

7. Über das Weisungsrecht der Polizeibeamten siehe Anm. 1 zu § 16.

8. Fußweg ist in Städten der Bürgersteig. Auf freier Landstraße kommt es darauf an, ob ein erkennbarer Gehweg vorhanden ist.

9. Das Wort Fahrzeuge umschließt sämtliche Arten von Beförderungsmitteln, so Straßenbahnen, Kraftfahrzeuge, Fahrräder.

10. Über die Gültigkeit der Vorschrift des § 29 Abs. 4 können Zweifel entstehen. Ihrer Fassung nach ist sie rein zum Schutze der Einzelperson vor eigener Unbesonnenheit gegeben. Von diesem Gesichtspunkt aus aber kann sie nicht als rechtsverbindlich angesehen werden. Denn die Polizei hat nicht den einzelnen vor sich selbst zu schützen. Das KG. hält das Einschreiten im Verordnungswege dann für zulässig, wenn das böse Beispiel Nachahmung von seiten anderer finden kann und damit die öffentliche Ordnung gefährdet wird. So hat es eine Polizeiverordnung für gültig erklärt, durch die das Schwimmen über eine abgesteckte Stelle im Fluß hinaus verboten ist (KG. vom 29. 9. 1913, DJZ. **14** 309). Aber auch diese Ansicht muß als zu weitgehend abgelehnt werden. Mit dem gleichen Recht könnte sonst auch die Besteigung gefährlicher Bergstellen oder gar der Selbstmordversuch verboten werden, da dies zur Nachahmung reizt und damit die öffentliche Ordnung gefährdet wird. Die Vorschrift des § 29 Abs. 4 läßt sich nur aus dem Gesichtspunkt rechtfertigen, daß durch das Abspringen von Fahrzeugen vorbeifahrende Fahrzeuge oder sonstige Wegebenutzer gefährdet werden können. Da hier in der Tat eine naheliegende Gefahr besteht, muß das Verbot, trotzdem es auf diesen Umstand nicht Bezug nimmt, als rechtswirksam erachtet werden.

11. Über Verkehrsverbote und Verkehrsbeschränkungen siehe Anm. 4 bis 11 zu § 18.

F. Treiben und Führen von Tieren.

§ 30.

Pflichten der Führer und Treiber von Tieren.

(1) Tiere[1]) müssen so getrieben[2]) werden, daß der übrige Verkehr möglichst wenig behindert[3]) wird;[4]) sie dürfen nur auf Fahrwegen[5]) getrieben werden und müssen von einer angemessenen Zahl geeigneter Treiber[6]) begleitet sein.[7])

(2) Für das Führen[8]) von Tieren (ausgenommen Hunde)[9]) gelten die Vorschriften der §§ 8 bis 16 sinngemäß. Zum Führen sind die Fahrwege, zum Führen von Reittieren[10]) die Fahr- oder Reitwege zu benutzen.

(3) Für Verbote und Beschränkungen[11]) des Treibens und Führens von Tieren auf bestimmten Wegen gelten § 18 Abs. 2 und 3 sinngemäß.

1. Tiere im Sinne des § 30 Abs. 1 sind Rinder, Schafe, Schweine, Enten, Gänse usw., nicht dagegen Hundemeuten, da man hier nicht von einem Treiben sprechen kann.

2. Ein Treiben von Tieren liegt vor, wenn Tiere in größerer Anzahl (meist eine Herde) von Personen ohne feste Verbindung vorwärts gedrängt werden. Das Treiben erfordert den Vorsatz, die Tiere nach einem Ziele hinzulenken. Ein Treiben liegt nicht mehr vor, wenn die Tiere sich der Lenkung entzogen haben (KG. vom 16. 2. 1914, DJZ. 14 701).

3. Der Verkehr muß tatsächlich behindert werden. Die bloße Möglichkeit einer Behinderung genügt nicht (siehe Anm. 2 zu § 17, Anm. 1 a zu § 31).

4. § 30 Abs. 1 Halbsatz 1 bildet keinen blankettfüllenden Tatbestand, da der Begriff „den Verkehr möglichst wenig behindern“ nicht genügend fest umrissen ist.

5. Über den Begriff Fahrweg siehe Anm. 9 zu § 1. Das Treiben ist demnach nicht nur auf Bürgersteigen und Banketten, sondern auch auf Radfahr- und Reitwegen verboten.

6. Strafrechtlich verantwortlich für das Vorhandensein der Treiber ist in erster Linie der Eigentümer bezw. Halter der Tiere. Dieser hat dafür zu sorgen, daß die Treiber in angemessener Zahl vorhanden sind und daß es geeignete Personen sind. Ob Kinder geeignet sind, richtet sich nach der Art der Tiere, der Körperbeschaffenheit und geistigen Einsicht des Kindes.

Auch der Treiber macht sich verantwortlich, wenn er, trotzdem er weiß, daß er der Tiere allein nicht Herr werden kann, das Treiben vornimmt.

7. Das Weiden von Tieren auf Chausseeböschungen ist in Preußen nach Ziff. 12 der zusätzlichen Vorschriften zum Chausseegeldtarif vom 29. 2. 1840 (GS. S. 94) strafbar. Diese Vorschrift ist durch das Feld- und Forstpolizeigesetz nicht beseitigt (KG. vom 19. 3. 1926, DJZ. 26 1045).

8. Unter Führen muß im Gegensatz zum Treiben die Leitung mit der Hand oder durch Verbindungsmittel (Zügel, Stricke) verstanden werden. Daß der Führer vorübergehend das Tier losläßt, indem er zugriffsbereit nebenher geht und es mit der Stimme lenkt, ändert an dem Vorliegen des Führens nichts. Der Führer ist hierbei nicht Fußgänger, sondern Wegebenutzer im Sinne des § 1 Abs. 1 Nr. 5 StrVO., der den Disziplinregeln über den Fuhrwerksverkehr (§§ 8 bis 16) unterliegt. Das Führen ist nicht damit beendet, daß das Tier zum Stehen kommt, sondern erst dann, wenn der Führer das Tier sich selbst überläßt. Wieweit sich der Führer in solchen Fällen strafbar macht, ergibt sich aus § 366 Nr. 5 StGB. (siehe Anm. 3 e zu § 34).

9. Hunde sind keine Wegebenutzer (siehe Anm. 7 zu § 1). Über das Führen von Hunden mit oder ohne Leine sind keine Bestimmungen gegeben. Auch das StGB. enthält, abgesehen von der Vorschrift, daß Hunde nicht auf Menschen gehetzt werden dürfen (§ 366 Nr. 6 StGB.), keine Gebote über die Führung von Hunden. Der Halter eines Hundes macht sich daher, wenn dieser infolge schlechter Beaufsichtigung oder Führung Schaden anrichtet, nur zivilrechtlich haftbar. Vereinzelt finden sich in örtlichen Polizeiverordnungen Sonderbestimmungen, so z. B. daß Hunde zur Nachtzeit nicht frei herumlaufen sollen, daß läufige

Hündinnen nicht frei herumlaufen oder über die Straße geführt werden dürfen.

10. Ob es sich um ein Reittier handelt, ist nach der Tiergattung und der Art der Benutzung des Tieres zu entscheiden. Ein Ackergaul, der gelegentlich von der Arbeitsstätte nach Hause geführt wird, ist kein Reittier.

11. Über Verkehrsverbote und Verkehrsbeschränkungen siehe Anm. 4 bis 11 zu § 18.

G. Sonstiger Schutz des Verkehrs.

§ 31.

Verkehrshindernisse auf öffentlichen Wegen.[1] [2]

(1) Gegenstände,[3] durch welche der freie Verkehr behindert oder die Sicherheit und Leichtigkeit des Verkehrs beeinträchtigt wird, auf öffentlichen Wegen aufzustellen,[4] hinzulegen, hinzuwerfen oder liegen zu lassen,[5-8] ist Unbefugten[9] verboten. Ausnahmen bedürfen polizeilicher Erlaubnis.[10]

(2) Die Führer von Fuhrwerken[11] haben Steine oder andere Bremsmittel, die sie zum Anhalten unter die Räder gelegt haben, beim Weiterfahren unverzüglich von dem Wege zu entfernen.[12]

(3) Ist die Ladung[13] eines Fuhrwerks ganz oder teilweise auf einen öffentlichen Weg gefallen, so hat der Führer sie umgehend von diesem Wege zu entfernen. Ist dies nicht möglich, so hat der Führer alle Maßnahmen zu treffen,[14] um Unfälle und Verkehrsstörungen zu vermeiden.[15]

1. § 31 StrVO. ist fast wörtlich gleichlautend mit § 366 Nr. 9 StGB. Ein Unterschied liegt lediglich darin, daß § 31 StrVO. nicht nur die Hinderung des freien Verkehrs, sondern auch die Beeinträchtigung der Sicherheit und Leichtigkeit des Verkehrs

bestraft. Eine Abgrenzung dieser Schattierungen ist nicht leicht, doch muß der Verordnungsgeber eine bestimmte Absicht dabei gehabt haben.

a) Eine Behinderung des freien Verkehrs liegt vor, wenn der Verkehr durch die Aufstellung tatsächlich gehemmt worden ist. Die bloße Möglichkeit einer Behinderung genügt nicht (siehe Anm. 2 zu § 17). Denn der Begriff des Verkehrs ist nicht abstrakt auszulegen, sondern konkret in bezug auf daherkommende Wegebenutzer (a. A. Frank § 366 IX).

b) Eine Beeinträchtigung der Sicherheit und Leichtigkeit des Verkehrs liegt jedoch schon vor, wenn der Verkehr in seinem Fluß auch nur Unbequemlichkeiten erleidet. So würde durch Qualmentwicklung einer Lokomobile, die die Straße in weiße Rauchschwaden einhüllt, der Verkehr unter Umständen nicht behindert, wohl aber in seiner Leichtigkeit beeinträchtigt werden, indem sich Kraftfahrzeugführer, Fuhrwerkslenker oder Radfahrer vorsichtig vorfühlen müssen. Das gleiche kann gelten, wenn etwa Kohlen so am Straßenrand gelagert werden, daß die Fahrzeuge gezwungen sind, einen leichten Bogen zu fahren, obwohl sie auch dann noch die rechte Seite der Fahrbahn einzuhalten in der Lage sind. Dadurch braucht der freie Verkehr nicht notwendig behindert zu werden, jedoch würde die Leichtigkeit des Verkehrs beeinträchtigt sein. Immerhin sind die Grenzen flüssig, so daß tatsächlich selten Fälle eintreten werden, wo man nicht, ohne den Begriffen Zwang anzutun, die Beeinträchtigung zugleich als Behinderung ansprechen kann.

2. Soweit eine Behinderung des Verkehrs vorliegt, wird § 31 StrVO. durch die reichsrechtliche Sondervorschrift des § 366 Nr. 9 ersetzt (siehe Anm. 3 f zu § 34).

3. Gegenstände im Sinne des § 31 StrVO. sind nur bewegliche Sachen, nicht dagegen solche, die mit dem Grund und Boden fest verbunden sind (RG. **47** 328).

Unter § 31 fällt auch die Aufstellung von Kraftfahrzeugen, Fuhrwerken und Fahrrädern (Frank § 366 IX; LeipzKomm. § 366 IX, 7; Olshausen § 366 Anm. 9 b; BayObLG. vom 7. 2. 1901, E. **1** 288; vom 2. 4. 1902, E. **3** 320; KG. vom

27. 10. 1913, GoltdArch. **63** 353; vom 17. 4. 1925, GoltdArch. **70** 18). Für Tiere muß das gleiche gelten, da sie ebenfalls bewegliche Sachen sind, wenngleich man hier von einem Aufstellen schwerlich reden kann. Die verkehrshindernde Aufstellung von Fuhrwerken wird im allgemeinen von § 17 StrVO. erfaßt, dagegen ist über die verkehrshindernde Aufstellung von Fahrrädern und Tieren nichts vorgeschrieben (siehe Anm. 4 zu § 24, Anm. 4 zu § 28). Hier findet § 31 StrVO. bezw. § 366 Nr. 9 StGB. Anwendung.

4. Ein Aufstellen im Sinne des § 31 StrVO. liegt auch vor, wenn der Gegenstand nicht selbst auf den Straßenkörper gestellt wird, sondern, wie etwa ein Langholz, von einem privaten Grundstück aus in die Straße hineinragt.

5. Das Aufstellen usw. muß für mehr als einen vorübergehenden kurzen Zweck erfolgen (siehe Anm. 1 zu § 17). So würde das vorübergehende Abstellen einer schweren Kiste oder eines Bierfasses durch einen Rollfuhrmann sich dann nicht als Aufstellen im Sinne des § 31 Abs. 1 StrVO. kennzeichnen, wenn die Kiste oder das Faß bald darauf von der Straße zu seinem Bestimmungsort getragen wird.

6. Das Aufstellen usw. eines Gegenstandes muß objektiv rechtswidrig sein. Nicht jedes Aufstellen erfüllt diese Voraussetzung; sonst würde ein Fahrer, der sein Fahrzeug vorübergehend (etwa um in einer Wirtschaft sein Mahl einzunehmen) an der Bordschwelle vor einem Haus auf offener Landstraße aufstellt und dadurch die in gleicher Richtung kommenden Fahrzeuge zwingt, das Fahrzeug zu umfahren, sich strafbar machen. Da die Straße dem Verkehr dient und dieser auch ein kurzes Halten umschließt, so kann ein Aufstellen, wenn es den polizeilichen Vorschriften entspricht, nicht strafbar sein (vgl. KG. vom 18. 10. 1927, R. d. K. **28** 214). Was im einzelnen als rechtswidrig anzusehen ist, richtet sich nach den Umständen des Falles, insbesondere den Verkehrsgebräuchen. So kann ein Aufstellen in einer engen Gasse oder einer Straße mit starkem Verkehr rechtswidrig sein, während es auf offener Landstraße nicht ohne weiteres einen Verstoß darzustellen braucht. Ein sorgfältiges Aufstellen

zur Vornahme einer notwendigen Reparatur (Ausbesserung eines gerissenen Stranges bei Fuhrwerken, Auswechseln eines Reifens bei Kraftfahrzeugen) wird im allgemeinen nicht als rechtswidrig anzusehen sein, während das Aufstellen zur Reinigung eines Fahrzeuges auf der Straße nicht gerechtfertigt ist (RG. 1 S 919/27, DMSpZtg. vom 11. 2. 1928).

7. Das Aufstellen usw. muß subjektiv schuldhaft, d. h. vorsätzlich oder fahrlässig erfolgen. Die bloße Feststellung, daß durch das rechtswidrige Aufstellen der Verkehr behindert ist, reicht zur Verurteilung nicht aus. Fahrlässigkeit kann auch vorliegen, wenn die Folge der Verkehrshinderung oder Verkehrsbeeinträchtigung nicht erkannt wird, der Betreffende sie jedoch erkennen mußte (RG. vom 7. 1. 1909, GoltdArch. 56 210). Irrtum über den Begriff des öffentlichen Weges ist ein unbeachtlicher Irrtum über das Strafgesetz (OLG. Darmstadt vom 21. 9. 1925, HöchstRR. 2 116; BayObLG. vom 25. 11. 1926, JR. 27 II Nr. 766). Hält sich eine Person deshalb zur Aufstellung für befugt, weil sie ihr von einem Berechtigten gestattet war, so muß hierin, falls dieses nicht durch Fahrlässigkeit herbeigeführt worden war (§ 59 StGB.), ein entschuldbarer Irrtum erblickt werden (RG. vom 23. 3. 1914, LZ. 14 1144).

8. Strafbar ist nicht nur derjenige, der den verkehrshindernden Gegenstand aufstellt, sondern auch eine dritte Person, die den Gegenstand liegenläßt, obwohl sie die Verfügungsgewalt darüber hat. So der Empfänger einer Kiste, die der Fuhrmann auf dem Wege abgesetzt und diesem übergeben hat. Der Eigentümer eines Fahrzeugs, dessen Kutscher ein Fahrzeug rechtswidrig stehengelassen hat, wenn er hinzukommt und das Fahrzeug weiter stehenläßt. Der Dienstherr, wenn das Gesinde Sachen liegenläßt (BayObLG.St 2 320). Fahrlässigkeit liegt nach Ansicht des OLG. Hamburg (GoltdArch. 40 61) schon vor, wenn der Verpflichtete nicht genügend für die Beachtung der Vorschrift gesorgt hat.

9. Befugt sind Personen, die kraft der ihnen überwiesenen Tätigkeit oder zivilrechtlicher Befugnisse handeln. So z. B. Wegewärter, wenn sie im Interesse der Wegeerhaltung Steine

legen, um dadurch die Fahrzeuge zu einem Abweichen von den Spurrillen zu zwingen. Zollbeamte oder Polizeibeamte, wenn sie durch Aufstellen von Schlagbäumen oder sonstigen Hindernissen Personen oder Fahrzeuge zum Halten veranlassen wollen. Der Eigentümer eines Privatweges, wenn er diesen durch Schranken an einer bestimmten Stelle oder überhaupt unzugänglich macht (KG. vom 17. 6. 1889, Jahrb. 9 245). Nicht dagegen darf ein Eigentümer auf Grund eines Privatrechts an der Straße Gegenstände ordnungswidrig aufstellen. Er kann zwar auf Grund seines Rechtes den Weg sperren. Solange aber der öffentliche Gebrauch daran bestehen bleibt, muß er die zum Schutze des Verkehrs bestehenden Vorschriften beachten (OLG. Hamburg vom 10. 11. 1913, LZ. 14 204). Die Auslegung, die das OLG. Dresden (vom 6. 6. 1928, R. d. K. 28 286) dem Begriff „Unbefugter" im Sinne des § 31 StrVO. gibt, nämlich daß „unbefugt jeder handelt, der Gegenstände auf öffentlichen Wegen aufstellt, obwohl er dies auf irgendeine Weise vermeiden kann", ist in Wirklichkeit eine Definition der Rechtswidrigkeit. Denn unbefugt handeln in diesem Sinne bedeutet rechtswidrig handeln. Ein Unbefugter kann jedoch auch verordnungsgerecht vorgehen. So würde ein gewöhnlicher Bürger, der an einer gefährlichen Wegestelle, wo sich ein tiefes Loch gebildet hat, ein Warnzeichen in Form eines Stockes mit einem roten Lappen aufstellt, kein Befugter im Sinne des § 31 StrVO. sein. Sein Handeln wäre jedoch nicht rechtswidrig oder (in der Sprache des OLG. Dresden) nicht unbefugt, da er den Verkehr so lange vor Gefahren schützt, bis die zuständige Stelle einschreitet.

10. § 31 Abs. 1 StrVO. ist, soweit er nicht durch § 366 Nr. 9 StGB. ausgeschaltet wird (siehe Anm. 1 und 2), auch auf Kraftfahrzeuge anwendbar, da die KVO. eine entsprechende Bestimmung nicht kennt. Bei der Behinderung von Straßenbahnen wird im allgemeinen Transportgefährdung (§§ 315, 316 StGB.) vorliegen. Bemerkt jedoch der Straßenbahnführer das Hindernis rechtzeitig, so ist § 31 StrVO. anwendbar.

11. Die Vorschrift des § 31 Abs. 2 StrVO. betont noch einmal ausdrücklich eine Sonderpflicht der Fuhrwerksführer.

Daß sie ebenso wie die Führer anderer Fahrzeuge keine Steine, die sie unter die Räder geschoben haben, liegenlassen dürfen, ergibt sich bereits aus § 31 Abs. 1. Zwar liegt in der Verpflichtung der Entfernung ein positives Handlungsgebot. Doch ist dies gleichbedeutend mit dem Verbot, nichts liegenzulassen, da auch dieses ein positives Verhaltensgebot umschließt.

12. Vom Wege entfernen heißt den Gegenstand so zur Seite schaffen, daß er die Wegebenutzer im Verkehr nicht behindert. Der Führer hat kein Recht, einen Stein auf den Bürgersteig zu legen, da dieser ein Teil des Weges ist. Dasselbe gilt für den Sommerweg, da dieser lediglich bezüglich der Fahrordnung als selbständiger Weg anzusehen ist (§ 1 Abs. 2 StrVO.). Die Bankette können nur, soweit dort bereits Straßenbaumaterialien liegen, zur Ablagerung benutzt werden. Der Führer hat auch kein Recht, die Gegenstände auf angrenzende Grundstücke zu werfen. Er muß sie gegebenenfalls auf dem Fahrzeug mit sich fortnehmen.

13. Über den Begriff Ladung siehe Anm. 5 zu § 2. Die Entfernung einer auf den Weg gefallenen Ladung hat „umgehend" zu erfolgen, während zum Bremsen verwendete Steine „unverzüglich" zu entfernen sind.

14. Die zu treffenden Maßnahmen können umschließen:

a) die Zusammenkehrung von Sand oder Kohlen, die Zusammenhäufung von Steinen oder Hölzern, die die Straßenoberfläche in größerem Umfange bedecken;
b) die Aufstellung von Warnungszeichen (Befestigung von roten Lappen). Befindet sich ein Begleiter auf dem Fahrzeug, so muß dieser gegebenenfalls herankommende Wegebenutzer warnen;
c) bei Nacht muß der Führer, soweit er dazu in der Lage ist, eine Laterne anbringen, die auf das Hindernis aufmerksam macht.

15. § 31 Abs. 3 ist nicht anwendbar, wenn das Fahrzeug etwa infolge eines Rad- oder Achsbruches selber auf der Straße

liegenbleibt. In diesem Fall muß gemäß § 17 StrVO. der Führer dafür sorgen, daß das Fuhrwerk den Verkehr möglichst wenig behindert. Er muß, falls er es verläßt, die erforderlichen Maßnahmen treffen, um Unfälle und Verkehrsstörungen zu vermeiden (vgl. Anm. 13 zu § 17).

H. Schluß- und Strafvorschriften.

§ 32.

Befugnisse der Behörden.

Die obersten Landesbehörden und die von ihnen ermächtigten Behörden[1]) sind befugt, die Vorschriften der §§ 2 bis 31 zu verschärfen[2]) oder sinngemäß zu ergänzen.[3])

1. Soweit die Ermächtigung von der obersten Landesbehörde delegiert worden ist, ist dies in der StrVO. zum Ausdruck gekommen (vgl. StrVO. für Bayern § 33; für Thüringen § 32; in Preußen ist die Genehmigung der Oberpräsidenten erforderlich).

2. Das Recht der Verschärfung von Vorschriften durch die obersten Landesbehörden oder bei Delegation durch örtliche Instanzen muß seine Grenze dort finden, wo die Verschärfung mit reichsrechtlichen Bestimmungen, vor allen denen des Kraftfahrzeugrechts, in Widerspruch gerät. Der Zweck der Straßenverkehrsordnungen, die nach langwierigen und mühsamen Verhandlungen des Reichsverkehrsministeriums zustande gekommen sind, war, wie bereits in der Einleitung hervorgehoben, ein doppelter: die Schaffung eines einheitlichen Straßenverkehrsrechts für alle deutschen Länder und die Angliederung der Bestimmungen über den Fuhrwerks-, Radfahr- und Reitverkehr an die über den Verkehr mit Kraftfahrzeugen. Eine Verschärfung oder Ergänzung dieser Bestimmungen, die auf Grund der gewonnenen Erfahrungen mit einer Ausführlichkeit und Genauigkeit gefaßt sind, wie es in kaum einem anderen Lande der Welt der

Fall ist, erscheint weder erforderlich noch wünschenswert, da dadurch nur der Rechtszustand örtlicher Zerrissenheit herbeigeführt würde, der überwunden werden sollte.

Gefährlicher noch kann sich die Verschärfung der Vorschriften auf dem Umwege über die Kraftfahrzeugverkehrsordnung auswirken. Diese soll als lex specialis die Fragen des Kraftfahrzeugverkehrs einheitlich reichsrechtlich regeln. Der Kraftfahrzeugverkehr soll durch Sondervorschriften nicht mehr erschwert werden, als es nach Meinung des Gesetzgebers erforderlich ist (BayObLG. vom 5. 2. 1926, JW. 26 1996). Die KVO. kennt daher keine dem § 32 StrVO. entsprechende Bestimmung, wonach eine Verschärfung der Vorschriften der KVO. durch Landesbehörden zulässig ist. Anderseits nimmt jedoch ihr § 2 Abs. 1 auf die StrVO. Bezug, indem er sagt: „Für den Verkehr mit Kraftfahrzeugen gelten sinngemäß die den Verkehr von Fuhrwerken oder von Fahrrädern auf öffentlichen Wegen allgemein regelnden Vorschriften, soweit nicht nachfolgend oder gemäß § 6 Abs. 3 des Gesetzes von den obersten Landesbehörden andere Bestimmungen getroffen werden." Damit wäre denn eine Hintertüre vorhanden, um auf dem Wege über die StrVO., die Verschärfungen zuläßt, jene Verschärfungen, die die KVO. nicht gestattet, eintreten zu lassen. Das Reichsrecht des Kraftfahrzeugverkehrs könnte durch das Landesrecht über den Fuhrwerksverkehr aus den Angeln gehoben werden. So können nach herrschender Meinung die Bestimmungen über die Beleuchtung der Kraftfahrzeuge nicht verschärft werden. Es wäre also unzulässig, ein besonderes rotes Rücklicht bei Dunkelheit an Kraftfahrzeugen zu fordern. Wenn nun gemäß § 32 die obersten Landesbehörden oder bei Delegation sogar niedere Polizeibehörden die Bestimmungen über den Fuhrwerks- und Radfahrverkehr verschärfen können, so stände nichts im Wege, den § 4 StrVO. dahin zu fassen, daß Fuhrwerke bei Dunkelheit mit einem roten Rücklicht versehen werden müssen. Die Vorschrift würde dann gemäß § 2 Abs. 1 KVO. auch Kraftfahrzeuge zur Führung eines roten Rücklichts zwingen. Würde etwa ein kleines deutsches Land das Überholen für Fuhrwerke völlig verbieten, so müßte dies auch für Kraftfahrzeuge gelten.

Daß dies nicht nur eine theoretische Möglichkeit akademischen Charakters darstellt, sondern sich praktisch auswirken kann, hat sich im Falle des § 13 Abs. 2 StrVO., durch den Preußen und Lippe das Vorfahrtrecht ergänzend geregelt haben, gezeigt (siehe Anm. 9 zu § 13). Wenn daher nicht das Reichsrecht über Kraftfahrzeugverkehr durch die StrVO. untergraben werden soll, so müssen die Landesbehörden nur soweit zu einer Verschärfung der Bestimmungen über Fuhrwerks- und Radfahrverkehr berechtigt sein, als dadurch nicht die Bestimmungen der KVO. berührt werden.

Die Landesbehörden können demnach, um einige Beispiele herauszugreifen, weder das Überholen von Schienenfahrzeugen schlechthin verbieten noch das Stehenlassen von Fuhrwerken allgemein untersagen, noch etwa anordnen, daß politische Demonstrationszüge nicht unterbrochen werden dürfen. Die Möglichkeit der Verschärfung besteht nur dort, wo eine Regelung des Kraftfahrzeugrechts nicht in Mitleidenschaft gezogen wird, wo es sich um Anordnungen handelt, die ausschließlich den Fuhrwerks-, Radfahr-, Reit- oder Fußgängerverkehr berühren — z. B. Bestimmungen über die Zugtiere, über die Anforderungen an die Tauglichkeit des Fuhrwerkslenkers, über das Verhalten der Fußgänger in Großstadtstraßen —, oder wo in der StrVO. selbst auf örtliche Vorschriften verwiesen wird, wie in § 10 hinsichtlich des Anhaltens an linksliegenden Grundstücken.

Auch eine sinngemäße Ergänzung kommt nur dort in Betracht, wo ein Tatbestand des Verkehrslebens nicht gesetzlich erfaßt ist. Da die Bestimmungen der StrVO. und KVO. im wesentlichen gleichlautend sind, so würden alle jene Gebiete, die in der KVO. und StrVO. nicht bedacht sind, z. B. das Befahren von Einbahnstraßen, einer Sonderregelung fähig sein.

3. In Preußen bereiten die Großstädte Verkehrspolizeiverordnungen vor, die auf den Großstadtverkehr besonders zugeschnitten sind und nach Möglichkeit übereinstimmend gestaltet werden sollen.

§ 33.

Bezeichnung von Behörden.

Welche Behörden unter der Bezeichnung „Polizeibehörde“, „höhere Verwaltungsbehörde“ und „Landesbehörde“ zu verstehen sind, bestimmt die oberste Landesbehörde.[1])

1. Der § 33 war eine Rahmenanweisung für die Länder, da deren verwaltungstechnischer Apparat zu verschieden ist, um eine einheitliche Regelung zu gestatten. Es bleibt demnach für die Zuständigkeitsbefugnisse der Behörden bei den landesrechtlichen Sonderbestimmungen. Die Länder haben in der Mehrzahl den § 33 in die Verkehrsordnungen nicht aufgenommen, sondern bei den in Frage kommenden Paragraphen gleich bestimmt, welche Behörden zuständig sind. Dabei sind die Befugnisse, für die der Reichsverkehrsminister die obersten Landesbehörden und höheren Verwaltungsbehörden in Betracht gezogen hatte, zum Teil delegiert worden. So können die Ausnahmen für Wirtschaftsfuhren von der Vorschrift des § 4 StrVO. in Preußen die Landräte und in Stadtkreisen die Ortspolizeibehörden erteilen; in Hessen die Kreisämter, in Thüringen die Kreisämter und Stadtvorstände der Stadtkreise. In Bayern bestimmt § 34 als zuständige Behörden die Bezirkspolizeibehörden und die Polizeidirektionen in München und Nürnberg-Fürth.

§ 34.

Strafvorschriften.

Zuwiderhandlungen[1]) gegen die vorstehende Polizeiverordnung und die darin vorbehaltenen allgemeinen polizeilichen Vorschriften oder besonderen polizeilichen Anordnungen werden,[2]) sofern nicht nach anderen Gesetzen oder Verordnungen eine höhere Strafe verwirkt ist,[3]) mit Geldstrafe bis zu 150 RM. oder mit Haft bestraft.[4])

1. § 34 ist eine Blankettnorm, die nur die Strafandrohung und das Strafmaß aufstellt, bezüglich der Festlegung

des strafbaren Tatbestands jedoch auf andere Stellen Bezug nimmt, so

a) auf die Bestimmungen der StrVO., die somit, soweit sie hinreichend bestimmt sind, die Blankettnorm ausfüllen,

b) auf die darin vorbehaltenen polizeilichen Vorschriften, wie polizeiliche Fahrverbote und sonstige Beschränkungen des Fuhrwerkverkehrs (§ 18 Abs. 2),

c) auf besondere polizeiliche Anordnungen. Darunter fallen im Gegensatz zu § 366 Nr. 10 StGB., der von Polizeiverordnungen spricht, so daß dort die Auslegung streitig ist (Olshausen § 366 Nr. 10 Anm. a; LeipzKomm. § 366 Anm. X 2), auch polizeiliche Verfügungen, so z. B. die Untersagung der Fahrerlaubnis (§ 5) und die Weisungen der Verkehrsschutzleute (§ 16).

2. Ein Irrtum über die erlassenen Polizeivorschriften, die der Blankettausfüllung dienen, ist nach ständiger Rechtsprechung des RG. ein Tatsachenirrtum, da diese Vorschriften nicht Bestandteil der Strafgesetze sind (RGSt. **20** 177, **28** 195, **30** 437, **36** 359, **57** 15; OLG. Hamburg vom 12. 4. 1926, LZ. **27** 550), während das KG., BayObLG., OLG. Dresden, OLG. Rostock in ständiger Rechtsprechung unbeachtlichen Strafrechtsirrtum annehmen (Olshausen Vorbem. A 2 b zu Abschn. 29 und die dort zitierten Entscheidungen).

3. Das Verhältnis des § 34 zu den Bestimmungen des Strafgesetzbuchs.

a) § 366 Nr. 10 StGB. Danach wird mit Geldstrafe bis zu 60 RM. oder mit Haft bis zu 14 Tagen bestraft, wer die zur Erhaltung der Sicherheit, Bequemlichkeit, Reinlichkeit und Ruhe auf den öffentlichen Wegen, Straßen, Plätzen oder Wasserstraßen erlassenen Polizeiverordnungen übertritt. Diese Blankettbestimmung gilt, wenn von der Landesgesetzgebung entsprechende Verordnungen erlassen sind. Nun beziehen sich fast sämtliche Bestimmungen der StrVO. — abgesehen von § 3 — auf die Sicherheit des Verkehrs, sind also geeignet, die Norm auszufüllen. Es fragt sich daher, ob diese Vorschriften im Zusammenhang mit der

Blankettnorm des § 366 Nr. 10 StGB. einen Bestandteil des Reichsrechts bilden. In dem Falle wäre für landesrechtliche Sondervorschriften, die den gleichen Tatbestand mit Strafe bedrohen, kein Raum.

Dem Reichsrecht werden nur jene normausfüllenden Vorschriften des Landesrechts eingebildet, zu deren Erlaß die Landesbehörden nicht befugt sind. Nun aber sind die Landesgesetzgebungen, da dem Reiche nur die Gesetzgebungsmacht über den Kraftfahrzeugverkehr zusteht, ermächtigt, den sonstigen Straßenverkehr zu regeln. In dem Falle ist die normausfüllende Bestimmung Landesrecht (Hatschek 154). Wenn aber sonach § 34 StrVO. und § 366 Nr. 10 StGB. nebeneinander bestehen, wäre dieselbe Materie doppelt mit Strafe bedroht. Ebensowenig wie eine Polizeiverordnung sich zu bereits vorhandenen Gesetzen in Widerspruch setzen darf, ist es aber unzulässig, über dieselbe Rechtsmaterie mehrere Verordnungen mit verschiedenartigen Strafbestimmungen zu erlassen. Da § 366 Nr. 10 StGB. die ältere Norm ist und als Rahmennorm des Reichsrechts landesrechtliche Bestimmungen, die damit in Widerspruch stehen, ausschaltet, so kann § 34 StrVO. weder überhaupt eine Strafbestimmung aussprechen, die bereits in § 366 Nr. 10 StGB. enthalten ist, noch gar über das dort gesetzte Strafmaß hinausgehen. Das RG. hat bereits in einer Entscheidung vom 4. 2. 1898 (RGSt. **30** 437) erklärt, daß die Strafbestimmung des § 366 Nr. 10 jedenfalls die Strafandrohung älterer Polizeiverordnungen, die sich auf die gleichen Tatbestände beziehen, ausräumt. Das gleiche muß auch für die neue Strafbestimmung der StrVO. gelten.

Aus diesen Erwägungen heraus würde die Verurteilung eines Angeklagten aus § 34 StrVO. nur in jenen Fällen gültig sein, wo eine Bestrafung nach § 366 Nr. 10 StGB. nicht erfolgen kann, so:

1. bei Nichtvorhandensein oder Unleserlichkeit der Aufschrift eines Fuhrwerks (§ 3),
2. wenn der Fahrer trotz Untersagung der Fahrerlaubnis weiterfährt (§ 5),

3. wenn der Fahrer den Weisungen der Verkehrspolizeibeamten zuwiderhandelt (§ 16).

Im ersten Fall handelt es sich um eine Bestimmung, die nicht der Erhaltung der Sicherheit auf öffentlichen Wegen dient, im zweiten und dritten Falle um eine Polizeiverfügung, die nach herrschender Ansicht den Polizeiverordnungen, von denen § 366 Nr. 10 StGB. spricht, nicht unterfällt.

Das KG. (vom 8. 11. 1927, Mitt. d. ADAC. Nr. 71; vom 4. 11. 1927, Mitt. d. ADAC. Nr. 73) bestraft zutreffend die Verstöße gegen die StrVO. im allgemeinen nach § 366 Nr. 10 StGB. In Hessen ist der § 33, der die Strafvorschriften enthält, in richtiger Weise dahin gefaßt, daß Zuwiderhandlungen gegen die StrVO. auf Grund von § 366 Nr. 10 StGB. bestraft werden. Auch in den Grundzügen betreffend den Radfahrverkehr (siehe Anhang 5) hatte man die Strafbestimmung in dieser Form gebracht.

b) § 366 Nr. 2 StGB. Danach wird derjenige, der in Städten oder Dörfern übermäßig schnell fährt oder reitet ..., mit Geldstrafe bis zu 60 RM. oder mit Haft bis zu 14 Tagen bestraft. Soweit diese Strafnorm denselben Tatbestand direkt bestraft, den die Blankettnorm des § 34 auf dem Umwege über § 8 erfaßt, muß eine Bestrafung aus § 366 Nr. 2 StGB. erfolgen (siehe Anm. 2 zu § 8). Dies bezieht sich auch auf Fahrräder (RG. in GoltdArch. 51 195).

c) § 366 Nr. 3 StGB. Danach wird das mutwillige Verhindern des Vorbeifahrens anderer auf öffentlichen Wegen, Straßen oder Plätzen mit Geldstrafe bis zu 60 RM. oder mit Haft bis zu 14 Tagen bestraft. Verhindern ist mehr als Hindern. Es muß daher, wenn auch zeitweise, erfolgreich gewesen sein (Olshausen, Anm. a zu § 366 Nr. 3). Bei einer Kollision zwischen § 12 StrVO. und § 366 Nr. 3 StGB. geht letzterer vor.

Das mutwillige Verhindern des Vorbeifahrens von Postfahrzeugen ist gemäß § 19 RPostGes. strafbar (siehe Anm. 6 b zu § 19).

d) § 366 Nr. 4 StGB. Danach wird derjenige, welcher in Städten mit Schlitten ohne Geläute oder Schellen fährt, mit

Geldstrafe bis zu 60 RM. oder mit Haft bis zu 14 Tagen bestraft. Bei einem Verstoß gegen die Vorschrift in Städten tritt § 2 Abs. 4 StrVO. zurück.

e) § 366 Nr. 5 StGB. Danach wird, wer Tiere in Städten oder Dörfern auf öffentlichen Wegen, Straßen oder Plätzen oder an anderen Orten, wo sie durch Ausreißen, Schlagen oder auf andere Weise Schaden anrichten können, mit Vernachlässigung der erforderlichen Sicherheitsmaßregeln stehen läßt oder führt, mit Geldstrafe bis zu 60 RM. oder Haft bis zu 14 Tagen bestraft. Unter diese Bestimmung fällt auch das Stehenlassen eingespannter Tiere. Die Ansicht, daß die Möglichkeit eines Schadens genügt, der wirkliche Eintritt also nicht erforderlich ist (Annalen des OLG. Dresden 27 507), ist zu weitgehend. Die Vorschrift des § 366 Nr. 5 geht der des § 17 Abs. 2 vor.

Durch § 366 Nr. 5 wird ferner die Bestimmung des § 30 Abs. 2 ergänzt, zum Teil auch ausgeräumt. Soweit das Führen von Tieren derart vorgenommen wird, daß diese durch Ausreißen, Schlagen oder in anderer Weise Schaden anrichten können, ist der Führer gemäß § 366 Nr. 5 an Stelle von § 30 in Verbindung mit § 34 StrVO. strafbar. Wenn er sie sich selbst überläßt und damit das Führen beendet, kommt bei ungenügend sicherer Aufstellung § 366 Nr. 5 allein in Betracht, da sich § 30 nicht darüber verhält.

f) § 366 Nr. 9 StGB. Danach wird die Behinderung des freien Verkehrs auf öffentlichen Wegen, Straßen und Plätzen durch Aufstellen, Hinlegen oder Liegenlassen von Gegenständen mit Geldstrafe bis zu 60 RM. oder Haft bis zu 14 Tagen bestraft. Die Bestimmung ist im wesentlichen mit § 31 Abs. 1 StrVO. gleichlautend, geht also im allgemeinen vor (siehe Anm. 1 und 2 zu § 31). Da auch das verkehrshindernde Aufstellen von Fahrzeugen (§ 17 StrVO.) nach herrschender Meinung als Aufstellen von Gegenständen gelten muß (siehe Anm. 3 zu § 31), so unterfällt auch ein Verstoß gegen § 17 in der Regel § 366 Nr. 9 StGB.

g) § 360 Nr. 13 StGB. Danach wird boshaftes Quälen von Tieren mit Geldstrafe bis zu 150 RM. oder Haft bestraft. Diese Strafnorm geht, falls sie den gleichen Tatbestand deckt, einer Bestrafung aus § 2 Abs. 2 Satz 1 und Abs. 3 Satz 2 in Verbindung mit § 34 StrVO. vor.

h) Bei Körperverletzung (§§ 223 ff. StGB.), Sachbeschädigung (§§ 303 ff. StGB.), Transportgefährdung (§§ 315, 316 StGB.) kommen, wie § 34 ausdrücklich ausspricht, jene Paragraphen zur Anwendung. Eine Verurteilung wegen fahrlässiger Körperverletzung kann auf Grund der zu treffenden Feststellung ergehen, daß der Angeklagte die allgemein zu fordernde Sorgfaltspflicht vernachlässigt hat, ohne daß die Feststellung eines Verstoßes gegen die Sondervorschriften der StrVO. notwendig ist (vgl. OLG. Celle vom 1. 8. 1928, DAutor. 28 424).

4. Unbekannt ist der StrVO. das Delikt der Führerflucht (§ 22 KGes.).

3.

Verordnung über Kraftfahrzeugverkehr.

Vom 16. März 1928.

Erster Abschnitt.

Kraftfahrzeuge im allgemeinen.

A. Allgemeine Vorschriften.

§ 1.

Im Sinne nachstehender Vorschriften gelten:

1. als Kraftfahrzeuge Landfahrzeuge, die durch Maschinenkraft bewegt werden, ohne an Bahngleise gebunden zu sein;
2. als Krafträder Kraftfahrzeuge, die auf nicht mehr als drei Rädern laufen, wenn ihr Eigengewicht in betriebsfertigem Zustand 350 Kilogramm nicht übersteigt; Anhänger, Bei- oder Vorsteckwagen bleiben bei Feststellung der Fahrzeugart außer Betracht. Als Krafträder gelten außerdem Kraftfahrzeuge mit zwei Laufrädern und zwei seitlichen, nur gelegentlich benutzten Stützrädern ohne Anhänger, Bei- oder Vorsteckwagen, wenn ihr Eigengewicht in betriebsfertigem Zustand 350 Kilogramm nicht übersteigt;
3. als Kraftomnibusse Personenkraftwagen mit mehr als acht Sitzplätzen (einschließlich Führersitz);
4. als Wege auch Plätze, Brücken und Durchgänge;

5. als Wegebenutzer Schienenfahrzeuge, Fuhrwerke, Kraftfahrzeuge (einschließlich Kleinkrafträder), Radfahrer, Reiter, marschierende Abteilungen, Aufzüge sowie getriebene oder geführte Tiere, ausgenommen Hunde;
6. als Dunkelheit in den Monaten April bis September die Zeit von einer Stunde nach Sonnenuntergang bis eine Stunde vor Sonnenaufgang, in den übrigen Monaten die Zeit von einer halben Stunde nach Sonnenuntergang bis eine halbe Stunde vor Sonnenaufgang;
7. als Luftreifen Reifen, bei denen die in einem Schlauche eingeschlossene Luft schon bei unbelastetem Reifen unter Überdruck steht.

§ 2.

(1) Für den Verkehr mit Kraftfahrzeugen gelten sinngemäß die den Verkehr von Fuhrwerken oder von Fahrrädern auf öffentlichen Wegen allgemein regelnden Vorschriften, sofern nicht nachfolgend oder gemäß § 6 Abs. 3 des Gesetzes von der obersten Landesbehörde andere Bestimmungen getroffen werden.

(2) Auf Kraftfahrzeuge, welche im öffentlichen Fuhrgewerbe verwendet werden, sowie auf die Führer dieser Fahrzeuge finden neben den nachstehenden Vorschriften die besonderen Bestimmungen über den Betrieb der dem öffentlichen Fuhrgewerbe dienenden Fuhrwerke Anwendung.

(3) Wenn neben der befestigten eine unbefestigte Fahrbahn (Sommerweg) vorhanden ist, so gilt jede der beiden Fahrbahnen für die Anwendung der Fahrordnung in den §§ 21 bis 23 — Beurteilung der rechten und der linken Seite — als selbständiger Weg; beim Ausweichen und Überholen darf auch erforderlichenfalls vom Sommerweg auf die befestigte Fahrbahn und umgekehrt übergegangen werden.

(4) Die nachstehenden Vorschriften gelten nicht für Kraftschlitten, Raupenkraftfahrzeuge, Dampfstraßenlokomotiven,

Straßenwalzen, ferner solche Kraftfahrzeuge, deren betriebsfertiges Gewicht im beladenen oder unbeladenen Zustand 9 Tonnen oder bei Vorhandensein von 3 Achsen 15 Tonnen übersteigt, sowie selbstfahrende Arbeits- und Werkzeugmaschinen zu landwirtschaftlichen oder gewerblichen Zwecken (z. B. Dampf-, Motorpflüge, Motorsägen).

B. Das Kraftfahrzeug.

a) Beschaffenheit, Ausrüstung und Ladung.

§ 3.

(1) Die Kraftfahrzeuge müssen verkehrssicher und insbesondere so gebaut, eingerichtet und ausgerüstet sein, daß Feuers- und Explosionsgefahr sowie jede Belästigung von Personen und Gefährdung von Fuhrwerken durch Geräusch, Rauch, Dampf oder üblen Geruch ausgeschlossen ist. Die Abführung der Verbrennungsgase bei Verbrennungsmaschinen und des Dampfes bei Dampfmaschinen hat unter Anwendung ausreichender schalldämpfender Mittel zu geschehen; das Ende des Auspuffrohres darf nicht nach abwärts gerichtet sein. Die Anbringung von Auspuffklappen und andere Maßnahmen, die es ermöglichen, die Schalldämpfer in ihrer Wirkung abzuschwächen oder auszuschalten, sind verboten.

(2) Kraftfahrzeuge, deren betriebsfertiges Eigengewicht 3 Tonnen nicht übersteigt, und dreiachsige Kraftfahrzeuge, deren betriebsfertiges Gewicht im beladenen oder unbeladenen Zustand 9 Tonnen übersteigt, müssen mit Luftreifen versehen sein; alle übrigen Kraftfahrzeuge müssen mit Luftreifen oder hochelastischen Vollgummireifen versehen sein. Die Radkränze dürfen keine Unebenheiten besitzen, die geeignet sind, die Fahrbahn zu beschädigen.

§ 4.

(1) Jedes Fahrzeug muß versehen sein:

1. mit einer zuverlässigen Lenkvorrichtung, die gestattet, sicher und rasch auszuweichen; die zur Lenkung benutzten Wagenräder sollen nach beiden Seiten möglichst weit einschlagen, um kurz wenden zu können;
2. mit zwei in ihrer Wirkung voneinander unabhängigen Bremseinrichtungen, von denen jede auf die Räder einer Achse oder kreuzweise auf die Räder verschiedener Achsen gleichzeitig einwirkt. Eine der beiden Bremseinrichtungen muß feststellbar sein. Bei Kraftfahrzeugen mit Kettenantrieb muß eine Bremseinrichtung unmittelbar auf die Räder oder auf Bestandteile, die mit den Rädern fest verbunden sind, einwirken. Jede Bremseinrichtung muß für sich geeignet sein, das Fahrzeug auf kürzeste Entfernung zum Stehen zu bringen;
3. mit einer zuverlässigen Vorrichtung, die beim Befahren von Steigungen die unbeabsichtigte Rückwärtsbewegung verhindert, sofern nicht eine der Bremsen diese Forderung erfüllt;
4. mit einer am Fahrzeug befestigten Huppe zum Abgeben von Warnungszeichen; falls die Huppe mehrtönig ist, müssen die verschiedenen Töne gleichzeitig in einem harmonischen Akkord anklingen; Huppen sind als vorschriftsmäßig zu betrachten, wenn ein klarer, von Nebengeräuschen freier Ton oder Akkord durch Schwingungen von Metallzungen, Platten (Membranen) oder anderen Teilen erzeugt wird. An jedem Fahrzeug muß mindestens eine Huppe vorhanden sein, mit der auch bei stillstehendem Motor Warnungszeichen abgegeben werden können;
5. nach eingetretener Dunkelheit und bei starkem Nebel mit mindestens zwei in gleicher Höhe angebrachten, die

seitliche Begrenzung des Fahrzeugs anzeigenden, hellbrennenden Laternen mit farblosem oder schwach gelblichem Glase, die den Lichtschein derart auf die Fahrbahn werfen, daß diese auf mindestens 20 Meter vor dem Fahrzeug von dem Führer übersehen werden kann. Der Abstand der Außenkante der die seitliche Begrenzung anzeigenden Laternen von der Außenkante des Fahrzeugs darf nicht mehr als 40 Zentimeter betragen. Übermäßig stark wirkende Scheinwerfer dürfen nicht verwendet werden;

6. mit einer Vorrichtung, die verhindert, daß das Fahrzeug von Unbefugten in Betrieb gesetzt werden kann.

(2) Für Krafträder gelten nicht die Vorschriften über Feststellbarkeit der Bremse (Nr. 2) und Vorrichtungen zur Verhinderung der unbeabsichtigten Rückwärtsbewegung (Nr. 3) und der Inbetriebsetzung durch Unbefugte (Nr. 6); es genügt eine hellbrennende Laterne mit farblosem oder schwach gelblichem Glase (Nr. 5), ausgenommen, wenn ein Kraftrad einen Beiwagen auf der linken Seite mitführt; eine auf das Wagenrad des Beiwagens einwirkende Bremse (Nr. 2) ist nicht erforderlich.

(3) Jeder Kraftwagen, dessen Eigengewicht 350 Kilogramm übersteigt, muß so eingerichtet sein, daß er mittels der Maschine oder des Motors vom Führersitz aus in Rückwärtsgang gebracht werden kann.

(4) Die Griffe zur Bedienung der Maschine oder des Motors und der im Abs. 1 bis 3 angeführten Einrichtungen müssen so angebracht sein, daß der Führer sie, ohne sein Augenmerk von der Fahrtrichtung abzulenken, leicht und auch im Dunkeln ohne Verwechselungsgefahr handhaben kann.

(5) Jedes Kraftfahrzeug muß mit einem an einer sichtbaren Stelle des Fahrgestells angebrachten Schilde versehen sein, das die Firma, die das Fahrgestell hergestellt hat, die

Fabriknummer des Fahrgestells, die Anzahl der Pferdestärken der Maschine oder des Motors (bei Krafträdern, Personenkraftwagen mit Ausnahme der Kraftomnibusse und bei Lastkraftwagen bis 2,5 Tonnen Eigengewicht, sofern diese Fahrzeuge durch Verbrennungsmaschine angetrieben werden, auch den Hubraum der Maschine) und das Eigengewicht des betriebsfertigen Fahrzeugs ergibt. Bei Verbrennungsmaschinen muß die Fabriknummer der Antriebsmaschine auf den Zylindern eingeschlagen sein. Bei Kraftfahrzeugen, deren Gesamtgewicht (einschließlich Ladung) 5 Tonnen übersteigt, muß sich die Angabe auf dem Schilde auch auf die zulässige Belastung, auf die Achsdrucke und auf die Felgendrucke auf 1 Zentimeter Felgenbreite — Basis der Gummireifen — im beladenen Zustand erstrecken.

(6) Bei einem Kraftfahrzeug im beladenen Zustand darf der Druck auf eine Achse 6 Tonnen, bei Vorhandensein von 3 Achsen 5 Tonnen und der Druck auf 1 Zentimeter Felgenbreite — Basis der Gummireifen — 150 Kilogramm nicht überschreiten.

(7) Zum Abgeben von Warnungszeichen außerhalb geschlossener Ortsteile bestimmte Pfeifen (§ 19 Abs. 3) gelten als vorschriftsmäßig, wenn durch sie Pfiffe gleicher Tonhöhe in der Weise erzeugt werden, daß unter Druck stehende verbrannte Gase aus dem Zylinder oder der Auspuffleitung durch die Pfeife entweichen.

(8) Lastkraftwagen, deren Eigengewicht zuzüglich der zulässigen Belastung 3,5 Tonnen übersteigt, müssen an der linken Seite mit einem Spiegel versehen sein, der dem Führer die Beobachtung der Fahrbahn nach rückwärts ermöglicht.

(9) Bei Verwendung eines Schlußlichtes oder einer Einrichtung zur Anzeige der Absicht des Anhaltens oder der beabsichtigten Änderung der Fahrtrichtung darf nur gelbrotes Licht benutzt werden.

(10) Die Ladung muß so verteilt, verwahrt oder befestigt

sein, daß sie weder Personen oder Sachen beschädigen oder verunreinigen noch starkes Geräusch oder das Umschlagen des Fahrzeugs verursachen kann. Am hinteren Ende des Fahrzeugs weit herausragende Ladungen müssen an den Enden durch Strohkränze, Lappen oder dergleichen besonders kenntlich gemacht sein.

b) Antrag auf Zulassung eines Fahrzeugs.

§ 5.

(1) Wenn ein Kraftfahrzeug in Betrieb genommen werden soll, hat der Eigentümer bei der für seinen Wohnort zuständigen höheren Verwaltungsbehörde die Zulassung des Fahrzeugs schriftlich zu beantragen. Der Antrag muß enthalten:

1. Namen, Beruf (Gewerbe) und Wohnort des Eigentümers,
2. die Firma, die das Fahrgestell hergestellt hat, sowie die Fabriknummer des Fahrgestells,
3. die Art des Fahrzeugs (Kraftrad, Personenkraftwagen, Kraftomnibus, Lastkraftwagen, Elektrokarren, Zugmaschine ohne Güterladeraum), bei Möglichkeit eines Wechsels in den Aufbauten nähere Angaben hierüber,
4. die Art des Antriebs (Verbrennungsmaschine, Dampfmaschine, Elektromotor),
5. die Anzahl der Pferdestärken der Maschine oder des Motors (bei Krafträdern, Personenkraftwagen mit Ausnahme der Kraftomnibusse und bei Lastkraftwagen bis 2,5 Tonnen Eigengewicht, sofern diese Fahrzeuge durch Verbrennungsmaschine angetrieben werden, auch den Hubraum und die Nummer der Maschine),
6. das Eigengewicht des betriebsfertigen Fahrzeugs,
7. die zulässige Belastung (in Kilogramm oder Personen einschließlich Führer),

8. bei Fahrzeugen, deren Gesamtgewicht (einschließlich Ladung) 5 Tonnen übersteigt, die Achsdrucke und die Felgendrucke auf 1 Zentimeter Felgenbreite — Basis der Gummireifen — im beladenen Zustand,
9. bei Kraftomnibussen mit Antrieb durch Verbrennungsmaschine und bei Lastkraftwagen mit gleichem Antrieb die Angabe, ob alle Räder mit Luftreifen versehen sind,
10. die Angabe der gewerblichen oder landwirtschaftlichen Berufsgenossenschaft, falls der Eigentümer einer solchen angehört.

(2) Dem Antrag ist das Gutachten eines von der höheren Verwaltungsbehörde anerkannten Sachverständigen beizufügen, das die Richtigkeit der Angaben unter Abs. 1 Nr. 3 bis 9 sowie ferner bestätigt, daß das Fahrzeug den nach dieser Verordnung zu stellenden Anforderungen genügt. Das Gutachten hat der Antragsteller auf seine Kosten zu beschaffen.

(3) Die höhere Verwaltungsbehörde kann einer zuverlässigen, ins Handelsregister eingetragenen Firma, zu deren Geschäftsbetrieb die Herstellung von Kraftfahrzeugen gehört und deren Sitz sich im Bezirke der Behörde befindet, auf schriftlichen Antrag nach einer auf Kosten der Firma vorgenommenen Prüfung (Typenprüfung) widerruflich eine Bescheinigung darüber erteilen, daß eine von ihr fabrikmäßig gefertigte Gattung von Kraftfahrzeugen den Anforderungen dieser Verordnung genügt (Typenbescheinigung). Für im Ausland hergestellte Fahrzeuge kann eine solche Bescheinigung einer zuverlässigen, ins Handelsregister eingetragenen Firma, zu deren Geschäftsbetriebe der Handel mit Kraftfahrzeugen gehört und deren Sitz sich im Bezirk der Behörde befindet, auf schriftlichen Antrag ausgestellt werden, wenn der Nachweis erbracht wird, daß die Firma im Deutschen Reiche zum alleinigen Vertriebe von Kraftfahrzeugen der betreffenden Gattung berechtigt ist. Die Typenbescheinigung gilt fürs ganze Reich. Für ein Kraftfahrzeug einer solchen Gattung

(Satz 1 und 2) kann die Firma zu einer amtlich beglaubigten Abschrift der Typenbescheinigung mit etwaigen Nachträgen unter laufender Nummer eine Ergänzungsbescheinigung ausstellen, die die Richtigkeit der im Abs. 1 unter Nr. 3 bis 9 vorgeschriebenen Angaben bestätigen muß. Eine solche Firmenbescheinigung (Abschrift der Typenbescheinigung nebst Ergänzungsbescheinigung) ersetzt das Gutachten des amtlich anerkannten Sachverständigen (§ 5 Abs. 2) in allen Fällen mit Ausnahme der des § 6 Abs. 3 Satz 2 und des § 35 Abs. 1 mit der Maßgabe, daß für Kraftomnibusse mit Antrieb durch Verbrennungsmaschine, Lastkraftwagen mit gleichem Antrieb, elektrisch oder mit Dampf angetriebene Kraftfahrzeuge sowie Zugmaschinen ohne Güterladeraum ein amtlicher Wiegeschein oder eine Bescheinigung über die unter behördlicher Überwachung vorgenommene Wägung beizufügen ist. Für ein Fahrzeug, das schon einmal zum Verkehr auf öffentlichen Wegen zugelassen war, darf eine Firmenbescheinigung nur dann ausgestellt werden, wenn die Firma das Fahrzeug nochmals geprüft und sich von seiner vorschriftsmäßigen Beschaffenheit überzeugt hat; dies ist in der Bescheinigung zu vermerken. Über die mittels Firmenbescheinigung in den Verkehr gebrachten Fahrzeuge hat die Firma ein Verzeichnis zu führen und auf Verlangen den zuständigen Beamten vorzulegen. Firmenbescheinigungen können unter Mitverantwortung der Stammfirma — bei Fahrzeugen ausländischer Herstellung der Hauptvertretung im Sinne des Satzes 2 — auch von den Zweigniederlassungen, die dann gleichfalls zur Listenführung verpflichtet sind, ausgestellt werden. Im Falle des Widerrufs (Satz 1 und 2) verliert die Typenbescheinigung ihre Gültigkeit und ist nebst allen bereits gefertigten beglaubigten Abschriften der zuständigen höheren Verwaltungsbehörde abzuliefern, soweit die Abschriften nicht als Firmenbescheinigungen in den Verkehr gegeben worden sind.

(4) Für die Prüfungen nach Abs. 2 und 3 gelten die Vorschriften einer „Anweisung über die Prüfung von Kraftfahrzeugen", die der Reichsverkehrsminister erläßt. Er hat davon dem Reichsrat unverzüglich Kenntnis zu geben; erhebt der Reichsrat innerhalb eines Monats Widerspruch, so hat der Reichsverkehrsminister die beanstandeten Vorschriften aufzuheben.

(5) Mit Zustimmung der obersten Landesbehörde und des Reichsverkehrsministers können versuchsweise auch Kraftfahrzeuge, deren Beschaffenheit oder Ausrüstung den Vorschriften dieser Verordnung oder der „Anweisung über die Prüfung von Kraftfahrzeugen" nicht entspricht, widerruflich zum Verkehre zugelassen werden.

c) Zulassung zum Verkehr und Kennzeichnung.

§ 6.

(1) Die höhere Verwaltungsbehörde (§ 5 Abs. 1) entscheidet über den Antrag auf Zulassung des Kraftfahrzeugs zum Verkehr auf öffentlichen Wegen. Die Zulassung gilt für das ganze Reich.

(2) Im Falle der Zulassung hat die höhere Verwaltungsbehörde das Kraftfahrzeug in eine Liste einzutragen, dem Fahrzeug ein polizeiliches Kennzeichen (§ 8) zuzuteilen und hiervon dem Antragsteller Mitteilung zu machen sowie über die Zulassung und die Eintragung des Kraftfahrzeugs und die Zuteilung des Kennzeichens eine Bescheinigung auszufertigen. Die Aushändigung der Bescheinigung erfolgt durch die für den Ort, wo das Kraftfahrzeug in Betrieb gesetzt werden soll, zuständige Polizeibehörde. Die Bescheinigung darf erst ausgehändigt werden, wenn den Vorschriften über die Entrichtung der Kraftfahrzeugsteuer genügt ist. Die Muster der Liste und der Bescheinigung schreibt der Reichsverkehrsminister vor.

(3) Treten bei einem zum Verkehr auf öffentlichen Wegen bereits zugelassenen Kraftfahrzeug Änderungen ein, die eine Berichtigung der Liste und der Zulassungsbescheinigung erforderlich machen, so hat der Eigentümer unter Vorlegung der Zulassungsbescheinigung die Berichtigungen innerhalb 2 Wochen bei der zuständigen höheren Verwaltungsbehörde zu beantragen; ist eine Berichtigung erforderlich geworden, weil ein Kraftomnibus mit Antrieb durch Verbrennungsmaschine oder ein Lastkraftwagen mit gleichem Antrieb an allen Rädern mit Luftreifen statt einer anderen Bereifung versehen worden ist, so hat der Eigentümer den Bereifungswechsel in geeigneter Form nachzuweisen. Bei Änderung der Art des Antriebs, bei Einbau einer stärkeren Maschine oder eines stärkeren Motors, einer in ihrer Bauart oder Übersetzung veränderten Bremse oder Lenkvorrichtung bedarf es einer erneuten Zulassung, die der Eigentümer sofort unter Beifügung eines Gutachtens (§ 5 Abs. 2) bei der zuständigen höheren Verwaltungsbehörde zu beantragen hat.

(4) Verlegt der Eigentümer eines Kraftfahrzeugs seinen Wohnort in den Bezirk einer anderen höheren Verwaltungsbehörde, so hat er bei dieser unverzüglich die Erteilung einer neuen Zulassungsbescheinigung unter Beifügung der bisherigen oder einer beglaubigten Abschrift davon zu beantragen; eines Sachverständigengutachtens (§ 5 Abs. 2, 3) bedarf es in diesem Falle nicht. Dem Fahrzeug wird ein neues Kennzeichen zugeteilt. Bei Aushändigung der neuen Zulassungsbescheinigung ist die bisherige der höheren Verwaltungsbehörde zurückzugeben und von dieser der vordem zuständigen höheren Verwaltungsbehörde unter Angabe des neuen Kennzeichens zu übersenden. Das Kraftfahrzeug ist in die Liste einzutragen.

(5) Soll ein Kraftfahrzeug zum Verkehr auf öffentlichen Wegen nicht mehr verwendet werden, so hat der Eigentümer der zuständigen höheren Verwaltungsbehörde hiervon Mit-

teilung zu machen und ihr die Zulassungsbescheinigung sowie das Kennzeichen abzuliefern; sobald dies geschehen, gilt das Fahrzeug als abgemeldet. Das Kennzeichen ist, sofern es nicht amtlich ausgegeben ist, nach Vernichtung des Dienststempels zurückzugeben. Unterbleibt die Ablieferung, so hat die höhere Verwaltungsbehörde die Zulassungsbescheinigung und das Kennzeichen einzuziehen oder, soweit die Einziehung des Kennzeichens nicht zulässig ist, den Dienststempel auf diesem augenfällig zu vernichten. In gleicher Weise ist auf Antrag der Steuerbehörde zu verfahren, wenn eine neue Kraftfahrzeugsteuerkarte nicht rechtzeitig gelöst oder die Kraftfahrzeugsteuer nicht rechtzeitig entrichtet wird.

(6) Geht ein zum Verkehr auf öffentlichen Wegen zugelassenes Kraftfahrzeug auf einen anderen Eigentümer über, der das Fahrzeug weiterbenutzen will, so hat der bisherige Eigentümer den Eigentumsübergang unverzüglich der für seinen Wohnort zuständigen höheren Verwaltungsbehörde unter Angabe von Namen, Wohnort und Wohnung des neuen Eigentümers anzuzeigen; er hat ferner dem neuen Eigentümer die Zulassungsbescheinigung gegen Empfangsbestätigung auszuhändigen und diese seiner Anzeige beizufügen. Mit Eingang der Anzeige und der Empfangsbestätigung bei der höheren Verwaltungsbehörde gilt das Fahrzeug in der Person des bisherigen Eigentümers als abgemeldet. Der neue Eigentümer hat unverzüglich bei der für seinen Wohnort zuständigen höheren Verwaltungsbehörde die Erteilung einer neuen Zulassungsbescheinigung unter Beifügung der bisherigen oder einer beglaubigten Abschrift davon zu beantragen; eines Sachverständigengutachtens (§ 5 Abs. 2, 3) bedarf es nicht. War das Fahrzeug bisher von derselben höheren Verwaltungsbehörde zugelassen, so behält es sein Kennzeichen; die Liste ist zu berichtigen. War das Fahrzeug bisher von einer anderen höheren Verwaltungsbehörde zugelassen, so wird es in die Liste eingetragen und

ihm ein neues Kennzeichen zugeteilt. War dem Antrag nur eine beglaubigte Abschrift der bisherigen Zulassungsbescheinigung beigefügt, so ist gegen Aushändigung der neuen Zulassungsbescheinigung die bisherige zurückzugeben; diese ist der etwa vordem zuständigen höheren Verwaltungsbehörde unter Angabe des neuen Kennzeichens zu übersenden. Die neue Zulassungsbescheinigung darf erst ausgehändigt werden, wenn den Vorschriften über die Entrichtung der Kraftfahrzeugsteuer genügt ist.

(7) Soll ein Kraftfahrzeug nur bis zur Dauer von acht Monaten zum Verkehr auf öffentlichen Wegen nicht verwendet werden, so gilt Abs. 5 Satz 1 bis 3 mit der Maßgabe, daß die höhere Verwaltungsbehörde nach Eintragung des Tages der Abmeldung in die Liste die Zulassungsbescheinigung auf Antrag des Eigentümers bis zur Dauer von acht Monaten aufzubewahren und von einer Zuteilung des Kennzeichens an ein anderes Kraftfahrzeug während dieser Zeit abzusehen hat. Wird bei ihr innerhalb dieser Zeit von dem bisherigen oder einem neuen Eigentümer die erneute Zulassung beantragt und von dem Antragsteller die Erklärung abgegeben, daß Änderungen im Sinne des Abs. 3 an dem Kraftfahrzeug in der Zwischenzeit nicht eingetreten sind, so kann sie auf das Sachverständigengutachten (§ 5 Abs. 2, 3) verzichten; im Falle erneuter Zulassung ist dasselbe Kennzeichen (Abs. 2) wieder zuzuteilen; dem bisherigen Eigentümer ist die bisherige Zulassungsbescheinigung nach Eintragung des Tages der erneuten Zulassung in die Liste, einem neuen Eigentümer ist eine neue Zulassungsbescheinigung nach Berichtigung der Liste auszuhändigen; für die Aushändigung der Zulassungsbescheinigung gilt in beiden Fällen Abs. 2 Satz 2 und 3. Liegt der Wohnort des Eigentümers, der die erneute Zulassung des abgemeldeten Kraftfahrzeugs begehrt, im Bezirk einer anderen höheren Verwaltungsbehörde, so ist der Antrag an diese zu richten; für die erneute

Zulassung gilt Abs. 2; auf das Sachverständigengutachten kann verzichtet werden, wenn der Antragsteller erklärt, daß Änderungen im Sinne des Abs. 3 an dem Kraftfahrzeug in der Zwischenzeit nicht eingetreten sind. Die höhere Verwaltungsbehörde hat die bisherige Zulassungsbescheinigung von der früher zuständigen höheren Verwaltungsbehörde einzufordern und dieser nach erfolgter Zulassung unter Angabe des neuen Kennzeichens zurückzusenden; die früher zuständige höhere Verwaltungsbehörde hat ihre Liste zu berichtigten.

(8) Mit Zustimmung der obersten Landesbehörde kann die höhere Verwaltungsbehörde zum Verkehr auf öffentlichen Wegen zugelassenen Kraftfahrzeugen ein anderes Kennzeichen zuteilen. In diesen Fällen haben die Eigentümer die Zulassungsbescheinigungen der höheren Verwaltungsbehörde innerhalb 14 Tagen zwecks Berichtigung vorzulegen.

§ 7.

Vorbehaltlich der Vorschrift im § 38 muß jedes auf öffentlichen Wegen verkehrende Kraftfahrzeug das polizeiliche Kennzeichen (§ 8) tragen.

§ 8.

(1) Das von der höheren Verwaltungsbehörde zuzuteilende Kennzeichen besteht aus einem (oder mehreren) Buchstaben (oder römischen Ziffern) zur Bezeichnung des Landes (oder engeren Verwaltungsbezirkes) und aus der Erkennungsnummer, unter der das Fahrzeug in die polizeiliche Liste (§ 6 Abs. 2) eingetragen ist. Die Verteilung der Kennzeichen innerhalb des Reichsgebiets erfolgt nach einem „Plan für die Kennzeichnung der Kraftfahrzeuge", den der Reichsverkehrsminister nach Anhörung der beteiligten obersten Landesbehörden aufstellt. Das Kennzeichen ist an der Vorderseite und an der Rückseite des Fahrzeugs nach außen hin an

leicht sichtbarer Stelle anzubringen. Die Fläche des Kennzeichens muß zur Längsachse des Fahrzeugs senkrecht oder annähernd senkrecht stehen. Bei spitz zulaufenden Fahrzeugen kann jedoch das vordere und das hintere Kennzeichen durch je zwei Kennzeichen ersetzt werden; diese müssen beiderseits an jedem spitz zulaufenden Ende des Fahrzeugs auf Flächen angebracht sein, die zur Längsachse des Fahrzeugs schräg, zur Fahrbahn senkrecht oder annähernd senkrecht stehen.

(2) Das vordere Kennzeichen ist in schwarzer Balkenschrift auf weißem, schwarzgerandetem Grunde auf die Wandung des Fahrzeugs oder auf eine rechteckige Tafel aufzumalen, die mit dem Fahrzeug durch Schrauben, Nieten oder Nägel fest zu verbinden ist. Die Buchstaben (oder die römischen Ziffern) und die Nummern müssen in eine Reihe gestellt und durch einen wagerechten Strich voneinander getrennt werden. Die Abmessungen betragen: Randbreite mindestens 10 Millimeter, Schrifthöhe 75 Millimeter bei einer Strichstärke von 12 Millimeter, Abstand zwischen den einzelnen Zeichen und vom Rande 20 Millimeter, Stärke des Trennungsstrichs 12 Millimeter, Länge des Trennungsstrichs 25 Millimeter, Höhe der Tafel ausschließlich des Randes 115 Millimeter.

(3) Bei dem an der Rückseite des Fahrzeugs mittels Schrauben, Nieten oder Nägel fest anzubringenden Kennzeichen sind die Buchstaben (römischen Ziffern) und die Nummer auf einer viereckigen weißen, schwarzgerandeten Tafel in schwarzer Balkenschrift auszuführen. Die Tafel kann Bestandteil einer Laterne sein (vergl. § 11). Die Nummer kann unter den Buchstaben (römischen Ziffern) oder, durch einen wagerechten Strich getrennt, dahinter stehen. Die Abmessungen betragen: Randbreite mindestens 10 Millimeter, Schrifthöhe 100 Millimeter bei einer Strichstärke von 15 Millimeter, Abstand zwischen den einzelnen Zeichen und vom Rande 20 Millimeter, Höhe der Tafel ausschließlich des Randes bei zweizeiligen Kennzeichen 260 Millimeter, bei

einzeiligen Kennzeichen 140 Millimeter, ferner bei einzeiligen Kennzeichen Stärke des Trennungsstrichs 15 Millimeter, Länge des Trennungsstrichs 30 Millimeter. Das hintere Kennzeichen kann auch auf die Wandung des Fahrzeugs aufgemalt werden.

(4) Kraftzweiräder sind von der Führung des hinteren Kennzeichens befreit. Bei ihnen genügt ein beiderseitig beschriebenes Kennzeichen, das an der Vorderseite in der Fahrtrichtung an leicht sichtbarer Stelle anzubringen ist. Das Kennzeichen ist in schwarzer Balkenschrift auf weißem, schwarzgerandetem Grunde auf eine rechteckige, an den Vorderecken leicht abgerundete Tafel aufzumalen, die mit dem Fahrzeug durch Schrauben, Nieten oder Nägel fest zu verbinden ist. Die Buchstaben (oder die römischen Ziffern) und die Nummer müssen in einer Reihe stehen und durch einen wagerechten Strich voneinander getrennt sein. Die Abmessungen betragen: Randbreite mindestens 8 Millimeter, Schrifthöhe 60 Millimeter bei einer Strichstärke von 10 Millimeter, Abstand zwischen den einzelnen Zeichen und vom Rande 12 Millimeter, Stärke des Trennungsstrichs 10 Millimeter, Länge des Trennungsstrichs 18 Millimeter, Höhe der Tafel ausschließlich des Randes 84 Millimeter.

(5) Bei Elektrokarren, deren betriebsfertiges Eigengewicht 1,75 Tonnen nicht übersteigt, bei anderen Kraftwagen, deren betriebsfertiges Eigengewicht 0,5 Tonnen nicht übersteigt, und bei Kraftdreirädern können das vordere und hintere Kennzeichen (Abs. 2 und 3) auch mit den im Abs. 4 angegebenen Abmessungen ausgeführt werden mit der Maßgabe, daß die Höhe der Tafel ausschließlich des Randes bei zweizeiligen hinteren Kennzeichen 156 Millimeter betragen soll.

(6) Die Muster für die Kennzeichen schreibt der Reichsverkehrsminister vor.

§ 9.

Die Kennzeichen müssen mit dem Dienststempel der Polizeibehörde (§ 6 Abs. 2 Satz 2) versehen sein. Zum Zwecke der Abstempelung des Kennzeichens hat die Polizeibehörde die Vorführung des Kraftfahrzeugs anzuordnen. Bevor sie die Abstempelung vornimmt, hat sie sich durch sorgfältige Prüfung davon zu überzeugen, daß das Fahrzeug insbesondere auch den Vorschriften der §§ 8, 10 und 11 entspricht.

§ 10.

Die Kennzeichen dürfen nicht zum Umklappen eingerichtet sein; sie dürfen niemals verdeckt sein und müssen stets in lesbarem Zustand erhalten werden. Der untere Rand des vorderen Kennzeichens darf nicht weniger als 20 Zentimeter, der des hinteren nicht weniger als 45 Zentimeter vom Erdboden entfernt sein.

§ 11.

(1) Bei Dunkelheit und bei starkem Nebel sind hintere Kennzeichen so zu beleuchten, daß sie deutlich erkennbar sind. Beleuchtungsvorrichtungen dürfen die Kennzeichen von keiner Seite verdecken; Vorrichtungen zum Abstellen der Beleuchtung vom Sitze des Führers oder vom Innern des Wagens aus sind nur zulässig, wenn beim Abstellen gleichzeitig sämtliche Laternen (§ 4 Abs. 1 Nr. 5) verlöschen.

(2) Bei Kraftzweirädern ist das an der Vorderseite angebrachte Kennzeichen während der Dunkelheit und bei starkem Nebel so zu beleuchten, daß es von beiden Seiten deutlich erkennbar ist.

§ 12.

Ist der Dienststempel eines Kennzeichens unkenntlich geworden oder muß ein mit dem Dienststempel der Polizeibehörde versehenes Kennzeichen erneuert werden, so ist das Kraftfahrzeug wiederum entsprechend der Vorschrift im § 9 der Polizeibehörde vorzuführen; tritt die Notwendigkeit der Erneuerung an einem Orte ein, von dem aus die Polizeibehörde, die die erste Stempelung des Kennzeichens vorgenommen hatte, ohne Zeitverlust nicht erreicht werden kann, so ist das Fahrzeug der nächsten Polizeibehörde vorzuführen, die alsdann den Dienststempel zu erneuern oder das erneuerte Kennzeichen mit dem Dienststempel zu versehen und, daß dies geschehen, in der Zulassungsbescheinigung (§ 6 Abs. 2) ersichtlich zu machen hat.

§ 13.

Die Anbringung mehrerer verschiedener Kennzeichen ist unzulässig.

C. Der Führer des Kraftfahrzeugs.

a) Die Zulassung zum Führen.

§ 14.

(1) Wer auf öffentlichen Wegen ein Kraftfahrzeug führen will, bedarf der Erlaubnis der zuständigen höheren Verwaltungsbehörde; dies gilt nicht für ausschließlich im inländischen Verkehre benutzte Elektrokarren, deren betriebsfertiges Eigengewicht 1,75 Tonnen, und andere elektrisch angetriebene Kraftfahrzeuge, deren betriebsfertiges Eigengewicht 0,5 Tonnen nicht übersteigt. Die Erlaubnis gilt für das ganze Reich; sie ist zu erteilen, wenn der Nachsuchende seine Befähigung durch eine Prüfung dargetan hat und nicht Tatsachen vorliegen, die die Annahme rechtfertigen, daß er zum Führen von Kraftfahrzeugen ungeeignet ist.

(2) Personen unter 18 Jahren ist das Führen von Kraftfahrzeugen, insbesondere auch von Krafträdern und elektrisch angetriebenen Kraftfahrzeugen im Sinne des Abs. 1 Satz 1, nicht gestattet. Ausnahmen können von der höheren Verwaltungsbehörde mit Zustimmung des gesetzlichen Vertreters zugelassen werden.

(3) Den Nachweis der Erlaubnis hat der Führer durch eine Bescheinigung (Führerschein) zu erbringen, deren Muster der Reichsverkehrsminister vorschreibt.

(4) Für die vorzunehmenden Prüfungen gelten die Vorschriften unter Ziffer I bis VII der als Anlage beigefügten „Anweisung über die Prüfung der Führer von Kraftfahrzeugen".

b) Besondere Pflichten des Führers.

§ 15.

(1) Der Führer hat den Führerschein (§ 14 Abs. 3) sowie die Bescheinigung über die Zulassung des Kraftfahrzeugs (§ 6 Abs. 2 und § 41 Abs. 1, 2 und 11) bei der Benutzung des Fahrzeugs auf öffentlichen Wegen bei sich zu führen und auf Verlangen den zuständigen Beamten vorzuzeigen.

(2) Personen, bei denen die Sehschärfe auf einem Auge ohne oder mit Glas weniger als $^1/_8$ beträgt oder das Sehvermögen auf einem Auge ganz fehlt, müssen beim Führen eines Kraftfahrzeugs mit offenem Führersitz eine staubdicht abschließende Schutzbrille tragen; sie dürfen einen Kraftwagen nur führen, wenn er vor dem Führersitz eine Schutzscheibe mit selbsttätigem Scheibenwischer hat.

§ 16.

Der Führer ist dafür verantwortlich, daß das Kraftfahrzeug mit den nach dieser Verordnung vorgeschriebenen Vermerken und polizeilichen Kennzeichen versehen ist, daß das Kennzeichen in vorgeschriebener Weise beleuchtet ist, daß die zulässige Belastung nicht überschritten wird und daß das Fahrzeug und die Ladung sich in vorschriftsmäßigem Zustand (§§ 3, 4) befinden; er hat sich vor der Fahrt von dem Zustand des Fahrzeugs zu überzeugen. Der Halter eines Kraftfahrzeugs darf die Inbetriebnahme nicht anordnen oder zulassen, wenn ihm ein Mangel bekannt ist. Stellen sich Mängel unterwegs ein, so hat der Führer für Abhilfe zu sorgen.

§ 17.

(1) Der Führer ist zur gehörigen Vorsicht in Leitung und Bedienung seines Fahrzeugs verpflichtet.

(2) Der Führer ist insbesondere dafür verantwortlich, daß eine Belästigung von Personen oder Gefährdung von Fuhrwerken durch Geräusch, Rauch, Dampf oder üblen Geruch in keinem Falle eintritt.

(3) Stark wirkende Scheinwerfer müssen innerhalb beleuchteter Ortsteile, ausgenommen bei starkem Nebel, abgeblendet werden, ferner da, wo die Sicherheit des Verkehrs es erfordert, insbesondere beim Begegnen mit anderen Fahrzeugen. Der Reichsverkehrsminister bestimmt, welche Scheinwerfer als übermäßig stark wirkend und welche als stark wirkend gelten und in welchem Grade stark wirkende Scheinwerfer in den Fällen des Satzes 1 abgeblendet werden müssen.

§ 18.

(1) Die Fahrgeschwindigkeit ist so einzurichten, daß der Führer in der Lage bleibt, seinen Verpflichtungen Genüge zu leisten.

(2) Ist der Überblick über die Fahrbahn behindert, die Sicherheit des Fahrens durch die Beschaffenheit des Weges beeinträchtigt, oder herrscht lebhafter Verkehr, so muß so langsam gefahren werden, daß das Fahrzeug auf kürzeste Entfernung zum Stehen gebracht werden kann.

(3) Die höchstzulässige Fahrgeschwindigkeit beträgt bei Kraftfahrzeugen bis zu 5,5 Tonnen Gesamtgewicht innerhalb geschlossener Ortsteile 30 Kilometer in der Stunde; die höhere Verwaltungsbehörde kann Geschwindigkeiten bis zu 40 Kilometer zulassen. Bei Kraftfahrzeugen von mehr als

5,5 Tonnen Gesamtgewicht beträgt die höchstzulässige Fahrgeschwindigkeit 30 Kilometer in der Stunde. Bei Mitführen von Anhängern beträgt die höchstzulässige Fahrgeschwindigkeit bei allen Kraftfahrzeugen innerhalb geschlossener Ortsteile 16 Kilometer in der Stunde.

§ 19.

(1) Der Führer hat überall dort, wo es die Sicherheit des Verkehrs erfordert, durch deutlich hörbare Warnungszeichen rechtzeitig auf das Nahen des Kraftfahrzeugs aufmerksam zu machen.

(2) Das Abgeben von Warnungszeichen ist sofort einzustellen, wenn Pferde oder andere Tiere dadurch unruhig oder scheu werden.

(3) Innerhalb geschlossener Ortsteile dürfen Warnungszeichen nur mit der im § 4 Abs. 1 Nr. 4 vorgeschriebenen Huppe abgegeben werden; die Warnungszeichen müssen kurz, ihre Klangfarbe und Klangstärke so beschaffen sein, daß im Gefahrbereich befindliche Personen gewarnt, im weiteren Umkreis befindliche Personen aber nicht belästigt werden. Außerhalb geschlossener Ortsteile darf auch eine Pfeife benutzt werden. Die Benutzung von Signalinstrumenten zur Abgabe von anderen als Warnungszeichen, insbesondere von Rufzeichen, ist innerhalb geschlossener Ortsteile verboten.

(4) Das Abgeben langgezogener Warnungszeichen, die Ähnlichkeit mit Feuersignalen haben, und die Anbringung und Verwendung anderer als der im Abs. 3 genannten Signalinstrumente ist verboten.

§ 20.

Merkt der Führer, daß ein Pferd oder ein anderes Tier vor dem Kraftfahrzeuge scheut oder daß sonst durch das Vorbeifahren mit dem Kraftfahrzeuge Menschen oder Tiere in Gefahr gebracht werden, so hat er langsam zu fahren sowie erforderlichenfalls anzuhalten und die Maschine oder den Motor außer Tätigkeit zu setzen.

§ 21.

(1) Der Führer hat mit seinem Kraftfahrzeuge, soweit nicht besondere Umstände entgegenstehen, die rechte Seite des Weges einzuhalten und darf die linke Seite nur beim Überholen oder beim Anhalten an links liegenden Grundstücken — soweit dies örtlich nicht verboten ist — benutzen. Langsam fahrende Kraftfahrzeuge haben innerhalb geschlossener Ortsteile möglichst die äußerste rechte Seite einzuhalten. Beim Durchfahren von scharfen oder unübersichtlichen Wegekrümmungen ist stets die rechte Seite einzuhalten.

(2) Beim Einbiegen in einen andern Weg hat der Führer nach rechts in kurzer Wendung, nach links in weitem Bogen zu fahren.

§ 22.

(1) Der Führer hat entgegenkommenden anderen Wegebenutzern rechtzeitig und genügend nach rechts auszuweichen oder, falls dies die Umstände oder die Örtlichkeit nicht gestatten, zu halten, bis der Weg frei ist. Jedoch hat der Führer entgegenkommenden Schienenfahrzeugen nach links auszuweichen, wenn der Abstand zwischen dem Schienenfahrzeug und dem rechten Wegerand ein Rechtsausweichen nicht zuläßt.

(2) Soweit bei Begegnung mit andern Wegebenutzern ein Ausweichen unmöglich ist, hat der Führer nötigenfalls umzukehren oder rückwärts zu fahren, wenn ihm dies nach den Umständen des Einzelfalls am leichtesten fällt.

§ 23.

(1) Der Führer hat eingeholte andere Wegebenutzer auf der linken Seite zu überholen. Schienenfahrzeuge hat er

jedoch rechts zu überholen, es sei denn, daß der Abstand zwischen dem Schienenfahrzeug und dem rechten Wegerand ein Rechtsüberholen nicht zuläßt. Schnelleren Wegebenutzern, welche die Absicht zu überholen kundgeben, hat er dies durch sofortiges Rechtshalten zu ermöglichen.

(2) An einer Haltestelle haltende Schienenfahrzeuge dürfen auf der Seite, auf der die Fahrgäste ein- und aussteigen, nur in Schrittgeschwindigkeit und nur in einem solchen seitlichen Abstand überholt werden, daß die Fahrgäste nicht gefährdet werden.

(3) Nach dem Überholen darf sich der Führer erst wieder nach rechts wenden, wenn der überholte Wegebenutzer dadurch nicht gefährdet wird.

(4) An unübersichtlichen Wegestellen und an Stellen, an denen die Fahrbahn durch andere Wegebenutzer oder in sonstiger Weise verengt ist, ist das Überholen verboten.

§ 24.

An Kreuzungen und Einmündungen von Wegen hat, unbeschadet der von Polizeibeamten im Einzelfalle zu treffenden Anordnungen, das auf einem Hauptverkehrswege sich bewegende Kraftfahrzeug die Vorfahrt gegenüber dem aus einem Seitenwege kommenden Fahrzeug; im übrigen hat das von rechts kommende Fahrzeug die Vorfahrt.

§ 25.

(1) Für Fahrzeuge der Polizei und Feuerwehr, die sich durch besondere Zeichen kenntlich machen, ist schon bei ihrer Annäherung freie Bahn zu schaffen. Ferner ist Kranken- und Rettungswagen und in Tätigkeit befindlichen Spreng- und Kehrmaschinen Platz zu machen. Truppenkörper, geschlossene Verbände der Polizei, Leichenzüge und Prozessionen dürfen nur durch die im Feuerwehrdienste be-

griffenen Fahrzeuge unterbrochen oder sonstwie in ihrer Bewegung gehemmt werden.

(2) Kraftfahrzeuge, die sich auf Schienengleisen befinden, haben diese bei Annäherung von Schienenfahrzeugen unverzüglich zu räumen.

§ 26.

Der Führer hat andern Personen die Absicht des Stillhaltens durch senkrechtes Hochhalten des Armes, die Absicht des Umwendens und des Verlassens der bisher verfolgten Fahrtrichtung durch wagerechtes Halten des Armes in der Richtung des Wechsels rechtzeitig zu erkennen zu geben; zum Abgeben der Zeichen kann auch eine mechanische Einrichtung benutzt werden.

§ 27.

(1) Den Weisungen und Zeichen der Polizeibeamten ist Folge zu leisten. Insbesondere hat der Führer auf den Haltruf oder das Haltzeichen eines als solcher kenntlichen Polizeibeamten sofort anzuhalten. Zur Kenntlichmachung eines Polizeibeamten ist das Tragen einer Dienstmütze ausreichend. Den zur Regelung des Verkehrs aufgestellten Polizeibeamten hat der Führer auszuweichen. Die von diesen Beamten gegebenen Zeichen bedeuten:

1. Winken in der Fahrtrichtung „Freie Fahrt".
2. Hochheben eines Armes „Achtung, Halten".
3. Seitliches Ausstrecken eines oder beider Arme „Halt".

(2) Werden Lichtzeichen verwendet, so bedeutet grünes Licht „Freie Fahrt", gelbes Licht „Achtung, Halten", rotes Licht „Halt", Blinklicht „Langsam fahren".

(3) Unberührt bleibt die nach § 129 des Vereinszollgesetzes vom 1. Juli 1869 (Bundesgesetzbl. des Norddeutschen Bundes S. 317) dem Führer obliegende Verpflichtung, im Zoll-

grenzbezirke den Anordnungen der Zollbeamten Folge zu leisten. Die Zollbeamten bedienen sich derselben Haltzeichen wie die Polizeibeamten. In bürgerlicher Kleidung Dienst verrichtende Zollbeamte zeigen beim Haltruf oder beim Geben des Haltzeichens eine grüne Armbinde mit Messingschild.

§ 28.

(1) Der Führer eines zum Stillstand gelangenden Kraftfahrzeugs hat dieses so aufzustellen, daß es den Verkehr nicht behindert. Insbesondere ist die Aufstellung an engen Stellen, Wegekreuzungen und scharfen Wegekrümmungen sowie an Haltestellen der Straßenbahnen und Kraftomnibusse verboten.

(2) Der Führer darf von dem Fahrzeug nicht absteigen, solange es in Bewegung ist, und darf sich von ihm nicht entfernen, solange die Maschine oder der Motor läuft. Er darf das Fahrzeug nur verlassen, nachdem er die erforderlichen Maßnahmen getroffen hat, um Unfälle und Verkehrsstörungen zu vermeiden; insbesondere muß er, falls er sich von dem Fahrzeug entfernt, die Vorrichtung (§ 4 Abs. 1 Nr. 6) in Wirksamkeit setzen, die verhindern soll, daß ein Unbefugter das Fahrzeug in Betrieb setzt.

D. Die Benutzung öffentlicher Wege.

§ 29.

Der Verkehr mit Kraftfahrzeugen ist auf die hierfür bestimmten Fahrwege beschränkt. Wo keine erkennbaren Fußwege vorhanden sind und die Breite der Fahrbahn es zuläßt, haben die Kraftfahrzeuge mindestens ein Meter Abstand vom Straßenrande zu halten. Auf Radfahrwegen und auf Fußwegen, die für Fahrräder freigegeben sind, ist der Verkehr mit Kraftzweirädern mit besonderer polizeilicher Genehmigung zulässig.

§ 30.

(1) Ein Verbot (auch für eine bestimmte Fahrtrichtung) oder eine zeitliche Beschränkung des Verkehrs mit Kraftfahrzeugen überhaupt oder mit einzelnen Arten auf bestimmten Wegen kann von den Polizeibehörden durch allgemeine polizeiliche Vorschriften oder für den einzelnen Fall angeordnet werden, soweit der Zustand der Wege oder anliegender Gebäude oder die Eigenart des Verkehrs, insbesondere Rücksichten auf den Fußgängerverkehr, es erfordern. Soweit das Verbot oder die zeitliche Beschränkung nach Satz 1 für bestimmte Örtlichkeiten mit Rücksicht auf andere besondere Verhältnisse geboten ist, steht die gleiche Befugnis den höheren Verwaltungsbehörden zu. Für Wegestrecken, die dem Durchgangsverkehre dienen, steht die Befugnis nach Satz 1 und 2 der obersten Landesbehörde zu; sie kann diese auf die höheren Verwaltungsbehörden übertragen.

(2) Die Fahrgeschwindigkeit von Kraftfahrzeugen kann von Ortspolizeibehörden nur im Rahmen von Vorschriften für den allgemeinen Fuhrwerksverkehr (§ 2 Abs. 1) beschränkt werden; soll hierbei für Kraftfahrzeuge bis zu 5,5 Tonnen Gesamtgewicht eine Höchstgeschwindigkeit von weniger als 30 Kilometer in der Stunde vorgeschrieben werden, so ist die Zustimmung der höheren Verwaltungsbehörde erforderlich, sofern nicht schon durch Landesrecht die Genehmigung der obersten Landesbehörde vorgeschrieben ist. Die Fahrgeschwindigkeit von Kraftfahrzeugen kann im übrigen von den höheren Verwaltungsbehörden unter den im Abs. 1 Satz 1 und 2 angegebenen Voraussetzungen beschränkt werden, für Kraftfahrzeuge bis zu 5,5 Tonnen Gesamtgewicht auf weniger als 30 Kilometer in der Stunde jedoch nur mit Zustimmung der obersten Landesbehörde. Für die Beschränkung der Fahrgeschwindigkeit von Kraftfahrzeugen auf Wegestrecken, die dem Durchgangsverkehre dienen, ist die Zustimmung der obersten Landesbehörde erforderlich;

diese kann im Falle des Satzes 1 die Befugnis zur Erteilung der Zustimmung auf die höheren Verwaltungsbehörden übertragen; im Falle des Satzes 2 kann sie den höheren Verwaltungsbehörden die Zustimmung allgemein erteilen, soweit es sich nicht um eine Beschränkung der Geschwindigkeit von Kraftfahrzeugen bis zu 5,5 Tonnen Gesamtgewicht auf weniger als 30 Kilometer in der Stunde handelt. Die Bestimmungen dieses Absatzes gelten nicht für Geschwindigkeitsbeschränkungen auf Brücken und Eisenbahnübergängen.

(3) Auf Verbote und Beschränkungen nach Abs. 1 und 2 ist durch Warnungstafeln hinzuweisen.

(4) Das Anbringen von Tafeln, die zu Verwechslungen mit den von der Polizeibehörde angebrachten Tafeln Anlaß geben können, ist verboten.

§ 31.

(1) Das Wettfahren und die Veranstaltung von Wettfahrten auf öffentlichen Wegen sind verboten.

(2) Für Zuverlässigkeitsfahrten und ähnliche Veranstaltungen zu Prüfungszwecken ist die Genehmigung der zuständigen Behörde erforderlich; soweit mit ihnen Geschwindigkeitsprüfungen verbunden sind, ist die Genehmigung der obersten Landesbehörde erforderlich, die im Einzelfalle die Bedingungen festsetzt; sie kann die Befugnis zur Erteilung der Genehmigung auf die höheren Verwaltungsbehörden übertragen.

E. Mitführen von Anhängern.

§ 32.

(1) Ein zum Verkehr auf öffentlichen Wegen zugelassener Kraftwagen darf einen Anhängewagen nur unter folgenden Bedingungen mitführen:

1. das Gesamtgewicht (einschließlich Ladung) des Anhängewagens darf 7,5 Tonnen nicht überschreiten;

2. der Anhängewagen muß mit Luftreifen oder hochelastischen Vollgummireifen versehen sein; die Radkränze dürfen keine Unebenheiten besitzen, die geeignet sind, die Fahrbahn zu beschädigen;
3. der Anhängewagen muß versehen sein:
   a) mit einer sicher wirkenden Bremse,
   b) mit einer zuverlässigen auf die Fahrbahn wirkenden Vorrichtung, die in Steigungen die unbeabsichtigte Rückwärtsbewegung verhindert (Bergstütze);
4. die Verbindung zwischen Anhängewagen und Kraftwagen muß so beschaffen sein, daß die Räder des Anhängewagens auch in Krümmungen möglichst auf den Spuren des Kraftwagens laufen;
5. der Anhängewagen muß von außen sichtbar ein mit Nieten befestigtes Schild haben, das in leicht lesbarer Schrift eine Unterscheidungsnummer, Eigengewicht, zulässige Nutzlast sowie Felgendruck auf 1 Zentimeter Felgenbreite — Basis der Gummireifen — im beladenen Zustand angibt.

(2) Der Führer ist dafür verantwortlich, daß der Anhängewagen den Bedingungen des Abs. 1 entspricht und sich in verkehrssicherem Zustand befindet. Wenn die Bremse des Anhängewagens nicht vom Führersitze des Kraftwagens aus bedient werden kann, so muß auf dem Anhängewagen ein Bremser mitfahren und eine Verständigung zwischen diesem und dem Führer möglich sein; dies gilt nicht, wenn der Anhängewagen eine selbsttätige Bremse hat, die ihn auch bei der Lösung der Verbindung mit dem Kraftwagen zum Stehen bringt, und der Führer des Kraftwagens eine Bescheinigung eines amtlich anerkannten Sachverständigen mit sich führt, in der unter Angabe der Fabriknummer des Anhängewagens bestätigt wird, daß dessen selbsttätige Bremse ausreichend betriebssicher ist.

(3) Die höhere Verwaltungsbehörde kann allgemein für ihren Bezirk von der Einhaltung der Bestimmung des Abs. 1 Nr. 3 Befreiung gewähren.

(4) Das Mitführen von Anhängeachsen zur Lastenbeförderung und von mehr als einem Anhängewagen ist nur mit Erlaubnis der Polizeibehörde und nur für deren Bezirk zulässig; das gleiche gilt für das Mitführen eines Anhängewagens, wenn den Bedingungen im Abs. 1 Nr. 1, 3, 4 oder 5 nicht genügt ist. Der Erlaubnis der Polizeibehörde bedarf es nicht, soweit nur dem Erfordernisse des Abs. 1 Nr. 3 nicht genügt ist und die höhere Verwaltungsbehörde von der Befugnis, gemäß Abs. 3 Befreiung zu gewähren, Gebrauch gemacht hat. In Fällen polizeilicher Erlaubnis ist der Erlaubnisschein bei der Fahrt mitzuführen und den zuständigen Beamten auf Verlangen vorzuzeigen. Das Mitführen von Anhängeachsen zur Personenbeförderung kann von der höheren Verwaltungsbehörde für ihren Bezirk allgemein oder im Einzelfalle zugelassen werden.

(5) Bei Mitführen von Anhängewagen oder -achsen muß außer dem vorderen Kennzeichen des § 8 Abs. 2 das Kennzeichen nach § 8 Abs. 3 entweder an der Rückseite des letzten Fahrzeugs oder auf beiden Seitenwänden des Kraftwagens angebracht sein. Im letzteren Falle muß bei Dunkelheit oder starkem Nebel eine Laterne weißes oder gelbrotes Licht nach hinten werfen; einer Beleuchtung der seitlichen Kennzeichen bedarf es nicht.

§ 33.

(1) Ein zum Verkehr auf öffentlichen Wegen zugelassenes Kraftrad darf Anhänger, Bei- oder Vorsteckwagen nur mitführen, wenn sie mit Luftreifen versehen sind und die Radkränze keine Unebenheiten besitzen, die die Fahrbahn beschädigen könnten; auch muß der Anhänger, Bei- oder Vorsteckwagen mit dem Kraftrad in zuverlässiger Weise gekuppelt sein.

(2) Der Führer ist dafür verantwortlich, daß der Anhänger, Bei- oder Vorsteckwagen diesen Bedingungen entspricht und sich in verkehrssicherem Zustand befindet.

§ 34.

Die Bestimmungen des § 32 finden mit Ausnahme der des Abs. 5 Satz 2 erster Halbsatz keine Anwendung auf angehängte Kraftfahrzeuge, die sich nicht mit eigener Kraft fortbewegen. Solche Schleppzüge müssen besonders vorsichtig fahren; geschleppte Kraftfahrzeuge müssen mit je einem Begleiter besetzt sein, der Bremsen und Lenkvorrichtung bedient.

F. Untersagung des Betriebs.

§ 35.

(1) Die Polizeibehörde kann jederzeit auf Kosten des Eigentümers eine Untersuchung darüber veranlassen, ob ein Kraftfahrzeug den nach Maßgabe dieser Verordnung zu stellenden Anforderungen entspricht.

(2) Genügt ein Kraftfahrzeug diesen Anforderungen nicht, so kann seine Ausschließung vom Befahren der öffentlichen Wege durch die höhere Verwaltungsbehörde verfügt werden.

§ 36.

(1) Werden Tatsachen festgestellt, die die Annahme rechtfertigen, daß eine Person zum Führen von Kraftfahrzeugen ungeeignet ist, so kann ihr die Fahrerlaubnis dauernd oder für bestimmte Zeit durch die für ihren Wohnort zuständige höhere Verwaltungsbehörde entzogen werden; nach der Entziehung ist der Führerschein der Behörde abzuliefern. Die Entziehung der Fahrerlaubnis ist für das ganze Reich wirksam. Im Falle der Entziehung der Fahrerlaubnis für bestimmte Zeit kann deren Wiedererteilung von der noch-

maligen Ablegung einer Prüfung oder der Erfüllung sonstiger Bedingungen abhängig gemacht werden.

(2) Personen, die nur während eines vorübergehenden Aufenthalts in dem Gebiete des Deutschen Reichs ein Kraftfahrzeug führen, kann aus Gründen, die nach Abs. 1 die Entziehung der Fahrerlaubnis rechtfertigen, die Führung des Kraftfahrzeugs durch Verfügung der zuständigen höheren Verwaltungsbehörde jederzeit untersagt werden. Die Untersagung ist für das ganze Reich wirksam.

§ 36 a.[1])

(1) Soweit Kraftfahrzeuge nach ihrer besonderen Bauart Zwecken der öffentlichen Straßenreinigung dienen, ist die Verwendung hochelastischer Vollgummireifen an Stelle von Luftreifen zulässig, auch wenn das betriebsfertige Eigengewicht 3 Tonnen nicht übersteigt.

(2) Für Feuerwehrkraftfahrzeuge, deren betriebsfertiges Eigengewicht 3 Tonnen nicht übersteigt, kann die höhere Verwaltungsbehörde auf Antrag des Eigentümers die Verwendung hochelastischer Vollgummireifen an Stelle von Luftreifen gestatten.

G. Ausnahmen.

§ 37.

(1) Als vorläufig zum Verkehr auf öffentlichen Wegen zugelassen gelten Kraftfahrzeuge während der durch den amtlich anerkannten Sachverständigen vorzunehmenden technischen Prüfung. Die Vorschrift im § 15 Abs. 1 über die Mitführung der Zulassungsbescheinigung findet in diesen Fällen keine Anwendung.

[1]) Eingefügt auf Grund der VO. vom 13. Juli 1928 (RGBl. I 204).

(2) Während der Prüfungsfahrten haben die Kraftfahrzeuge ein besonderes Kennzeichen (Probefahrtkennzeichen) zu führen, auf das die Bestimmungen im § 8 mit der Maßgabe Anwendung finden, daß die Erkennungsnummer aus einer Null (0) mit einer oder mehreren nachfolgenden Ziffern besteht, daß das Kennzeichen in roter Balkenschrift auf weißem, rotgerandetem Grunde herzustellen ist und daß von der festen Anbringung der Kennzeichen abgesehen werden kann. Derartige, mit dem Dienststempel der höheren Verwaltungsbehörde versehene Kennzeichen sind den amtlich anerkannten Sachverständigen (§ 5) zur Verwendung bei diesen Prüfungsfahrten zur Verfügung zu stellen.

§ 38.

Von der Verpflichtung zur Führung des Kennzeichens (§ 7) sind befreit:

1. die Kraftfahrzeuge der Feuerwehren im Dienste,
2. die zu Zwecken der öffentlichen Straßenreinigung dienenden Kraftfahrzeuge.

§ 39.

Von der Verpflichtung zur Führung eines gestempelten Kennzeichens sind befreit Kraftfahrzeuge, die auf der Fahrt zur Polizeibehörde zwecks Vorführung des Fahrzeugs und Abstempelung des Kennzeichens (§§ 6 und 9) öffentliche Wege benutzen müssen. Als Ersatz für die fehlende Zulassungsbescheinigung und gleichzeitig als Ausweis für diese Fahrt dient die schriftliche Aufforderung der Polizeibehörde, das Fahrzeug vorzuführen.

§ 40.

(1) Ausschließlich im inländischen Verkehre benutzte Zugmaschinen ohne Güterladeraum, deren betriebsfertiges Eigengewicht 3,5 Tonnen und deren Höchstgeschwindigkeit

auf ebener Bahn 15 Kilometer in der Stunde nicht übersteigen, sind von den Vorschriften über die Kennzeichen (§§ 7 und 8), die Führer solcher Maschinen von der Vorschrift über den Führerschein (§ 14 Abs. 1) befreit.

(2) Ausschließlich im inländischen Verkehre benutzte Zugmaschinen ohne Güterladeraum, deren betriebsfertiges Eigengewicht 2,75 Tonnen und deren Höchstgeschwindigkeit auf ebener Bahn 8 Kilometer in der Stunde nicht übersteigen, sind außerdem von den Vorschriften über die Huppe (§ 4 Abs. 1 Nr. 4) und den Rückwärtsgang (§ 4 Abs. 3) befreit. Für die von solchen Zugmaschinen mitgeführten Anhängewagen gelten nicht die Vorschriften des § 32 Abs. 1 Nr. 3 b, 4 und 5, Abs. 2 Satz 2 erster Halbsatz und Abs. 4 Satz 1 erster Halbsatz. Wird eine Zugmaschine ohne Güterladeraum der im Satz 1 bezeichneten Art in einem land- oder forstwirtschaftlichen Betriebe verwendet, so ist diese Zugmaschine auch von der Vorschrift über die Gummibereifung (§ 3 Abs. 2 Satz 1) befreit. Für die von einer solchen Zugmaschine mitgeführten Anhängewagen gilt ferner nicht die Vorschrift des § 32 Abs. 1 Nr. 2 erster Halbsatz; der Druck auf 1 Zentimeter Felgenbreite darf auch bei dem Anhängewagen im beladenen Zustand 150 Kilogramm nicht überschreiten.

(3) Zugmaschinen ohne Güterladeraum, die von den Vorschriften über die Kennzeichen befreit sind, müssen bei Dunkelheit oder starkem Nebel außer den zwei vorderen Laternen eine Laterne führen, die weißes oder gelbrotes Licht nach hinten wirft. Bei Mitführen von Anhängern muß die Laterne am Schlusse des Zuges angebracht sein.

§ 41.

(1) Soll ein Kraftfahrzeug zu Probefahrten auf öffentlichen Wegen in Betrieb genommen werden, so hat der Eigentümer bei der für seinen Wohnort zuständigen höheren Verwaltungsbehörde die Zulassung nach §§ 5 und 6 zu

bewirken. Ist die Notwendigkeit der Probefahrten nachgewiesen, so erhält der Antragsteller an Stelle der Zulassungsbescheinigung nach § 6 Abs. 2 eine besondere Zulassungsbescheinigung nach einem besonderen vom Reichsverkehrsminister vorgeschriebenen Muster mit kürzester Befristung je nach Lage des Falles und ein Kennzeichen nach § 37 Abs. 2. Für die Abstempelung gilt § 9 sinngemäß.

(2) Kraftfahrzeugfabriken, Zweigniederlassungen von Kraftfahrzeugfabriken, Kraftfahrzeughändler und solche Gewerbebetriebe, die Zubehör- oder Bestandteile von Kraftfahrzeugen liefern oder Kraftfahrzeuge instandsetzen, erhalten, wenn sie zuverlässig sind, auf Antrag widerruflich im voraus ohne Vorlage eines Sachverständigengutachtens oder einer Ausfertigung der Typenbescheinigung (§ 5 Abs. 2 und 3) eine dem Umfang ihres Geschäftsbetriebs entsprechende Zahl von der höheren Verwaltungsbehörde vollzogener Zulassungsbescheinigungen nach vom Reichsverkehrsminister vorgeschriebenem Muster, in die sie selbst die Beschreibung des Fahrzeugs einzutragen haben, und eine entsprechende Anzahl Kennzeichen nach § 37 Abs. 2, die entweder für Kraftfahrzeuge jeder Art oder nur für Krafträder gelten, zu wiederkehrender Verwendung bei den einzelnen Kraftfahrzeugen; die Kennzeichen sind der Polizeibehörde zur Abstempelung vorzulegen; eine Vorführung des Fahrzeugs bei der Polizeibehörde (§ 9) ist nicht erforderlich. Für eine von einer Kraftfahrzeugfabrik auf Grund einer Typenbescheinigung gleichzeitig fertiggestellte Gruppe von Fahrzeugen kann auch eine gemeinsame Zulassungsbescheinigung nach Satz 1 ausgestellt werden, in die außer der Bezeichnung der Gattung die Fahrgestellnummern aller zu der Gruppe gehörenden Fahrzeuge einzutragen sind. Die Vorschriften des Satzes 1 gelten von Betrieben des Reichs und der Länder mit der Maßgabe, daß von der Feststellung, ob die im Satze 1 enthaltenen besonderen Voraussetzungen vorliegen, abzusehen ist. Die

Abstempelung oder Ausgabe des Probefahrtkennzeichens darf nur gegen Vorlegung der Kraftfahrzeugsteuerkarte erfolgen.

(3) Bei Probefahrten zur Prüfung der Verkehrssicherheit eines Fahrzeugs ist besonders vorsichtig zu fahren (§ 18 Abs. 1); für solche Fahrten kann die höhere Verwaltungsbehörde bestimmte Wege vorschreiben. Wird eine Probefahrt über die Grenze des Reichsgebiets ausgedehnt, so sind Kennzeichen und Zulassungsbescheinigung vor Verlassen des Reichs dem deutschen Grenzzollamt abzuliefern. Bei Entziehung der Probefahrtkennzeichen durch die zuständige Verwaltungsbehörde oder bei Ablauf der in der Zulassungsbescheinigung vermerkten Frist sind Kennzeichen und alle erteilten Zulassungsbescheinigungen der Polizeibehörde unverzüglich abzuliefern. Unterbleibt die Ablieferung, so sind Kennzeichen und Zulassungsbescheinigungen einzuziehen; das Kennzeichen ist nach Vernichtung des Dienststempels in augenfälliger Weise unkenntlich zu machen, sofern es nicht amtlich ausgegeben ist. In gleicher Weise ist auf Antrag der Steuerbehörde zu verfahren, wenn eine neue Kraftfahrzeugsteuerkarte nicht rechtzeitig gelöst oder die Kraftfahrzeugsteuer nicht rechtzeitig entrichtet wird.

(4) Bei Verkauf eines Fahrzeugs ist die Ausstellung der Zulassungsbescheinigung und die Zuteilung des nunmehr endgültig zu führenden Kennzeichens unverzüglich bei der zuständigen höheren Verwaltungsbehörde (§ 5 Abs. 1) zu beantragen. War für das Fahrzeug eine Zulassungsbescheinigung nach Abs. 1 ausgestellt, so ist diese dem Antrag beizufügen; die höhere Verwaltungsbehörde sendet nach Zulassung des Fahrzeugs die Bescheinigung an die Behörde zurück, die sie ausgestellt hat. Dem Antrag auf endgültige Zulassung eines Fahrzeugs, für das eine Zulassungsbescheinigung nach Abs. 2 ausgestellt war, ist das Gutachten eines Sachverständigen oder die Ausfertigung der Typenbescheinigung (§ 5 Abs. 2 und 3) beizufügen.

(5) Über die nach Abs. 2 ausgestellten Zulassungsbescheinigungen hat der Empfänger eine Liste mit Beschreibung der einzelnen Fahrzeuge und Angabe über den Verbleib der Zulassungsbescheinigungen zu führen; er hat diese nach Beendigung der Probefahrten, spätestens ein Jahr nach ihrer Ausstellung, unmittelbar der Behörde, die sie ausgestellt hat, abzuliefern; dies gilt auch für Zulassungsbescheinigungen nach Abs. 1, wenn sie nicht an andere höhere Verwaltungsbehörden eingereicht sind.

(6) Über alle Probefahrten ist eine Liste zu führen, in die jede einzelne Benutzung eines Probefahrtkennzeichens unter genauer Bezeichnung des Wagens (Fabrikat, Fabriknummer des Fahrgestells und Motors) und Angabe des Führers, der Insassen, der Zeit der Abfahrt und Rückkehr, der Fahrstrecke und des Zweckes der Probefahrt einzutragen ist.

(7) Die nach Abs. 5 und 6 zu führenden Listen sind den zuständigen Beamten auf Verlangen vorzuzeigen.

(8) Bei Fahrzeugen, die auf Grund einer Zulassungsbescheinigung nach Abs. 2 mit einem vorläufigen Aufbau zu Probefahrten benutzt werden, darf auf dem Fabrikschild die Angabe des Eigengewichts (§ 4 Abs. 5) fehlen und auf der Zulassungsbescheinigung als Eigengewicht des betriebsfertigen Fahrzeugs das betriebsfertige Eigengewicht des Fahrgestells und als zulässige Belastung die Tragfähigkeit des Fahrgestells angegeben werden.

(9) Die höhere Verwaltungsbehörde hat über die ausgegebenen Probefahrtkennzeichen eine Liste zu führen. Die Liste muß erkennen lassen, ob das einzelne Kennzeichen für Kraftfahrzeuge jeder Art oder nur für Krafträder gilt. Geht ein Probefahrtkennzeichen verloren, so hat die höhere Verwaltungsbehörde dem Empfangsberechtigten ein Probefahrtkennzeichen mit einer anderen Erkennungsnummer zuzuteilen; die bisherige Erkennungsnummer darf erst nach Ablauf von drei Jahren erneut ausgegeben werden.

(10) Als Probefahrten im Sinne vorstehender Vorschriften gelten Fahrten zur Feststellung oder zum Nachweis der Gebrauchsfähigkeit von Kraftfahrzeugen, von Kraftfahrzeugbestand- oder Kraftfahrzeugzubehörteilen, wenn sie durch die Absicht der Erprobung veranlaßt sind und ihr in der Hauptsache dienen. Eine Probefahrt liegt dann nicht vor, wenn das Fahrzeug einem Kaufliebhaber gegen eine Vergütung für die Benutzung des Fahrzeugs — abgesehen von dem Ersatze der durch die Fahrt verursachten baren Auslagen für Betriebsstoffe — überlassen wird. Als Probefahrten sind ferner solche Fahrten nicht anzusehen, die mit Reklame-, Probe- oder Vorführungswagen veranstaltet werden und darauf abzielen, der Öffentlichkeit allgemein die zum Verkaufe gestellten Fahrzeuge vorzuführen, um erst die Kauflust anzuregen. Überführungsfahrten stehen den Probefahrten gleich. Als Überführungsfahrten gelten Fahrten zur Verbringung des Fahrzeugs an einen andern Ort, wenn die Fahrten durch die Absicht dieser Verbringung veranlaßt sind und ihr in der Hauptsache dienen, insbesondere Fahrten zur Verbringung von einer Herstellungsstätte an eine andere oder an eine Verkaufsstätte, bei Eigentumswechsel oder Wechsel des Wohnorts des Eigentümers an den neuen Einstellungsort, bei Verkauf ins Ausland an einen Grenzort. Als Überführungsfahrten gelten ferner Fahrten zum Zwecke des Abschleppens eines auf öffentlichen Wegen schadhaft gewordenen Kraftfahrzeugs von der Stelle, wo es schadhaft geworden ist.

(11) Auf Antrag eines Herstellers von Kraftfahrzeugen kann die oberste Landesbehörde im Bedürfnisfalle widerruflich genehmigen, daß für die Überführung von Kraftfahrzeugen von einer bestimmten Herstellungsstätte nach anderen Orten Zulassungsbescheinigungen und Probefahrtkennzeichen auch mit folgender Maßgabe ausgegeben werden: Der Hersteller hält Vordrucke von Zulassungsbescheinigungen mit viertägiger Gültigkeitsdauer nach einem vom Reichs-

verkehrsminister vorgeschriebenen Muster vorrätig. Er übergibt einer Person, die ein Kraftfahrzeug von der Herstellungsstätte nach einem neuen Einstellungsort überführen will, auf deren Verlangen eine Zulassungsbescheinigung, in die er die Beschreibung des Kraftfahrzeugs eingetragen hat. Er händigt dem Überführer ferner eine Steuerkarte mit viertägiger Gültigkeit nach näherer Bestimmung des Reichsministers der Finanzen aus. Der Überführer legt die Zulassungsbescheinigung und die Steuerkarte bei der für die Herstellungsstätte zuständigen Polizeibehörde vor, die Probefahrtkennzeichen (§ 37 Abs. 2) vorrätig hält. Einer Vorführung des Kraftfahrzeugs bei der Polizeibehörde bedarf es nicht. Die Polizeibehörde trägt in die Zulassungsbescheinigung und die Steuerkarte die Gültigkeitsdauer, die Nummer des zuzuteilenden Probefahrtkennzeichens, in die Zulassungsbescheinigung außerdem das Ziel der Überführungsfahrt ein und vollzieht die Zulassungsbescheinigung. Der Überführer hat 25 Reichsmark Sicherheit bei der Polizeibehörde zu hinterlegen. Nach der Sicherheitsleistung erhält er außer der Zulassungsbescheinigung und Steuerkarte das Probefahrtkennzeichen ausgehändigt. Dieses hat er mit der Zulassungsbescheinigung alsbald nach Beendigung der Überführungsfahrt, spätestens unverzüglich nach Ablauf der Gültigkeitsdauer, an die Polizeibehörde zurückzugeben oder unter „Einschreiben" zurückzusenden. Nach dem Empfang sendet die Polizeibehörde die geleistete Sicherheit an den Überführer oder an eine von ihm bezeichnete Stelle. Werden Kennzeichen und Zulassungsbescheinigung der Polizeibehörde nicht rechtzeitig zurückgestellt, so verfällt die Sicherheit; gegebenenfalls sind Kennzeichen und Zulassungsbescheinigung einzuziehen. Bei Verlust eines Probefahrtkennzeichens darf die bisherige Erkennungsnummer erst nach Ablauf von drei Jahren erneut ausgegeben werden. Die Polizeibehörde hat über den Verbleib der Probefahrtkennzeichen eine Liste zu führen.

§ 42.

(1) Auf die Kraftfahrzeuge der Wehrmacht, der Reichspost und der staatlichen Polizei finden die Bestimmungen dieser Verordnung mit der Maßgabe Anwendung, daß die Fahrzeuge Warnungszeichen auch mit anderen als den im § 19 Abs. 3 genannten Signalinstrumenten abgeben dürfen und daß eine jederzeitige Untersuchung der Fahrzeuge der Wehrmacht und der Reichspost und die Ausschließung dieser Fahrzeuge durch die höhere Verwaltungsbehörde (§ 35) nicht zulässig ist.

(2) Die Kraftfahrzeuge der Reichspost brauchen außerdem nicht mit einer Huppe zum Abgeben von Warnungszeichen (§ 4 Abs. 1 Nr. 4) versehen zu sein. Die für die Fuhrwerke der Reichspost nach Reichs- oder Landesgesetzen bestehenden Sonderrechte gelten auch für die Kraftfahrzeuge der Reichspost.

§ 43.

Für die Erteilung der Erlaubnis zum Führen von Kraftfahrzeugen der Wehrmacht, der Reichspost und der staatlichen Polizei sowie für die Entziehung dieser Erlaubnis gelten die besonderen Vorschriften unter Ziffer VIII der im § 14 Abs. 4 näher bezeichneten Anweisung.

§ 44.

Kraftfahrzeuge der Feuerwehren im Dienste brauchen nicht mit einer Huppe zum Abgeben von Warnungszeichen versehen zu sein (§ 4 Abs. 1 Nr. 4) und dürfen Warnungszeichen auch mit anderen als den im § 19 Abs. 3 genannten Signalinstrumenten abgeben. Sie unterliegen nicht den Vorschriften über die einzuhaltende Fahrgeschwindigkeit (§ 18) und sind befreit von den Vorschriften über das Ausweichen, Halten, Überholen und Vorfahren in den in den §§ 22 bis 24 und 28 genannten Fällen und von sonst von den

Polizeibehörden angeordneten Verboten oder Beschränkungen; das gleiche gilt für im Dienste befindliche Kraftfahrzeuge der Wehrmacht und der staatlichen Polizei, wenn Gefahr im Verzuge ist; die oberste Landesbehörde kann bei dringendem öffentlichen Interesse für ihren Bereich anderen Kraftfahrzeugen die gleiche Befreiung gewähren; sie erläßt Vorschriften über eine besondere Kenntlichmachung dieser Fahrzeuge.

H. Schluß- und Übergangsbestimmungen.

§ 45.

(1) Welche Behörden unter der Bezeichnung „Polizeibehörde" und „höhere Verwaltungsbehörde" zu verstehen sind, bestimmt die oberste Landesbehörde.

(2) Reichswehr- und Reichspostminister bestimmen je für ihren Dienstbereich die Dienststellen, welche die der höheren Verwaltungsbehörde zugewiesenen Befugnisse ausüben,

a) bei Prüfung, Zulassung und Kennzeichnung ihrer Kraftfahrzeuge, bei Entscheidung darüber, ob Anhängewagen mit Bremse und Bergstütze versehen sein müssen, bei Zulassung des Mitführens von Anhängeachsen zur Personenbeförderung (§ 5 Abs. 1 und 2, §§ 6 und 32 Abs. 3 und Abs. 4 Satz 4, §§ 37 und 41 Abs. 1, 4 und 9, ferner § 41 Abs. 2 für ihre reichseigenen Betriebe);

b) bei Prüfung ihrer Kraftfahrzeugführer sowie Erteilung und Entziehung der Fahrerlaubnis (§§ 14, 36 Abs. 1 und Anlage);

c) bei Anerkennung von Angehörigen ihres Dienstbereichs als Sachverständige (§ 5 Abs. 2 und Anlage Ziffer III).

(3) Die Mitwirkung der Polizeibehörde nach § 6 Abs. 2 Satz 2, §§ 9, 12, 39 und 41 unterbleibt in diesen Fällen, die in der Anlage vorgesehene braucht nicht stattzufinden.

(4) Der Reichsverkehrsminister setzt mit Zustimmung des Reichsrats die Anforderungen fest, denen die von den höheren Verwaltungsbehörden anzuerkennenden Sachverständigen und die der Wehrmacht und Reichspost genügen müssen.

§ 46.

Der Reichsverkehrsminister setzt die Gebühren fest, die den amtlich anerkannten Sachverständigen für die Prüfung von Kraftfahrzeugen (§ 5 Abs. 2 und 3) und Kraftfahrzeugführern (§ 14 Abs. 4) zustehen; er hat davon dem Reichsrat unverzüglich Kenntnis zu geben; erhebt der Reichsrat innerhalb eines Monats Widerspruch, so hat der Reichsverkehrsminister diese Gebühren aufzuheben und die bisherigen wieder in Kraft zu setzen.

Zweiter Abschnitt.

Kleinkrafträder.

§ 47.

Als Kleinkrafträder im Sinne des § 27 des Gesetzes über den Verkehr mit Kraftfahrzeugen vom 3. Mai 1909/21. Juli 1923 und dieser Vorschriften gelten Krafträder (§ 1 Nr. 2) mit Antrieb durch Verbrennungsmaschine, wenn der Hubraum der Maschine nicht mehr als 200 Kubikzentimeter beträgt. Die Berechnung des Hubraums erfolgt nach den für die Berechnung des Hubraums von Kraftfahrzeugen im allgemeinen geltenden Vorschriften.

§ 48.

Für Kleinkrafträder, die nur innerhalb des Deutschen Reichs verwendet werden sollen, und ihre Führer gelten sinngemäß die Vorschriften des § 2 Abs. 1 und 2, § 3, § 4

Abs. 1, 2, 4 und 7, §§ 7 bis 13, 16 bis 31, 33, 35, 39, 42, 44 bis 46 des ersten Abschnitts dieser Verordnung mit folgenden Änderungen und Ergänzungen:

1. An einer sichtbaren Stelle der Antriebsmaschine oder des Fahrgestells muß die Firma, von der die Antriebsmaschine hergestellt ist, deren Fabriknummer und die Anzahl ihrer Pferdestärken sowie ihr Hubraum angegeben sein. Die Angaben müssen auf ein durch Nieten befestigtes Schild oder unmittelbar auf das Kurbelgehäuse eingeschlagen oder eingeätzt sein; die Fabriknummer muß außerdem auf die Zylinder eingeschlagen sein.

2. Wenn ein Kleinkraftrad in Betrieb genommen werden soll, hat der Eigentümer bei der für seinen Wohnort zuständigen höheren Verwaltungsbehörde die Zuteilung eines polizeilichen Kennzeichens schriftlich zu beantragen. Der Antrag muß enthalten:

a) Namen, Beruf (Gewerbe) und Wohnort des Eigentümers,

b) die Firma, die die Antriebsmaschine hergestellt hat, sowie deren Fabriknummer,

c) Anzahl der Pferdestärken, Hubraum, Zahl der Zylinder, Durchmesser der Zylinder und Kolbenhub.

Dem Antrag ist das Gutachten eines von der höheren Verwaltungsbehörde anerkannten Sachverständigen beizufügen, das die Richtigkeit der Angaben unter b und c bestätigt. Dieses Gutachten kann ersetzt werden durch das Gutachten einer Firma, die von der zuständigen höheren Verwaltungsbehörde ermächtigt worden ist, Gutachten im Sinne des Satzes 1 auszustellen. Die höhere Verwaltungsbehörde kann eine solche Ermächtigung einer zuverlässigen, ins Handelsregister eingetragenen Firma, deren Sitz sich im Bezirke der Behörde befindet, auf schriftlichen Antrag widerruflich erteilen, wenn entweder die Herstellung von Antriebsmaschinen oder der Handel mit Antriebsmaschinen ausländischer Herstellung zum Geschäftsbetriebe der Firma gehört; in letzterem Falle muß die Firma nachweisen, daß sie zum alleinigen Vertriebe von Antriebsmaschinen der betreffenden Gattung im Deutschen Reiche berechtigt ist. Jedem von einer Firma ausgestellten Gutachten muß ein polizeilich beglaubigter Abdruck der von der höheren Verwaltungsbehörde erteilten Ermächtigung beigefügt sein. Über die ausgestellten Gutachten hat die Firma ein Verzeichnis zu führen und auf Verlangen dem zuständigen Beamten vorzulegen. Im Falle des Widerrufs verliert die Ermächtigung ihre Gültigkeit. Die höhere Verwaltungsbehörde hat von jedem Falle der Erteilung oder des Widerrufs einer Ermächtigung der Sammelstelle für Nachrichten über Führer von Kraftfahrzeugen (Polizeipräsidium in Berlin) Kenntnis zu geben. Die Sammelstelle erteilt Behörden Auskunft darüber, ob eine Firma im Besitze der Ermächtigung ist.

3. Die höhere Verwaltungsbehörde entscheidet über den Antrag auf Zuteilung eines polizeilichen Kennzeichens. Im Falle der Zuteilung hat sie das Kleinkraftrad in eine Liste einzutragen und dem Antragsteller von der Zuteilung des polizeilichen Kennzeichens Mitteilung zu machen sowie über die Zuteilung des Kennzeichens und die Eintragung des Kleinkraftrades eine Bescheinigung auszufertigen. Die Aushändigung der Bescheinigung erfolgt durch die für den Ort, wo das Kleinkraftrad in Betrieb gesetzt werden soll, zuständige Polizeibehörde. Die Muster der Liste und der Bescheinigung schreibt der Reichsverkehrsminister vor.

Treten bei einem Kleinkraftrad Änderungen ein, die eine Berichtigung der Liste und der Bescheinigung erforderlich machen, oder verlegt der Eigentümer eines Kleinkraftrades seinen Wohnort in den Bezirk einer anderen höheren Verwaltungsbehörde, oder soll ein Kleinkraftrad zum Verkehr auf öffentlichen Wegen nicht mehr verwendet werden, oder geht ein Kleinkraftrad, dem ein polizeiliches Kennzeichen zugeteilt ist, auf einen anderen Eigentümer über, so gelten die Vorschriften des § 6 sinngemäß.

4. Werden Tatsachen festgestellt, welche die Annahme rechtfertigen, daß eine Person zum Führen von Kleinkrafträdern ungeeignet ist, so kann ihr die für ihren Wohnort zuständige höhere Verwaltungsbehörde die Führung von Kleinkrafträdern dauernd oder zeitweise untersagen. Die Untersagung ist für das ganze Reich wirksam. Von jeder Untersagung und deren Zurücknahme hat die höhere Verwaltungsbehörde der Sammelstelle in Berlin umgehend Mitteilung zu machen. In den Fällen der Untersagung sind die Gründe kurz anzugeben. Personen unter 16 Jahren ist das Führen von Kleinkrafträdern nicht gestattet. Die höhere Verwaltungsbehörde kann auf Antrag Ausnahmen genehmigen; sie stellt darüber besondere Ausweise aus.

Der Führer eines Kleinkraftrades hat die Bescheinigung (Nr. 3 Abs. 1 Satz 2) bei der Benutzung des Fahrzeugs auf öffentlichen Wegen bei sich zu führen und auf Verlangen den zuständigen Beamten vorzuzeigen.

5. Für technische Prüfungen von Kleinkrafträdern gilt die Anweisung über die Prüfung von Kraftfahrzeugen (§ 5 Abs. 4) entsprechend.

6. Für die Zuteilung von Probefahrtkennzeichen gilt § 41 Abs. 1, 2, 3, 5, 7, 9 und 10 entsprechend mit der Maßgabe, daß das Probefahrtkennzeichen in grüner Balkenschrift auf weißem, grüngerandetem Grunde herzustellen ist, und daß der Führer an Stelle einer Zulassungsbescheinigung eine Bescheinigung der höheren Verwaltungsbehörde über die Zuteilung des Probefahrtkennzeichens nach einem vom Reichsverkehrsminister vorgeschriebenen Muster mitzuführen hat.

§ 49.

Für Kleinkrafträder, die zum internationalen Verkehre zugelassen werden sollen (Abschnitt B der Verordnung über internationalen Kraftfahrzeugverkehr vom 5. Dezember 1925 in der Fassung der Verordnung vom 16. März 1928 — Reichsgesetzbl. I S. 66 —) und ihre Führer gelten die Vorschriften des ersten Abschnitts dieser Verordnung mit Ausnahme des § 5 Abs. 3.

Dritter Abschnitt.

Strafvorschriften.

§ 50.

(1) Wer den Vorschriften über den Verkehr mit Kleinkrafträdern zuwiderhandelt, wird mit Geldstrafe bis zu 150 Reichsmark oder mit Haft bestraft.

(2) Wer den sonstigen Vorschriften dieser Verordnung zuwiderhandelt, wird nach den Strafvorschriften des III. Abschnitts des Gesetzes über den Verkehr mit Kraftfahrzeugen bestraft.

4.

Berliner Straßenverkehrsordnung.

Vom 15. Januar 1929.

A.

Erster Hauptteil.

Die Regelung des Straßenverkehrs.

(Straßenverkehrsordnung.)

Erster Abschnitt.

Einleitende Bestimmungen.

§ 1.

Begriffsbestimmungen.

(1) Straßen im Sinne dieser Verordnung sind alle Straßen, Wege, Chausseen, Plätze, Brücken, Durchfahrten, Durchgänge, Tunnels, Über- und Unterführungen, soweit sie für den öffentlichen Verkehr benutzt werden.

(2) Fahrbahn ist der Teil der Straße, der dem Verkehr der Fahrzeuge dient. Wo neben der befestigten eine unbefestigte Fahrbahn (Sommerweg) vorhanden ist, gilt jede der beiden Fahrbahnen für die Anwendung der Bestimmungen über den Fahrzeugverkehr[1]) als selbständige Straße. Ein besonders angelegter Reit- oder Radfahrweg, der als solcher gekennzeichnet ist, gilt nicht als Teil der Fahrbahn.

---

[1]) Vgl. §§ 14 ff.

(3) Gehbahn ist der Teil der Straße, der nur dem Verkehr der Fußgänger dient und durch Bordschwellen oder in sonst erkennbarer Weise von der Fahrbahn getrennt ist. Als Gehbahn gilt auch ein an der Seite von Straßen hinführender nicht erhöhter, leicht befestigter Streifen (Bankett) sowie ein Fuß- oder Promenadenweg in öffentlichen Park- und Grünanlagen.

(4) Schutzwege sind die in der Verlängerung der Gehbahnen gedachten oder durch Linien oder in anderer Weise auf der Fahrbahn gekennzeichneten Fußgängerüberwege über die Fahrbahn.

(5) Schutzinseln sind die durch Linien oder durch bauliche Anlagen gekennzeichneten Teile der Fahrbahn, die dem Schutze der Fußgänger dienen.

(6) Parkplätze sind die durch Linien oder in anderer Weise gekennzeichneten Teile der Fahrbahn, die als Halteplätze für Fahrzeuge dienen.

(7) Einbahnstraßen sind diejenigen Straßen, in denen die Fahrbahn nur für den Verkehr in einer Richtung freigegeben ist.

(8) Wegebenutzer sind Schienenfahrzeuge, Fuhrwerke, Kraftfahrzeuge einschließlich Kleinkrafträder, Radfahrer, Reiter, marschierende Abteilungen, Aufzüge sowie getriebene oder geführte Tiere, ausgenommen Hunde.

(9) Fahrzeuge sind Fuhrwerke und Kraftfahrzeuge.

(10) Fuhrwerke sind Fahrzeuge, die für das Fortbewegen durch Menschen oder Tiere eingerichtet und nicht an Bahngleise gebunden sind, ausgenommen Fahrräder, Rollstühle oder Selbstfahrer für Kranke, einrädrige Schubkarren und Kinderwagen, Kinderleiterwagen oder dergl.

(11) Kraftfahrzeuge sind Landfahrzeuge, die durch Maschinenkraft bewegt werden, ohne an Bahngleise gebunden zu sein.

(12) Schienenfahrzeuge sind Fahrzeuge, die auf der Straße durch Maschinenkraft bewegt werden und an Bahngleise gebunden sind.

(13) Lastfahrzeuge sind beladene oder unbeladene Fahrzeuge, die durch Bauart, Einrichtung und Tragfähigkeit zur Beförderung von Lasten bestimmt sind.

(14) Anhalten ist das Zumstillstandbringen eines Fahrzeugs.

(15) Halten ist das Stehen- oder Wartenlassen eines Fahrzeugs für die Zeit, die zum Ein- oder Aussteigen oder Be- oder Entladen erforderlich ist.

(16) Parken ist das Stehen- oder Wartenlassen eines Fahrzeugs für eine längere Zeit, als zum Ein- oder Aussteigen oder Be- oder Entladen erforderlich ist.

(17) Schrittgeschwindigkeit ist eine Geschwindigkeit von etwa 6 km in der Stunde.

(18) Dunkelheit ist in den Monaten April bis September die Zeit von einer Stunde nach Sonnenuntergang bis eine Stunde vor Sonnenaufgang, in den übrigen Monaten die Zeit von einer halben Stunde nach Sonnenuntergang bis eine halbe Stunde vor Sonnenaufgang.

§ 2.

Verhalten auf der Straße.

(1) Auf der Straße ist jedermann verpflichtet, Rücksicht auf den Straßenverkehr zu nehmen und die zur Wahrung der Ordnung, Sicherheit und Leichtigkeit des Verkehrs erforderliche Vorsicht und Aufmerksamkeit anzuwenden.

(2) Auf Kranke und Gebrechliche, insbesondere die durch gelbe Armbinde kenntlich gemachten kriegsverletzten, blinden und tauben Fußgänger ist besonders Rücksicht zu nehmen.

§ 3.
Polizeiliche Weisungen.

(1) Den polizeilichen Weisungen, die zur Wahrung der Ordnung, Ruhe, Sicherheit und Leichtigkeit des Verkehrs oder zum Schutze der auf der Straße verkehrenden Personen und ihres Eigentums ergehen, ist Folge zu leisten, auch wenn sie nur durch Zeichen gegeben werden.

(2) Insbesondere hat jeder Wegebenutzer auf den Haltruf oder das Haltzeichen eines Polizeibeamten, der als solcher kenntlich ist, sofort anzuhalten.

(3) Den zur Regelung des Verkehrs auf der Straße befindlichen Polizeibeamten hat jedermann auszuweichen.

(4) Die von diesen Beamten selbst oder mittels mechanischer Vorrichtungen gegebenen Zeichen bedeuten:

a) Winken in der Fahrtrichtung: „Frei Fahrt“;
b) Hochheben eines Armes: „Achtung — Anhalten“;
c) Seitliches Ausstrecken eines Armes oder beider Arme: „Halt“.

(5) Werden Lichtzeichen verwendet, so bedeutet:

a) grünes Licht: „Freie Fahrt“;
b) gelbes Licht: „Achtung — Anhalten“;
c) rotes Licht: „Halt“;
d) Blinklicht: „Langsam fahren“.

(6) Das Zeichen „Freie Fahrt“ gibt die Straße für den Verkehr frei. Fußgänger haben auf dieses Zeichen an Straßenkreuzungen in gleicher Richtung mit dem Fahrzeugverkehr die Fahrbahn auf den Schutzwegen — und zwar beschleunigt — zu überschreiten. Fahrzeuge, die ihre Fahrtrichtung wechseln wollen, dürfen sowohl nach rechts wie nach links aus der freigegebenen in die gesperrte Straße einbiegen, bei Ausführung dieser Bewegung aber nicht vor die Fahrzeuge vorbiegen, die ihre Fahrtrichtung nicht ändern wollen. Fahrzeuge, die links einbiegen wollen, dürfen die Bewegung

jedoch nur ausführen, wenn sie in der freigegebenen Straße den entgegenflutenden Fahrzeugverkehr nicht stören. Besteht entgegenflutender Fahrzeugverkehr, so ist die Bewegung erst auszuführen, wenn nach dem Zeichen „Freie Fahrt" das Zeichen „Achtung — Anhalten" (vgl. Abs. 7) erschienen ist. Straßenbahngleise, die in der freigegebenen Fahrtrichtung laufen, sind freizuhalten.[1])

(7) Das Zeichen „Achtung — Anhalten" kündigt den Wechsel an. Auf dieses Zeichen darf in der bisher freigegebenen Straße kein Fahrzeug mehr den Schutzweg überfahren. Die bereits auf den Schutzwegen oder der Straßenkreuzung befindlichen Fahrzeuge haben sie schnellstens zu verlassen. Die Fußgänger dürfen einen bisher freigegebenen Schutzweg nicht neu betreten oder haben ihn schleunigst zu räumen.

(8) Das Zeichen „Halt" sperrt die Straße außerhalb der Schutzwege für jeden Verkehr. Die Fahrzeuge haben, dicht aufgefahren, hintereinander und nebeneinander so weit vor dem Schutzwege anzuhalten, daß kein Teil eines Fahrzeuges in ihn hineinragt. Fahrzeuge, die rechts einbiegen wollen, haben sich hierbei möglichst weit rechts, Fahrzeuge, die links einbiegen wollen, möglichst weit links einzuordnen. Straßenbahngleise sind freizulassen, soweit neben ihnen mindestens ein Fahrzeug stehen kann.

§ 4.

Verkehrszeichen.

(1) Die auf der Straße

a) zur Kenntlichmachung gefährlicher Stellen für den Kraftfahrzeugverkehr gemäß Verordnung des Reichsverkehrsministers vom 8. Juli 1927 (RGBl. I S. 177) aufgestellten Gefahrenschilder (vgl. Anl. I),

---

[1]) Wegen der Fahrgeschwindigkeit vgl. § 11 (5) a.

b) zur Bekanntgabe von Sperrungen, von Geschwindigkeits- oder sonstigen Verkehrsbeschränkungen aufgestellten Sperr-, Geschwindigkeits- und Richtungsschilder (vgl. Anl. II bis VII) und

c) zur Kennzeichnung der Einbahnstraßen, der Verkehrsstraßen erster Ordnung, der durch besondere Polizeiverordnung bezeichneten Hauptverkehrswege [vgl. § 21 (2) c], der Parkplätze, der Radfahr-, Reit- und Fußgängerüberwege (vgl. Anl. VIII und IX) aufgestellten Schilder

sind zu beachten.

(2) Die Aufstellung oder Anbringung der Verkehrszeichen erfolgt lediglich auf Grund polizeilicher Anordnung. Die Anbringung von Reklame an den Schildern ist verboten. Tafeln, die nach Form und Farbe zu Verwechselungen mit den von der Polizeibehörde oder auf ihre Veranlassung angebrachten Verkehrszeichen (vgl. Abs. 1) Anlaß geben können, dürfen auf und an öffentlichen Wegen nicht angebracht werden. Ebenso ist es verboten, Reklametafeln irgendwelcher Art innerhalb eines Umkreises

von 100 m auf freier Strecke,
von 10 m innerhalb bebauter Ortschaften

von den genannten Verkehrszeichen aufzustellen.

(3) Es ist verboten, Verkehrszeichen zu beschmutzen, zu beschädigen, unkenntlich zu machen oder zu verstellen.

(4) Die Anbringung von Schildern an Hauseinfahrten mit der Aufschrift „Autoausfahrt" oder ähnlichen Aufschriften ist verboten.

§ 5.

Verkehrshindernisse.

(1) Gegenstände, durch welche der freie Verkehr behindert wird oder die Ordnung, Sicherheit und Leichtigkeit des Verkehrs beeinträchtigt werden, dürfen auf der Straße weder

getragen noch aufgestellt, hingelegt, hin- oder abgeworfen, ausgegossen, stehen- oder liegengelassen werden. Ausnahmen bedürfen polizeilicher Erlaubnis.

(2) Wer ohne Erlaubnis auf der Straße ein Hindernis herstellt oder herstellen läßt, ist zu dessen umgehenden Beseitigung verpflichtet.

§ 6.

Polizeiliche Erlaubnis. Sonstige Bescheinigungen.

(1) In allen Fällen, in denen nach den Vorschriften dieser Polizeiverordnung eine polizeiliche Erlaubnis vorgeschrieben ist, darf die Handlung oder Unterlassung nicht vor Erteilung der Erlaubnis vorgenommen werden. Die Erlaubnis wird durch Aushändigung einer Bescheinigung erteilt. Die Bescheinigung muß mitgeführt und auf Verlangen jederzeit den zuständigen Beamten vorgezeigt oder zur Prüfung übergeben werden.

(2) Soweit auf Grund anderer Bestimmungen für Fahrzeugführer ein Führerschein oder eine Bescheinigung über die Zulassung eines Fahrzeugs vorgeschrieben ist, haben die Führer diese Urkunden bei der Benutzung des Fahrzeugs auf öffentlichen Straßen bei sich zu führen und auf Verlangen den zuständigen Beamten vorzuzeigen oder zur Prüfung zu übergeben.

§ 7.

Straßensperrungen und sonstige Verkehrsbeschränkungen.

(1) Soweit Straßen oder Straßenteile gesperrt oder sonstige Verkehrsbeschränkungen angeordnet sind und diese Sperrungen oder Verkehrsbeschränkungen durch Verkehrszeichen (vgl. § 4) oder sonstige Kennzeichnungen sichtbar gemacht sind, ist jede Zuwiderhandlung verboten.

(2) Welche Straßen für den Fahrzeugverkehr gesperrt sind, wird — unbeschadet der für den Kraftfahrzeugverkehr

erlassenen landespolizeilichen Anordnungen — durch besondere Polizeiverordnung bestimmt. Welche Straßen Einbahnstraßen oder Verkehrsstraßen erster Ordnung sind und für welche Straßen sonstige besondere Verkehrs- und Geschwindigkeitsbeschränkungen gelten, wird ebenfalls durch besondere Polizeiverordnung geregelt.

(3) Die in dieser Polizeiverordnung oder auf Grund dieser Polizeiverordnung angeordneten Sperren gelten nicht für die Fahrzeuge der Reichspost, soweit der Paket- und Briefbestelldienst in Frage kommt, für Kranken- und Rettungswagen, die Hilfsgerätewagen der öffentlichen Verkehrsgesellschaften sowie in Tätigkeit befindliche Spreng- und Kehrmaschinen. Weitere Ausnahmen bedürfen der polizeilichen Erlaubnis.

Zweiter Abschnitt.

Fahrzeugverkehr.

I.

Allgemeines.

§ 8.

Beschaffenheit der Fahrzeuge.

(1) Jedes Fahrzeug muß sich auf der Straße in verkehrssicherem Zustande befinden und insbesondere so gebaut und ausgerüstet sein, daß Feuers- und Explosionsgefahr sowie jede Belästigung von Personen und Gefährdung anderer Fahrzeuge durch Geräusch, Rauch, Dampf oder üblen Geruch ausgeschlossen ist. Das Obergestell eines Fahrzeuges, das Flüssigkeiten befördert, muß abgefedert sein.

(2) Der Halter eines Fahrzeuges darf die Inbetriebnahme nicht anordnen oder zulassen, wenn ihm ein Mangel des Fahrzeugs, der Bespannung oder der Ladung bekannt ist.

§ 9.

Länge der Fahrzeuge.

Die Länge der Fahrzeugzüge darf einschließlich der Ladung 18 m nicht überschreiten.

Ausnahmen bedürfen der polizeilichen Erlaubnis.

§ 10.

Besondere Verpflichtungen des Führers.

(1) Der Führer ist zur Beachtung der für den Fahrzeugverkehr erlassenen Vorschriften und insbesondere zu rücksichtsvoller und vorsichtiger Leitung und Bedienung seines Fahrzeugs verpflichtet. Er muß wach und nüchtern sein, darf die Fahrbahn nicht aus den Augen lassen und muß das Fahrzeug stets in seiner Gewalt haben.

(2) Der Führer ist insbesondere dafür verantwortlich, daß

a) das Fahrzeug mit den nach dieser Verordnung und den auf Grund anderer Bestimmungen vorgeschriebenen Vermerken und polizeilichen Kennzeichen versehen ist,

b) das Fahrzeug und das Kennzeichen, soweit ein solches vorgeschrieben ist, während der Dunkelheit und bei starkem Nebel in vorgeschriebener Weise beleuchtet sind,

c) die zulässige Belastung nicht überschritten wird,

d) das Fahrzeug, die Bespannung und die Ladung sich in vorschriftsmäßigem Zustande befinden,

e) eine Belästigung von Personen oder Gefährdung von Fahrzeugen durch Geräusch, Rauch, Dampf oder üblen Geruch in keinem Falle eintritt,

f) stark wirkende Scheinwerfer innerhalb beleuchteter Ortsteile und überall, wo die Sicherheit des Verkehrs es erfordert, insbesondere beim Begegnen mit anderen Fahrzeugen, abgeblendet werden, ausgenommen bei starkem Nebel. Übermäßig stark wirkende Scheinwerfer dürfen nicht verwendet werden.

(3) Der Führer hat sich vor jeder Fahrt von dem Zustand des Fahrzeuges zu überzeugen. Stellen sich Mängel unterwegs ein, so hat er für Abhilfe zu sorgen oder das Fahrzeug aus dem Verkehr zu ziehen.

§ 11.

Fahrgeschwindigkeit.

(1) Der Führer hat die Fahrgeschwindigkeit so einzurichten, daß er in der Lage bleibt, seinen Verpflichtungen Genüge zu leisten.

(2) Überall dort, wo lebhafter Verkehr herrscht, wo der Überblick über die Fahrbahn behindert, die Sicherheit des Fahrens durch die Beschaffenheit der Straße oder durch Dunkelheit und Nebel beeinträchtigt ist, sowie vor Fußgängerüberwegen an Kreuzungen, an denen eine Verkehrsregelung nicht stattfindet, muß so langsam gefahren werden, daß das Fahrzeug auf kürzeste Entfernung zum Stehen gebracht werden kann. Das gleiche gilt vor Fußgängerüberwegen, die durch Schilder als solche besonders kenntlich gemacht sind. Vor Schulen, Krankenhäusern und ähnlichen Anstalten ist vorsichtig und langsam zu fahren, soweit Schilder der in der Anlage V bezeichneten Art aufgestellt sind.

(3) Die höchstzulässige Fahrgeschwindigkeit beträgt für Kraftfahrzeuge bis zu 5,5 t Gesamtgewicht innerhalb geschlossener Ortsteile 40 km, für Kraftfahrzeuge von mehr als 5,5 t Gesamtgewicht 30 km in der Stunde.[1]) Bei Mitführen von Anhängern beträgt die höchstzulässige Fahrgeschwindigkeit für alle Kraftfahrzeuge innerhalb geschlossener Ortsteile 16 km in der Stunde.

---

[1]) Für Kraftfahrzeuge, die vor dem 1. Juli 1928 zum Verkehr zugelassen sind, beträgt bis zum 1. Juli 1929 die höchstzulässige Fahrgeschwindigkeit 25 km in der Stunde, sofern die Vollgummibereifung nicht hochelastisch ist.

(4) Alle Fahrzeuge, die wegen ihrer Bauart oder Ladung bei schnellerer Fahrt ein außergewöhnliches Geräusch verursachen, insbesondere schwerbeladene Arbeitsfahrzeuge, dürfen innerhalb geschlossener Ortsteile überall nur in Schrittgeschwindigkeit fahren.

(5) Ferner müssen sämtliche Fahrzeuge in Schrittgeschwindigkeit fahren:

a) während des Einbiegens in eine andere Straße, solange die Schutzwege überquert werden,[1])
b) während des Einfahrens und Einbiegens in einen Hauptverkehrsweg, falls an der Kreuzung keine Verkehrsregelung stattfindet,
c) während der Ausfahrt von einem Grundstück auf die Straße [2])
d) während der Einfahrt von der Straße auf ein Grundstück.

(6) Fuhrwerke dürfen nicht im Galopp fahren.

§ 12.

Warnungs- und Rufzeichen.

(1) Der Führer hat Personen, die sich in gefährlicher Nähe des Fahrzeuges befinden, rechtzeitig durch Zeichen, Zuruf oder in sonst geeigneter Weise zu warnen. Merkt der Führer, daß ein Pferd oder ein anderes Tier vor dem Fahrzeug unruhig wird oder scheut, oder daß sonst durch das Vorbeifahren mit dem Fahrzeuge Menschen oder Tiere in Gefahr gebracht werden, so hat er langsam zu fahren und erforderlichenfalls anzuhalten. Die unnötige Abgabe von Warnungszeichen und jede Abgabe von Rufzeichen mit Signalinstrumenten ist verboten.

---

[1]) Vgl. § 3 (6) und 17 (3 bis 5).

[2]) Vgl. § 15 (2).

(2) Die Benutzung von Hupen bleibt ausschließlich den Kraftfahrzeugen vorbehalten und ist für andere Fahrzeuge verboten.[1])

(3) Für Kraftfahrzeuge gelten besondere reichsgesetzliche Vorschriften.[2])

§ 13.

Andere Zeichen des Fahrzeugführers.

(1) Der Führer hat anderen Personen die Absicht des Anhaltens durch senkrechtes Hochhalten des Armes, die Absicht des Umwendens und des Verlassens der bisher verfolgten Fahrtrichtung durch wagerechtes Halten des Armes in der Richtung des Wechsels rechtzeitig zu erkennen zu geben.

(2) Zum Abgeben der Zeichen kann auch eine mechanische Einrichtung benutzt werden. Fahrtrichtungsanzeiger müssen

---

[1]) Vgl. auch § 28 (10) und § 40 (1) Ziff. 2.

[2]) § 19 der Verordnung über den Kraftfahrzeugverkehr lautet:

(1) Der Führer hat überall dort, wo es die Sicherheit des Verkehrs erfordert, durch deutlich hörbare Warnungszeichen rechtzeitig auf das Nahen des Kraftfahrzeuges aufmerksam zu machen.

(2) Das Abgeben von Warnungszeichen ist sofort einzustellen, wenn Pferde oder andere Tiere dadurch unruhig oder scheu werden.

(3) Innerhalb geschlossener Ortsteile dürfen Warnungszeichen nur mit der vorgeschriebenen Hupe abgegeben werden; die Warnungszeichen müssen kurz, ihre Klangfarbe und Klangstärke so beschaffen sein, daß im Gefahrbereiche befindliche Personen gewarnt, im weiteren Umkreis befindliche Personen aber nicht belästigt werden. Außerhalb geschlossener Ortsteile darf auch eine Pfeife benutzt werden. Die Benutzung von Signalinstrumenten zur Abgabe von anderen als Warnungszeichen, insbesondere von Rufzeichen, ist innerhalb geschlossener Ortsteile verboten.

(4) Das Abgeben langgezogener Warnungszeichen, die Ähnlichkeit mit Feuersignalen haben, und die Anbringung und Verwendung anderer als der im Abs. 3 genannten Signalinstrumente ist verboten.

so angebracht sein, daß der Führer den Stand des Zeigers jederzeit beobachten kann.

(3) Die Zeichen müssen deutlich erkennbar sein und dürfen nicht länger als nötig abgegeben werden.

§ 14.

Fahren auf der Fahrbahn.

(1) Der Verkehr mit Fahrzeugen ist auf die hierfür bestimmten Fahrbahnen beschränkt. Eine Gefährdung der auf der Gehbahn befindlichen Fußgänger darf nicht eintreten. Wo keine erkennbaren Gehbahnen vorhanden sind und die Breite der Fahrbahn es zuläßt, haben die Fahrzeuge mindestens 1 m Abstand vom Straßenrande zu halten.

(2) In Straßen mit zwei Fahrbahnen haben, unbeschadet besonderer polizeilicher Anordnungen, alle Fahrzeuge ausschließlich auf der in ihrer Fahrtrichtung rechts liegenden Fahrbahn zu fahren; jede Fahrbahn gilt insoweit als Einbahnstraße. Zur Fahrt von der rechten Fahrbahn nach einem an der linken Fahrbahn ligenden Ziele darf erst auf der nächsten hinter dem Ziele gelegenen Überfahrt (Querstraße) nach der linken Fahrbahn eingebogen werden, so daß die Vorfahrt an dem Ziel in der vorgeschriebenen Fahrtrichtung erfolgt.

(3) In den Straßen mit drei Fahrbahnen darf die mittlere Fahrbahn nur von Kraftfahrzeugen benutzt werden.

(4) Für mehrere nebeneinanderliegende Brückendurchfahrten gelten die Bestimmungen der Abs. 2 und 3 entsprechend.

(5) Lastfahrzeugen ist das Befahren aller Straßenbahngleise in der Längsrichtung verboten, soweit die Fahrbahn neben dem Gleise genügenden Raum bietet.

(6) Verkehrsstraßen erster Ordnung dürfen in der Zeit von 8 bis 20 Uhr von Lastfahrzeugen, Handwagen und Handkarren in der Längsrichtung im Durchgangsverkehr nicht

durchfahren werden. Der Polizeipräsident kann dieses Verbot vorübergehend auch für andere Straßen erlassen und es vorübergehend auf alle Fuhrwerke ausdehnen. Fahrzeuge, die zur Beförderung von Lasten bestimmt sind, und deren Gesamtgewicht einschließlich der Ladung 2,5 t nicht überschreitet, gelten im Sinne des Satzes 1 nicht als Lastfahrzeuge, wenn sie nach der Bauart eine Geschwindigkeit von 40 km entwickeln können.

(7) Fuhrwerke dürfen nicht nebeneinander in gleicher Richtung fahren, soweit es nicht im Überholen für kurze Zeit notwendig ist.

(8) Es ist den Führern von Handwagen oder Handkarren verboten, auf diesen in abschüssigen Straßen hinabzufahren.

(9) Das Wettfahren und die Veranstaltung von Wettfahrten auf der Straße sind verboten.

(10) Das zwecklose oder wiederholte Hin- und Herfahren auf kurzer Strecke, insbesondere zum Einfahren von Fahrzeugen oder Anlernen von Führern, ist verboten.

(11) Auf Fahrzeuge während der Fahrt auf- oder von ihnen abzuspringen oder sich daran festzuhalten, anzuhängen oder aufzuhocken ist verboten.

(12) Bleibt ein Fahrzeug infolge Unfalls oder Versagens der bewegenden Kraft liegen, so hat der Führer oder Halter des Fahrzeuges sofort für seine Wegschaffung zu sorgen. Eine einstweilige Belassung des Fahrzeuges am Rande der Fahrbahn ist nur mit polizeilicher Erlaubnis gestattet.

§ 15.

Anfahrt und Ausfahrt.

(1) Das Anfahren der Fahrzeuge ist nur in der vorgeschriebenen Fahrtrichtung gestattet.

(2) Die Ausfahrt von Fahrzeugen von einem Grundstück auf die Straße darf erst erfolgen, nachdem durch Stellung von

Aufsicht oder in sonst geeigneter Weise dafür gesorgt worden ist, daß eine Gefährdung des Straßenverkehrs nicht eintreten kann.[1]) Bei stärkerem Straßenverkehr hat sich die Aufsichtsperson einer roten Fahne oder gelbroten Laterne zu bedienen.

(3) Rückwärtsfahren während der Ausfahrt von einem Grundstück auf die Straße und während der Einfahrt ist nur gestattet, wenn genügender Raum zum Umwenden auf dem Grundstück nicht vorhanden ist. Die Sicherungsvorschriften des Abs. 2 finden entsprechende Anwendung.

(4) Auf der Gehbahn dürfen die Fahrzeuge weder beim Ausfahren noch beim Einfahren anhalten. Die Gehbahn darf von Fahrzeugen nur auf den besonders vorgesehenen Anfahrten gebraucht werden.

§ 16.

Das Halten und Parken der Fahrzeuge auf der Straße.

(1) Der Führer eines Fahrzeuges darf weder beim Anhalten noch beim Halten oder Parken den Verkehr behindern.

(2) Das Halten und Parken ist verboten:

a) auf einer Straßenkreuzung, an einer engen Stelle oder scharfen Krümmung der Fahrbahn,

b) vor einer Straßenkreuzung, an der der Verkehr durch Zeichen geregelt wird, und in Einbahnstraßen innerhalb einer Entfernung von 15 m vor dem Schutzweg,

c) innerhalb einer Entfernung von 5 m vor und 10 m hinter den Straßenecken oder den Haltestellen der Straßenbahnen oder Kraftomnibusse,

d) an Droschkenhalteplätzen,

e) in einer Straße, deren Fahrbahn weniger als drei Fahrzeugen nebeneinander Platz bietet, an allen Stellen, wo der gegenüberliegende Rand der Fahrbahn bereits durch

---

[1]) Vgl. § 4 (4) und 11 (5) c.

ein haltendes oder parkendes Fahrzeug in Anspruch genommen wird.

(3) Das Parken ist verboten:

a) an Stellen, die durch ein polizeiliches Verkehrszeichen mit der Angabe „Parken verboten" (vgl. Anl. IX Bild 2) besonders gekennzeichnet sind,

b) vor Grundstückseingängen,

c) in Verkehrsstraßen erster Ordnung werktags von 8 bis 19 Uhr.

(4) Das Halten oder Parken ist nur in der vorgeschriebenen Fahrtrichtung gestattet.

(5) Außerhalb der Parkplätze (vgl. Abs. 13) darf das Halten oder Parken nur am Rande der Fahrbahn erfolgen. Das Fahrzeug ist in diesem Falle mit der Längsseite dicht an den Rand der Gehbahn heranzubringen.

(6) Auf Brücken und Überführungen, in Tunnels, Durchfahrten und Unterführungen dürfen nur zur Personenbeförderung dienende Fahrzeuge und nur zum sofortigen Ein- und Aussteigen halten.

(7) In Verkehrsstraßen erster Ordnung ist von 15 bis 19 Uhr allen Fahrzeugen das Halten zum Entladen oder Beladen verboten.

(8) Der Polizeipräsident kann für einzelne Straßen zeitweilig oder für bestimmte Tage von den Vorschriften der Abs. 6 und 7 abweichende Bestimmungen treffen.

(9) Fahrzeuge dürfen auf der Straße nur solange parken, als sie den Verkehr nicht behindern. Der Polizeipräsident kann das Parken der Fahrzeuge vorübergehend für bestimmte Straßen auf eine bestimmte Zeitdauer beschränken.

(10) Das Halten oder Parken eines Fahrzeuges hat vor dem beteiligten Grundstück zu erfolgen. Hierbei sind Ein- und Ausfahrt des Grundstücks freizulassen. Ausnahmen von

den Bestimmungen dieses Absatzes sind nur aus zwingenden Gründen zulässig. Die Vorschriften dieses Absatzes gelten nicht für das Parken von Kraftfahrzeugen auf Parkplätzen (vgl. Abs. 13 ff.).

(11) Wagen, die mit Heu oder Stroh beladen sind, dürfen, unbeschadet der sonstigen Vorschriften dieses Paragraphen, nur in einem Abstand von 4 m — hinter- und nebeneinander — halten oder parken und müssen dann mit einem Plan bedeckt werden.

(12) Jedes Fahrzeug darf von seinem Führer nur verlassen werden, nachdem er die erforderlichen Maßnahmen getroffen hat, um Unfälle und Verkehrsstörungen zu vermeiden.[1])

(13) Die Einrichtung von öffentlichen Parkplätzen für Kraftfahrzeuge erfolgt auf Grund polizeilicher Anordnung.[2]) Auf diesen Plätzen ergibt sich die Art des Parkens aus den Parklinien oder ihrer sonstigen Umgrenzung. Wo sich nur eine Parklinie in der Längsrichtung der Straße befindet, dürfen die Kraftfahrzeuge nur auf dieser Linie in der Längsrichtung parken.

(14) Auf Parkplätzen, die durch Ketten, Zäune und ähnliche Umgrenzungen von der übrigen Fahrbahn abgetrennt

[1]) Vgl. § 28 Abs. 2 der Verordnung über Kraftfahrzeugverkehr: „Der Führer darf von dem Fahrzeug nicht absteigen, solange es in Bewegung ist, und darf sich von ihm nicht entfernen, solange die Maschine oder der Motor läuft. Er darf das Fahrzeug nur verlassen, nachdem er die erforderlichen Maßnahmen getroffen hat, um Unfälle und Verkehrsstörungen zu vermeiden; insbesondere muß er, falls er sich von dem Fahrzeug entfernt, die Vorrichtung (§ 4 Abs. 1 Nr. 6 der Verordnung über den Kraftfahrzeugverkehr) in Wirksamkeit setzen, die verhindern soll, daß ein Unbefugter das Fahrzeug in Betrieb setzt."

[2]) Mit Zustimmung des Magistrats.

sind und während der Dunkelheit beleuchtet werden, braucht eine Beleuchtung der parkenden Fahrzeuge nicht einzutreten.

(15) Das Parken von Kraftfahrzeugen auf Parkplätzen zu Ausstellungs-, Reklame- oder ähnlichen Zwecken ist verboten.

§ 17.

Rechtsfahren und Einbiegen.

(1) Der Führer hat mit seinem Fahrzeuge die rechte Seite der Fahrbahn einzuhalten und darf die linke Seite nur zum Überholen (vgl. § 19) benutzen. Langsam fahrende Fahrzeuge haben möglichst die äußerste rechte Seite der Fahrbahn einzuhalten.

(2) In Einbahnstraßen ist den Fahrzeugen die Ausnutzung der Fahrbahn in ihrer ganzen Breite gestattet, soweit dadurch der Straßenverkehr oder sonstiger Verkehr nicht behindert oder gefährdet wird. Abs. 1 Satz 2 findet auch in Einbahnstraßen Anwendung.

(3) Während des Einbiegens in eine andere Straße hat der Führer nach rechts in kurzem Bogen, nach links in weitem Bogen zu fahren.[1])

(4) Die nach rechts einbiegenden Fahrzeuge haben sich unmittelbar am Rand der Fahrbahn zu halten.

(5) Die nach links einbiegenden Fahrzeuge haben den Bogen so weit auszuführen, daß sie rechts vom Mittelpunkt der Straßenkreuzung bleiben.

(6) Plätze sind, soweit nicht andere Anordnungen getroffen sind, im Rundverkehr nach rechts hin zu umfahren.

§ 18.

Ausweichen.

(1) Der Führer hat entgegenkommenden Wegebenutzern rechtzeitig und genügend nach rechts auszuweichen oder, falls

---

[1]) Wegen der Fahrgeschwindigkeit vgl. § 11 (5) a.

dies die Umstände oder die Örtlichkeit nicht gestatten, anzuhalten, bis die Fahrbahn frei ist. Entgegenkommenden Schienenfahrzeugen hat er jedoch nach links auszuweichen, wenn der Abstand zwischen dem Schienenfahrzeug und der rechten Grenze der Fahrbahn ein Rechtsausweichen nicht zuläßt.

(2) Soweit ein Ausweichen unmöglich ist, hat von den einander begegnenden Wegebenutzern nötigenfalls derjenige Fahrzeugführer zurückzufahren, dem dies nach den Umständen der Einzelfalles am leichtesten fällt.

(3) Befindet sich neben der befestigten Fahrbahn ein Sommerweg, so darf beim Ausweichen erforderlichenfalls vom Sommerweg auf die befestigte Fahrbahn und umgekehrt übergegangen werden.

§ 19.

Überholen.

(1) Schnelleren Wegebenutzern, welche die Absicht zu überholen kundgeben, ist das Überholen durch sofortiges Rechtshalten zu ermöglichen.

(2) An unübersichtlichen Wegestellen und an Stellen, an denen die Fahrbahn durch andere Wegebenutzer oder in sonstiger Weise verengt ist, ist das Überholen verboten.

(3) Der Führer eines Fahrzeuges hat eingeholte Wegebenutzer links zu überholen; Schienenfahrzeuge sind jedoch rechts zu überholen. Läßt der Abstand zwischen dem Schienenfahrzeug und der rechten Fahrbahngrenze ein Rechtsüberholen nicht zu, so ist links zu überholen, soweit der entgegenflutende Fahrzeugverkehr dies gestattet.

(4) In einer Einbahnstraße, die auch von Schienenfahrzeugen nur in einer Richtung befahren wird, können in Fahrt befindliche Schienenfahrzeuge auch links überholt werden, wenn die Fahrbahn hierfür Raum läßt und das Überholen rechts nicht möglich ist.

(5) Nach dem Überholen darf das Fahrzeug erst wieder nach rechts gewendet oder angehalten werden, wenn der überholte Wegebenutzer dadurch nicht gefährdet wird.

(6) An einer Haltestelle haltende Straßenbahnzüge dürfen auf der Seite, auf der die Fahrgäste ein- und aussteigen, nur in Schrittgeschwindigkeit und nur in einem solchen seitlichen Abstand überholt werden, daß die Fahrgäste nicht gefährdet werden. Kann dieser Abstand nicht eingehalten werden, so ist das Vorbeifahren verboten; in diesem Falle müssen die Fahrzeuge rechtzeitig in Höhe des Endes des an der Haltestelle haltenden Straßenbahnzuges anhalten.

(7) Fuhrwerke dürfen nur dann überholen, wenn dies in kürzester Zeit möglich ist.

(8) Ist infolge einer Häufung von Fahrzeugen eine Reihenfolge polizeilich angeordnet oder von selbst entstanden, so hat jedes hinzukommende Fahrzeug sich dem letzten in der Reihe anzuschließen. Kein Fahrzeug darf aus der Reihe ausbrechen, andere überholen oder sich in die Reihe eindrängen.

(9) Die Bestimmung des § 18 (3) findet auch für das Überholen Anwendung.

§ 20.

Wenden.

(1) Das Wenden ist nur gestattet, wenn es keine Störung des Straßenverkehrs verursacht.[1])

(2) Rückwärtsfahren zwecks Wendens ist nur gestattet, wenn nicht in einem Bogen nach vorwärts gewendet werden kann oder wenn die Weiterfahrt in der bisherigen Richtung nicht möglich ist.

(3) In Verkehrsstraßen erster Ordnung darf kein Fahrzeug wenden.

---

[1]) Vgl. § 14 (2).

§ 21.

Vorfahrtsrecht an Straßenkreuzungen.

(1) An Straßenkreuzungen und Einmündungen von Straßen hat, unbeschadet der Bestimmungen des § 22 und der von Polizeibeamten im Einzelfall zu treffenden Anordnungen, das auf einem Hauptverkehrswege sich bewegende Fahrzeug die Vorfahrt gegenüber dem aus einem Seitenwege kommenden Fahrzeug; im übrigen hat das von rechts kommende Fahrzeug die Vorfahrt.

(2) Als Hauptverkehrswege haben zu gelten:

a) die Verkehrsstraßen erster Ordnung,

b) die Straßen mit Straßenbahngleisen und

c) die Straßen, die durch besondere Polizeiverordnung als Hauptverkehrswege bezeichnet sind.

§ 22.

Sondervorschriften.

(1) Für Fahrzeuge der Polizei und Feuerwehr, die sich durch besondere Zeichen kenntlich machen, ist schon bei ihrer Annäherung freie Bahn zu schaffen. Nötigenfalls ist anzuhalten. An Straßenkreuzungen ist beim Herannahen der Feuerwehr anzuhalten, auch wenn die Lichtsignale auf freie Fahrt stehen.

(2) Ferner ist Kranken- und Rettungswagen sowie in Tätigkeit befindlichen Spreng- und Kehrmaschinen und Hilfsgerätewagen der öffentlichen Verkehrsgesellschaften Platz zu machen.

(3) Truppenkörper, geschlossene Verbände der Polizei, Leichenzüge und Prozessionen dürfen nur durch die im Feuerwehrdienst begriffenen Fahrzeuge unterbrochen oder sonstwie in ihrer Bewegung gehemmt werden.

(4) Feuerwehrfahrzeuge im Dienst unterliegen nicht den Vorschriften über die einzuhaltende Fahrgeschwindigkeit

(§ 11) und sind befreit von den Vorschriften über das Halten, Ausweichen, Überholen und Vorfahren in den in den §§ 16 ff. genannten Fällen und von den sonstigen Verboten oder Beschränkungen dieser Polizeiverordnung.

(5) Das gleiche gilt für im Dienst befindliche Fahrzeuge der Wehrmacht und der Polizei, wenn Gefahr im Verzuge ist.

(6) Die im Dienst befindlichen Fahrzeuge der Deutschen Reichspost sind von den Beschränkungen der §§ 14 (6) und 16 (7) befreit, soweit Paket- und Briefbestellungen in Frage kommen.

(7) Die besonders gekennzeichneten, im Auftrage der Reichsbahngesellschaft den Personengepäckverkehr zwischen den Fernbahnhöfen vermittelnden Fahrzeuge sind von den Beschränkungen des § 14 (6) befreit.

(8) Die Betriebsfahrzeuge der Straßenreinigung sind für die Zwecke der Straßenreinigung von den Beschränkungen der §§ 14 (5 und 6) und 20 (3) und in der Zeit von 1 bis 8 Uhr von den für Einbahnstraßen und für Plätze mit Rundverkehr geltenden Bestimmungen befreit.

(9) Auf Fahrzeuge, die im öffentlichen Fuhrgewerbe verwendet werden, sowie auf die Führer dieser Fahrzeuge finden neben den Vorschriften dieser Polizeiverordnung die besonderen Bestimmungen über den Betrieb der dem öffentlichen Fuhrgewerbe dienenden Fahrzeuge Anwendung.

(10) Für die An- und Abfahrt und das Halten und Parken der Fahrzeuge vor den Theatern, Zirkussen, Varietés, Konzertsälen, Lichtspielhäusern und dergl. gelten neben den Bestimmungen dieser Polizeiverordnung die hierfür erlassenen besonderen Vorschriften.

§ 23.

Ladung.

(1) Die Ladung eines Fahrzeuges (einschließlich der zum Ladegeschäft erforderlichen Geräte) muß so verteilt, verwahrt oder befestigt sein, daß sie weder ganz oder teilweise herab-

fallen, die Straße, Personen oder Sachen beschädigen oder verunreinigen, noch starkes Geräusch oder das Umschlagen des Fahrzeuges verursachen kann.

(2) Das Gewicht des Fahrzeuges und der Ladung muß in angemessenem Verhältnis zur Leistungsfähigkeit der Maschine oder des Gespannes stehen.

(3) Für dreiachsige Kraftfahrzeuge mit Luftbereifung darf das Gewicht nebst Ladung 15 000 kg, für andere Kraftfahrzeuge 9000 kg nicht übersteigen.

(4) Für ein Fuhrwerk in beladenem Zustande darf der Druck auf 1 cm Felgenbreite 125 kg nicht übersteigen. Das Gewicht der Ladung darf nur dann größer als 7500 kg sein, wenn die Ladung aus einer unteilbaren Last besteht. Das Gesamtgewicht kann durch polizeiliche Anordnung für bestimmte Straßen weiter herabgesetzt werden.

(5) Die Ladung darf nicht mehr als 2,30 m Breite haben und über das hintere Ende des Fahrzeuges nicht mehr als 4,50 m hinausragen.

(6) Ausnahmen von den Bestimmungen der Abs. 2 bis 5 bedürfen polizeilicher Erlaubnis.

(7) Ladungen, die nach hinten mehr als 1 m hinausragen, müssen an den Enden durch Strohkränze, Lappen oder dergl. besonders kenntlich gemacht sein. Weder irgenein Teil des Fahrzeuges, seines Zubehörs oder der Ladung, noch irgendein anderer Gegenstand darf auf der Erde schleifen. Plantücher müssen fest angeschnürt sein. Zu ihrer Befestigung darf Draht nicht verwendet werden.

(8) Sind Handwagen oder Handkarren so hoch beladen, daß sie dem Führer die Übersicht über die Straße nehmen, so dürfen sie nur gezogen und nicht geschoben werden.

(9) Ist die Ladung eines Fahrzeuges auf dem Transporte oder während des Ladegeschäftes ganz oder teilweise auf die Straße gefallen, so hat der Führer sie umgehend zu entfernen.

Ist dies nicht möglich, so hat der Führer alle Maßnahmen zu treffen, um Unfälle und Verkehrsstörungen zu vermeiden.

(10) Spiegel oder ähnliche die Sonnenstrahlen zurückwerfende Sachen, durch die Menschen oder Tiere geblendet werden können, dürfen auf offenen Fahrzeugen nur verhüllt befördert werden.

(11) Ladungen, die bei Luftzug oder Bewegung Staub entwickeln, leicht bröckeln, leicht zerstreubar sind oder üblen Geruch verbreiten, insbesondere menschliche oder tierische Abgänge und Haus- und Wirtschaftsabgänge, wie Müll, Schlacke, Abraum, Schutt, Kehricht, Küchenabfälle, Knochen und Lumpen, dürfen nur in undurchlässigen und geschlossenen Fahrzeugen befördert werden, so daß jede Belästigung irgendwelcher Art oder jede Verunreinigung der Straße vermieden wird. Ungelöschter, gebrannter Kalk darf ebenfalls nur in völlig geschlossenen Fahrzeugen befördert werden. Auch nach der Entladung eines solchen Fahrzeuges muß eine weitere belästigende Staub- oder Geruchsentwicklung unmöglich gemacht werden.

(12) Die Beförderung von Mineralsäuren (Schwefel-, Salz-, Salpetersäure u. a.) sowie von allen anderen ätzenden Flüssigkeiten mittels Fahrzeugs unterliegt den folgenden Beschränkungen:

a) Das Obergestell des Fahrzeuges muß auf Federn ruhen.

b) Die Gefäße müssen einzeln wohlverpackt und gegen Leckwerden, Umstürzen und Herabfallen besonders gesichert sein.

c) Sand, Kleie, Sägemehl oder andere aufsaugende Stoffe sind in einer Menge mitzuführen, die dem Fassungsraum des größten Gefäßes entspricht (vgl. zu d).

d) Läuft unterwegs Flüssigkeit auf die Straße, so ist sofort anzuhalten, das Publikum vor deren Berührung sowie Einatmung aufsteigender Dämpfe zu warnen und die ausgelaufene Flüssigkeit mit Sand oder anderen aufsaugenden Stoffen zu bestreuen. Gleichzeitig ist für Benachrichtigung der nächsten Polizei- oder Feuerwache Sorge zu tragen. Der Fahrzeugführer selbst muß jedoch an Ort und Stelle bleiben und darf sich erst entfernen, nachdem die ausgelaufene Flüssigkeit beseitigt oder nachdem durch Eingreifen der Polizei, Feuerwehr oder städtischen Straßenreinigung die zur Beseitigung der Gefahr erforderlichen Maßregeln getroffen sind.

(13) Für die Beförderung von Mineralölen — insbesondere in Tankwagen —, Äther, Kollodium, Schwefelkohlenstoff und anderen feuergefährlichen Stoffen, Sprengstoffen, verflüssigten und verdichteten Gasen sowie mit explosiblem Gas gefüllten Ballons gelten die hierfür erlassenen besonderen Vorschriften.

§ 24.

Ladegeschäft.

(1) Das Beladen und Entladen eines Fahrzeuges darf auf der Straße nur vorgenommen werden, wenn es nicht auf dem Grundstück selbst erfolgen kann. Auf der Gehbahn ist das Aufstellen des Fahrzeugs für die Durchführung des Ladegeschäfts nicht gestattet. Das Aufstellen auf der Straße darf in allen Fällen erst erfolgen, wenn das Ladegeschäft beginnen kann. Es hat vor dem Grundstück zu geschehen, das am Ladegeschäft beteiligt ist, vor einem Nachbargrundstück nur aus zwingenden Gründen.

(2) Das Ladegeschäft muß ohne Verzögerung oder Unterbrechung zu Ende geführt werden. Nach Beendigung des Ladegeschäfts muß jedes Fahrzeug sofort abfahren.

(3) Auf das ohne besondere Umstände und ohne besonderen Aufenthalt erfolgende Abladen und Aufladen einzelner Gegenstände geringen Umfangs finden die vorstehenden Bestimmungen keine Anwendung.

(4) Zur Erledigung des Ladegeschäfts ist das Ausschütten der Ladung auf die Straße, ein Stehen- oder Liegenlassen der Ladung, einzelner Ladungsstücke, der Ladegeräte oder sonstiger Gegenstände auf der Straße sowie jedes unnötige Verweilen der beteiligten Personen auf der Gehbahn verboten.

(5) Auf dem Wege zwischen dem Fahrzeuge und dem Grundstück muß die Ladung getragen oder mittels Karre befördert werden, es sei denn, daß polizeilich genehmigte Fördervorrichtungen benutzt werden. Das Schleifen, Werfen und Kanten der Ladung ist verboten. Das Rollen der Ladung auf Walzen ist gestattet. Unmittelbar dürfen Ladungsstücke, insbesondere Fässer, nur gerollt werden, wenn jedes Stück auf dem ganzen Wege mit beiden Händen gehalten wird.

(6) Zum An- und Abfahren von Baugrund und Baumaterialien zu und von Baustellen, Lagerplätzen, Lehm-, Kies- und Sandgruben mit Lastfahrzeugen muß von der An- und Abfahrtsstelle bis zur nächsten befestigten Straße eine das Erdreich bedeckende feste Fahrbahn, welche stets in zweckentsprechendem Zustande zu erhalten ist, hergestellt und ausschließlich benutzt werden.

(7) Das Abladen von Mörtel, Kalk und ähnlichen Stoffen in die zur Weiterbeförderung dienenden Karren muß mittels eines vom Fahrzeuge bis in die Karre reichenden Gleitbrettes geschehen. Das Brett muß so breit oder derart mit Seitenstücken versehen sein, daß nichts von der abgleitenden Masse herabfällt.

(8) Werden Schrotleitern oder ähnliche Vorrichtungen nicht am Ende des Fahrzeuges, sondern an der Seite angelegt, so müssen dabei mindestens zwei Drittel der Gehbahn frei bleiben.

(9) Während des Ladegeschäftes muß jeder Belästigung durch Staub- oder Geruchsentwicklung und jeder Verunreinigung der Straße in geeigneter Weise vorgebeugt werden.

(10) Durch das Ladegeschäft darf der Verkehr weder auf der Gehbahn noch auf der Fahrbahn behindert werden.

(11) Abweichungen von den vorstehenden Bestimmungen bedürfen der polizeilichen Erlaubnis.

II.

Besondere Bestimmungen für den Fuhrwerksverkehr.

§ 25.

Beschaffenheit und Ausrüstung der Fuhrwerke.

(1) Die Breite der Fuhrwerke einschließlich der Ladung darf 2,30 m,[1]) ihre Länge einschließlich der Ladung und Deichsel 10 m, ihre Höhe von der Fahrbahn gemessen 4 m nicht überschreiten. Fuhrwerke mit lose geschichtetem Heu oder Stroh dürfen bis zu 3,50 m breit, Möbelfuhrwerke einschließlich der Deichsel bis zu 15 m lang sein.

(2) Die Bestimmungen über die Länge der Fuhrwerke gelten nicht für Fuhrwerke mit Holz, Eisenschienen und Trägern, Gerüstleitern und ähnlichen Ladungen sowie für Kulissenwagen.

(3) In allen Fällen, in denen die Länge eines Fuhrwerks mit der Ladung mehr als 15 m beträgt, muß das Fuhrwerk von einer Person begleitet sein, die sich am Ende der Ladung aufzuhalten und allen Gefahren, namentlich beim Einbiegen in andere Straßen, vorzubeugen hat.

(4) Aufgerichtete Schrotleitern müssen durch zwei starke Ketten gehalten sein, das Werfen und Fallenlassen der Schrotleitern und anderen Zubehörs ist verboten.

(5) Bespannte Fuhrwerke müssen mit fester Deichsel versehen sein. Deichsel und Scherbäume dürfen nicht länger sein, als erforderlich ist. Ihre Spitzen müssen derartig stark

[1]) Vgl. § 23 (5).

abgerundet sein, daß sie bei Zusammenstößen noch abgleiten können. Die Spitzen der Scherbäume dürfen nicht nach außen ragen.

(6) Die Fuhrwerke, mit Ausnahme der Fuhrwerke, die zur Beförderung von Heu, Stroh und ungedroschenem Getreide bestimmt sind, sowie der Hunde- und ähnlicher zur Aufnahme des Führers nicht geeigneter Fuhrwerke, müssen mit einem während der Fahrt unverrückbaren, mit Rückenlehne und Fußstütze versehenen Führersitz versehen sein. Dies gilt nicht für Fuhrwerke, die vom Sattel aus gefahren werden.

(7) Für Fuhrwerke, die mit Holz beladen sind, genügt es, wenn auf der Ladung selbst eine sichere Sitzgelegenheit, die dem Führer eine feste Fußstütze bietet, hergerichtet ist. Die Vorschrift des Abs. 9 über die Anbringung der Bremse bleibt jedoch unberührt.

(8) Alle Fuhrwerke und ihre Ladungen müssen so eingerichtet sein, daß der Führer freie Aussicht nach vorn, nach hinten und nach den Seiten hat und stets in der Lage ist, die Zügel sicher zu handhaben.

(9) Alle Fuhrwerke außer Hundefuhrwerken[1]) und ähnlichen kleinen Gespannwagen müssen mit einer schnell und sicher wirkenden Bremse (Hemmzeug) versehen sein. Die Bremse muß so angebracht sein, daß der Führer sie während der Fahrt vom Führersitz aus leicht und ohne seine Aufmerksamkeit von der Straße abzuwenden, in Wirksamkeit setzen kann. Bei Fuhrwerken, die vom Sattel aus gefahren werden, bedarf es zur Bedienung der Bremse eines besonderen Begleiters.

(10) Schlittengespanne müssen mit ausreichendem Läutewerk versehen sein.

(11) Abweichungen von den vorstehenden Vorschriften bedürfen der polizeilichen Erlaubnis.

---

[1]) Vgl. § 46.

§ 26.
Kennzeichnung der Fuhrwerke.

(1) Die nicht ausschließlich der Personenbeförderung dienenden Fuhrwerke sowie Lastfahrräder müssen auf beiden Seiten des Fuhrwerkes oder am Geschirr der Zugtiere mit einer deutlich lesbaren unverwischbaren Aufschrift versehen sein, die den Vor- und Zunamen oder die Firma oder die sonstige Bezeichnung des Fuhrwerkhalters sowie die Wohnung oder den Sitz (Geschäftslokal) nach Ort, Straße und Hausnummer angibt. Dies gilt auch bei vorübergehender Verwendung fremder Fuhrwerke.

(2) Die Vorschrift des Abs. 1 findet auch auf Anhänger der Zugmaschinen, die von der Führung eines Kennzeichens gemäß § 40 KVO. vom 16. März 1928 (RGBl. I S. 91) befreit sind, Anwendung.

(3) An Fuhrwerken, die nur zur Beförderung von Mörtel, Modder, Kehricht, Erde, Kies und dergl. bestimmt sind, muß die in Abs. 1 genannte Aufschrift auf der Hinterwand angebracht sein.

(4) Abweichungen von den Bestimmungen der Abs. 1 bis 3 bedürfen der polizeilichen Erlaubnis.

(5) Hat ein Betrieb mehrere Fuhrwerke von einer der bezeichneten Arten im Verkehr, so müssen sie mit einer laufenden Nummer versehen sein.

(6) An den Fuhrwerken der Behörden und behördlicher Dienststellen bedarf es der Angabe von Straße und Hausnummer nicht.

§ 27.
Beleuchtung der Fuhrwerke.

(1) Während der Dunkelheit und bei starkem Nebel müssen die dem Personenverkehr dienenden bespannten Fuhrwerke zwei hellbrennende Laternen mit farblosem oder gelblichem Glase führen, die in gleicher Höhe und so an-

gebracht sind, daß sie die beiderseitige Begrenzung des Wagens bezeichnen.

(2) Die übrigen bespannten Fuhrwerke (von zusammengekoppelten das vorderste) müssen während der Dunkelheit und bei starkem Nebel mindestens eine hellbrennende Laterne mit farblosem oder gelblichem Glase führen. Diese muß auf der linken Seite, und zwar am vorderen Teil der Fuhrwerks oder an einem Zugtier, so angebracht sein, daß sie ungefähr die linksseitige Begrenzung des Fuhrwerks kennzeichnet. Außerdem ist am Ende derartiger Fuhrwerke und bei zusammengekoppelten des letzten Fuhrwerkes oder der Ladung, sofern sie über das Wagenende hinausreicht, eine zweite (Schluß-) Laterne von gelbroter Farbe anzubringen, deren Lichtschein auf 150 m deutlich sichtbar ist. An Stelle der Schlußlaterne kann eine Blinkscheibe von gelbroter Farbe verwendet werden, die so beschaffen sein muß, daß sie noch in einer Entfernung von 150 m im Scheinwerfer einer 25-Watt-Lampe sichtbar ist. Kann infolge der Eigenart des Fuhrwerks oder der Ladung die Anbringung der Schlußlaterne oder der Blindscheibe nicht erfolgen, so muß hinter dem Fuhrwerk eine hellbrennende Laterne allseitig sichtbar getragen werden.

(3) Die Bestimmungen des Abs. 2 gelten sinngemäß auch für gezogene Handwagen und ähnliche Fuhrwerke. Werden dieselben gestoßen, so genügt eine hellbrennende Laterne mit farblosem oder gelblichem Glase an der linken Seite des Fuhrwerks.

§ 28.

Bespannung.

(1) Die Geschirre müssen haltbar, gut passend und in ordnungsmäßigem Zustande sein. Werden Scheuklappen benutzt, so müssen auch sie passen und feststehen.

(2) An zweispännigen Arbeits- und Geschäftswagen müssen, wenn Sielengeschirre mit Halskoppeln verwendet

werden, letztere an ihrer unteren Hälfte durch je einen Riemen auf beiden Seiten des Halses mit der Stelle verbunden sein, wo Brustblatt, Strang, Bauchgurt und Rückengurt zusammengefügt sind.

(3) Zweispännige Sielengeschirre ohne Halskoppeln müssen entweder mit Hilfshalsriemen, welche unten am Brustring und oben auf dem Halse an dem Halsriemen befestigt sind, oder mit gut passenden Hinterzeugen (Umläufen) versehen sein.

(4) Zweispännige Kummetgeschirre müssen entweder mit Hinterzeugen versehen sein, oder die Kummete müssen durch Riemen mit dem Rückengurt oder Kammdeckel so verbunden sein, daß beim Aufhalten ein Verschieben der Kummete nach dem Kopfe ausgeschlossen ist.

(5) An einspännigen Arbeits- und Geschäftswagen müssen die Scherbäume mit dem Geschirr durch Aufhalter verbunden sein. Die Aufhalter müssen bei Sielengeschirren an beiden Seiten des Rückengurts oder des Brustblattes, bei Kummetgeschirren an beiden Seiten des Kummets oder des Rückengurts oder Kammdeckels befestigt sein.

(6) Aufhalter von Strickwerk sind nicht gestattet.

(7) Das Fahren mit einfacher Leine oder mit Zaum ohne Gebiß ist verboten. Ausnahmen bedürfen der polizeilichen Erlaubnis. Zwei- und mehrspännige Wagen müssen mit Kreuzleine gefahren werden.

(8) Zum Zug untaugliche Tiere, insbesondere auch lahme, abgetriebene Tiere, sowie Tiere, die äußerlich erkennbare Leiden (Wunden) haben, dürfen zur Bespannung nicht verwendet werden.[1]) Hengste und bissige Zugtiere müssen mit Maulkorb versehen sein. Schläger dürfen weder im Gespann verwendet noch lose mitgeführt werden.

---

[1]) Wegen der Hunde vgl. § 46.

(9) Rindvieh zum Ziehen zu verwenden, ist nicht gestattet. Ausnahmen bedürfen der polizeilichen Erlaubnis.

(10) Schellen, Geläute und sonstige ständig wirkende Geräuschvorrichtungen sind verboten. Das Verbot gilt nicht für Schlitten.[1])

(11) Herrscht Winterglätte, so müssen die Zugtiere mit scharfen Hufeisen oder ähnlichen Einrichtungen versehen sein. Scharfe Hufeisen können, wenn die Glätte plötzlich eintritt, auch unterwegs durch Einschraubung geeigneter Stollen, die lose mitzuführen sind, hergestellt werden.

(12) Zugtiere dürfen nur in verkehrsarmen Straßen eingefahren werden.

§ 29.

Anforderungen an den Führer.

(1) Jedes bespannte Fuhrwerk muß während der Fahrt einen zur selbständigen Leitung tauglichen Führer haben.

(2) Die Leitung von Fuhrwerken ist Personen verboten, die das 18. Lebensjahr noch nicht vollendet haben.

(3) Die Leitung von Fuhrwerken ist ferner solchen Personen verboten, die wegen körperlicher oder geistiger Mängel oder wegen Trunkenheit zur sicheren Führung nicht imstande sind.

(4) Personen, denen die Führung verboten ist, darf sie auch nicht übergeben oder belassen werden.

(5) Ungeeigneten Personen, insbesondere solchen, die wiederholt wegen Übertretung verkehrspolizeilicher Vorschriften bestraft sind, kann die selbständige Führung bespannter Fuhrwerke dauernd oder zeitweise untersagt werden.

---

[1]) Vgl. § 25 (10).

§ 30.

Leitung der Fuhrwerke.

(1) Soweit ein Führersitz vorgeschrieben ist,[1]) hat der Führer diesen mit Beginn der Fahrt einzunehmen. Es ist ihm verboten, während der Fahrt zu stehen oder neben dem Fuhrwerke herzugehen. Das Aufsitzen auf der Deichsel ist verboten.

(2) Das Verbot, neben dem Fuhrwerk herzugehen, gilt nicht bei Glätte und auf stark ansteigenden Straßen, soweit diese nicht Verkehrsstraßen erster Ordnung sind.

(3) Die Zügel sind während der Fahrt so straff zu halten, daß der Führer das Gespann ständig in der Gewalt hat. Die Peitsche muß so gehalten werden oder so eingesteckt sein, daß weder Personen belästigt noch Fahrzeuge behindert werden können. Jedes überflüssige Schlagen und jedes Knallen mit der Peitsche ist verboten.

(4) Sobald die Verhältnisse der Örtlichkeit, des Verkehrs oder besondere Umstände es erfordern, ist die Bremse in Wirksamkeit zu setzen.

§ 31.

Anhängen und Ankoppeln an Fuhrwerke. Mitführen nicht eingespannter Tiere.

(1) Für das Mitführen eines angehängten oder angekoppelten Fuhrwerkes[2]) gelten folgende Bestimmungen:

a) Verkehrsstraßen erster Ordnung dürfen nicht befahren werden. In der Zeit von 8 bis 19 Uhr ist auch das Kreuzen dieser Straßen unzulässig.

b) Die Vorschriften unter a finden auf das Ankoppeln oder Anhängen von Fuhrwerken, die infolge einer Beschädigung abgeschleppt werden müssen, keine Anwendung.

---

[1]) Vgl. § 25 (6).

[2]) Wegen Mitführens von Anhängern durch Kraftfahrzeuge vgl. §§ 32 ff. der Reichsverordnung über Kraftfahrzeugverkehr.

c) Die Verbindung zwischen den Fuhrwerken muß so kurz gehalten sein, daß durch das angehängte Fuhrwerk der übrige Verkehr durch Schleudern und dergl. nicht gefährdet wird. Wird ein Schleppseil verwendet, so darf es nicht länger als 4 m sein: es ist durch Strohkränze, Lappen oder dergl. besonders kenntlich zu machen.

d) Angehängte oder angekoppelte Fuhrwerke müssen mit einem Begleiter besetzt sein, der die Bremse und eine vorhandene Lenkvorrichtung zu bedienen hat.

e) In allen Fällen muß in Schrittgeschwindigkeit gefahren werden.

(2) Zug- und Reittiere, die nicht eingespannt sind und nicht geritten werden, dürfen auf Hauptverkehrswegen (vgl. § 21) nicht von einem Fuhrwerk aus mitgeführt werden. In anderen Straßen ist die Mitführung hinter dem Fuhrwerk gestattet. Die Tiere müssen an diesem kurz angebunden sein.

(3) Ausnahmen bedürfen der polizeilichen Erlaubnis.

§ 32.

Sonderbestimmungen für haltende und parkende Fuhrwerke.

(1) Haltende oder parkende bespannte Fuhrwerke dürfen nicht ohne Aufsicht bleiben. Die Aufsichtsperson hat sich auf oder neben dem Fuhrwerk aufzuhalten.

(2) Ausnahmen sind nur für kurze Zeit gestattet. In diesen Fällen muß das Gespann kurz angebunden und die Bremse angezogen bleiben. Bei Kälte oder feuchter Witterung sind die Zugtiere ausreichend zuzudecken.

(3) Das Absträngen der Zugtiere darf nur auf der Deichselseite erfolgen.

(4) Ist das Stehenlassen eines unbespannten Fuhrwerks gestattet oder seine Entfernung aus zwingenden Gründen, z. B. wegen eines Unfalles, nicht möglich, müssen Deichsel und Scherbäume entweder abgenommen oder hochgerichtet

und festgemacht sein. Bei Dunkelheit und starkem Nebel muß an der der Fahrbahn zugekehrten Seite des Fuhrwerks eine hellbrennende Laterne angebracht werden, deren Licht von vorn und hinten deutlich wahrnehmbar ist. Kann die Deichsel nicht abgenommen oder hochgeschlagen werden, so ist eine Laterne an der Deichselspitze und eine zweite hinten am Fuhrwerk anzubringen.

(5) Der Führer eines Fuhrwerks hat Steine oder andere Bremsmittel, die er nach dem Anhalten unter die Räder gelegt hat, vor dem Weiterfahren unverzüglich von der Fahrbahn zu entfernen.

§ 33.

Sonderbestimmungen für den Fuhrwerksverkehr der Landwirtschaft.

(1) Interessentenwege für land- und forstwirtschaftliche Betriebe, die lediglich dem Verkehr zu und von den Grundstücken dieser Betriebe dienen, gelten nur dann als Straßen im Sinne der § 1 (1) dieser Polizeiverordnung, wenn andere Interessenten durch Nichtbefolgung der vorstehenden Bestimmungen erheblich geschädigt werden.

(2) In den Ortsteilen mit rein ländlichem Charakter finden die Bestimmungen der §§ 25 (6 und 9), 29 (2), 30 (1), 31 (1) Ziff. d und 45 (1 und 2) dieser Polizeiverordnung keine Anwendung. Die Bestimmungen des § 23 (11) finden nur insoweit Anwendung, als es sich nicht um die Beförderung von Jauche und Dung handelt.

III.

Kraftfahrzeugverkehr.

§ 34.

Anwendbarkeit der Bestimmungen.

(1) Die den Verkehr allgemein regelnden Bestimmungen dieser Polizeiverordnung gelten auch für den Verkehr mit

Kraftfahrzeugen, soweit nicht durch das Reichsgesetz über den Verkehr mit Kraftfahrzeugen vom 3. Mai 1909 (RGBl. S. 437) in der Fassung des Reichsgesetzes vom 21. Juli 1923 (RGBl. I S. 743) und durch die Verordnungen vom 5. und 6. Februar 1924 (RGBl. I S. 43 und 42) sowie durch die auf Grund des § 6 dieses Gesetzes erlassenen und noch zu erlassenden Anordnungen und Vorschriften eine andere Regelung getroffen ist oder wird.

(2) Auf Kraftfahrzeuge, für welche die im Abs. 1 genannten reichsgesetzlichen Vorschriften nicht gelten,[1]) finden die den Verkehr allgemein regelnden Bestimmungen sowie die besonderen Vorschriften über den Fuhrwerksverkehr sinngemäße Anwendung.

Dritter Abschnitt.

Schienenfahrzeugverkehr.

§ 35.

Anwendungsgebiet.

(1) Für den Betrieb der der Kleinbahnaufsicht unterstellten Schienenbahnen gelten die für den Betrieb der Kleinbahnen und Privatanschlußbahnen bestehenden gesetzlichen Bestimmungen und die von den Kleinbahnaufsichtsbehörden ergangenen Vorschriften und Anordnungen.

(2) Für den Betrieb der Straßenbahnen gelten ferner die besonderen Bestimmungen der §§ 36 bis 38.

---

[1]) Vgl. § 2 (4) der Reichsverordnung über Kraftfahrzeugverkehr: „Kraftschlitten, Raupenkraftfahrzeuge, Dampfstraßenlokomotiven, Straßenwalzen, ferner solche Kraftfahrzeuge, deren betriebsfertiges Gewicht im beladenen oder unbeladenen Zustand 9 t oder bei Vorhandensein von drei Achsen 15 t übersteigt, sowie selbstfahrende Arbeits- und Werkzeugmaschinen zu landwirtschaftlichen oder gewerblichen Zwecken (z. B. Dampf-, Motorpflüge, Motorsägen)."

§ 36.

Schutz des Straßenbahnverkehrs. Bahnkörper.

(1) Es ist jedermann verboten, unbefugt Signale zu geben oder zu verstellen, die Ausweichvorrichtungen zu verstellen oder zu versperren, die auf den Straßenbahnwagen befindlichen, dem Betriebe oder der Unfallverhütung dienenden Einrichtungen zu betätigen, Straßenbahnwagen zu verschieben, die freie Fahrt der Straßenbahnwagen durch Aufstellen von Fahrzeugen oder Vieh oder durch Niederlegen von Gegenständen auf oder neben den Gleisen zu verhindern oder sonstige Handlungen vorzunehmen, die den Betrieb stören können.

(2) Eine Straßenbahnstrecke, die auf besonderem Bahnkörper liegt, darf nur von der Straßenbahn benutzt werden. Ausgenommen sind diejenigen Stellen, die als Übergänge oder Überfahrten oder Einfahrten zu Grundstücken kenntlich gemacht sind, falls sie nicht gesperrt sind oder sich kein Straßenbahnzug nähert.

(3) Liegt die Straßenbahnstrecke nicht auf besonderem Bahnkörper, so ist ihre Benutzung anderen Wegebenutzern nur soweit gestattet, als sich neben den Gleisen nicht mehr genügend Platz befindet. Verboten ist jedoch das Spurenfahren auf den Straßenbahngleisen. Die Wegebenutzer haben die Strecke bei Annäherung von Schienenfahrzeugen unverzüglich zu räumen. Diese Vorschrift gilt nicht für Truppenkörper und geschlossene Verbände der Polizei sowie für die im Dienst befindlichen Fahrzeuge der Feuerwehr, Wehrmacht und Polizei.

§ 37.

Pflichten des Führers.

(1) Die Führer der Straßenbahnen haben den polizeilichen Weisungen und Zeichen, die zur Regelung des Verkehrs gegeben werden,[1]) Folge zu leisten.

---

[1]) Vgl. § 3.

(2) Wenn Wegebenutzer und Fußgänger sich auf den Gleisen befinden oder sich ihnen nähern, hat der Führer rechtzeitig Warnungszeichen zu geben, langsam zu fahren und nötigenfalls anzuhalten.

(3) Die Bestimmungen aus § 21 über das Vorfahrtsrecht an Straßenkreuzungen gelten auch für Straßenbahnen.

(4) Der Wagenführer hat beim Verlassen seines Führerstandes durch Abziehen der Kurbel, Anziehen der Handbremse oder durch Anwendung sonstiger Vorrichtungen zu verhüten, daß der Wagen sich in Bewegung setzen oder durch Unbefugte in Bewegung gesetzt werden kann. Hält der Wagen in einem stärkeren Gefälle als 1:200, darf ihn der Führer nur aus zwingenden Gründen und nur dann verlassen, nachdem er dem Schaffner die Aufsicht übergeben hat.

(5) Abgesehen von den durch die Kleinbahnaufsichtsbehörden zugelassenen und durch Veröffentlichung ausdrücklich bekanntgegebenen Ausnahmen dürfen über die für die Besetzung der Innen- und Außenplätze des Wagens festgesetzte Höchstzahl hinaus weitere Personen nicht aufgenommen werden. Das Zeichen zur Weiterfahrt darf der Schaffner nicht früher geben, als bis der Einsteige- und Aussteigeverkehr beendet ist.

§ 38.

Pflichten der Fahrgäste.

(1) Das eigenmächtige Verlassen eines Straßenbahnwagens, der infolge der Verkehrsregelung oder auf besonderem Bahnkörper aus anderen Gründen außerhalb der Haltestellen zum Stillstand kommt, das eigenmächtige Öffnen der Wagenverschlüsse, das Sitzen auf den Plattformbrüstungen, das Aufsteigen auf einen vom Schaffner als „Besetzt" bezeichneten Wagen oder das unbefugte Verweilen in einem solchen Wagen ist verboten. Das Ein- und Aus-

steigen ist nur auf der hierzu bestimmten Wagenseite gestattet. Es ist verboten, während der Fahrt auf- und abspringen, sich außen an den Wagen festzuhalten oder anzuhängen.

(2) Personen, die sich ungebührlich benehmen oder durch unreinliche Kleidung lästig fallen, können von der Fahrt ausgeschlossen werden. Der Aufforderung des Schaffners, den Straßenbahnwagen zu verlassen, ist Folge zu leisten.

(3) Das Rauchen sowie das Mitbringen brennender Pfeifen, Zigarren oder Zigaretten ist in den für Nichtraucher bestimmten und entsprechend bezeichneten Wagen und Wagenabteilen verboten.

(4) Es ist verboten, Gegenstände aus den Wagen der Straßenbahn hinauszuwerfen. Dies gilt auch für Zeitungen und andere Papiere, für brennende oder glimmende Tabakreste und Streichhölzer.

(5) Die Mitnahme von geladenen Gewehren, von Gegenständen, die durch Umfang, üblen Geruch oder Unreinlichkeit die Mitfahrenden belästigen oder die durch leichte Entzündlichkeit gefährlich werden können, sowie von unverwahrten spitzen Gegenständen (Hutnadeln usw.) ist nicht gestattet. Insbesondere dürfen Ballons, die mit explosiblem Gas gefüllt sind, in die für Raucher bestimmten Wagen oder Wagenteile nicht mitgenommen werden. Rucksäcke sind vor dem Einsteigen von der Schulter zu nehmen. Der freie Durchgang darf durch Gepäckstücke nicht behindert werden.

(6) Kleine Hunde und andere kleine Tiere dürfen mitgeführt werden, wenn sie auf dem Schoße getragen und die Mitfahrenden durch sie nicht belästigt werden. Größere Hunde dürfen nur auf der Vorderplattform der Wagen und nur dann mitgeführt werden, wenn Platz vorhanden ist.

(7) Hunde müssen stets mit Maulkorb versehen sein und kurz an der Leine geführt werden.

Vierter Abschnitt.

Radfahrverkehr.

§ 39.

Allgemeines.

(1) Auf Fahrräder finden die Bestimmungen des §§ 8 bis 24 dieser Polizeiverordnung sinngemäße Anwendung, soweit sich nicht aus den nachfolgenden Vorschriften etwas anderes ergibt.

(2) Auf Fahrräder, die nicht ausschließlich durch menschliche Kraft bewegt werden, finden die nachstehenden Vorschriften nur insoweit Anwendung, als sich nicht aus den Vorschriften über den Kraftfahrzeugverkehr etwas anderes ergibt.

§ 40.

Beschaffenheit des Fahrrades.

(1) Jedes Fahrrad muß versehen sein:

1. mit einer sicher wirkenden Hemmvorrichtung — als solche gilt auch eine Rücktrittbremse —,
2. mit einer helltönenden Glocke zum Abgeben von Warnungszeichen,
3. während der Dunkelheit und bei starkem Nebel
   a) mit einer hellbrennenden Laterne mit farblosem oder gelblichem Glase, die den Lichtschein nach vorn auf die Fahrbahn wirft,
   b) mit einer Blinkscheibe von gelbroter Farbe, die im Lichtschein der Laternen von hinten nahender Fahrzeuge das Fahrrad sichtbar macht oder einem Rücklicht von gelbroter Farbe. In einer Entfernung von 150 m muß das Rücklicht deutlich erkennbar, die Blinkscheibe im Scheinwerferlicht einer 25-Watt-Lampe sichtbar sein.

(2) Fahrräder der Polizeibeamten sind für dienstliche Benutzung von den Bestimmungen des Abs. 1 Nr. 3 befreit, insoweit dies zur Durchführung von besonderen dienstlichen Aufgaben notwendig ist.

(3) Die Vorschrift des Abs. 1 findet auf Lastfahrräder entsprechende Anwendung.

§ 41.

Pflichten des Radfahrers.

(1) Der Radfahrer ist dafür verantwortlich, daß das Fahrrad sich in vorschriftsmäßigem Zustande befindet und vorschriftsmäßig beleuchtet ist.

(2) Der Radfahrer darf auf einem einsitzigen Fahrrad nur ein Kind unter sechs Jahren mitnehmen, und auch dies nur, falls für das Kind eine geeignete Sitzgelegenheit auf dem Fahrrade vorhanden ist. Das Mitführen eines Kindes in Verkehrsstraßen erster Ordnung ist verboten.

(3) Gegenstände darf der Radfahrer nur mitnehmen, falls sie seine Bewegungsfreiheit nicht beeinträchtigen und Menschen oder Sachen nicht gefährden.

(4) Soweit besondere Radfahrwege eingerichtet sind, ist die Benutzung der Fahrbahnen verboten. Sind keine Radfahrwege vorhanden, so sind die Fahrbahnen zu benutzen. Außerhalb geschlossener Ortsteile darf mit Zweirädern auch auf den neben den Fahrbahnen hinführenden, nicht erhöhten Banketten gefahren werden, auch wenn sie in der Fahrtrichtung links gelegen sind. Die Bankette hat der Radfahrer bei Annäherung von Fußgängern rechtzeitig zu verlassen; sofern dies nicht möglich ist, hat er abzusteigen.

(5) Auf allen Straßen dürfen Radfahrer höchstens zu zweien nebeneinander fahren. Dies gilt nicht auf besonderen Radfahrwegen und für geschlossene Radfahrabteilungen der Polizei und der Wehrmacht. Sonstige Ausnahmen bedürfen der polizeilichen Erlaubnis.

(6) Zum Einfahren auf ein Grundstück und Ausfahren aus einem Grundstücke müssen Fahrräder über die Gehbahn geführt werden. Im übrigen ist das Führen eines Fahrrades auf der Gehbahn verboten.

(7) Der Radfahrer muß stets, auch in Einbahnstraßen, scharf rechts am Rande der Fahrbahn fahren; auch wer ein Fahrrad führt, hat sich am rechten Rande der Fahrbahn zu halten.

(8) Dem Radfahrer ist verboten, Fahrzeuge, die nicht in Schrittgeschwindigkeit fahren, zu überholen.

(9) Es ist verboten, beide Hände gleichzeitig von der Lenkstange oder die Füße von den Fußtritten zu nehmen.

(10) Das Umkreisen von Fahrzeugen, Menschen oder Tieren und ähnliche Bewegungen, die geeignet sind, Menschen oder Sachen zu gefährden, den Verkehr zu stören oder Tiere scheu zu machen, sind verboten.

(11) Das Anhängen an Fahrzeuge ist verboten. Ist an Straßenkreuzungen oder wegen einer Verkehrsstockung die Weiterfahrt gehemmt, so muß der Radfahrer bis zur Behebung der Stockung anhalten.

(12) Radfahrern ist das Mitnehmen von Hunden an einer Leine verboten. Auch dürfen Handwagen und dergl. nicht vom Fahrrad aus gezogen oder an ein Fahrrad angehängt werden.

(13) Wettfahrten sind auf den Straßen verboten. Zuverlässigkeitsfahrten, Kunstfahrten und ähnliche Veranstaltungen bedürfen der polizeilichen Erlaubnis.

§ 42.

Warnungszeichen.

(1) Der Radfahrer hat überall dort, wo es die Sicherheit des Verkehrs erfordert, durch deutlich hörbares Glockenzeichen rechtzeitig auf das Nahen des Fahrrades aufmerksam zu machen.

(2) Verboten ist das Abgeben zweckloser oder belästigender Glockenzeichen, ferner der Gebrauch von Signalpfeifen, Hupen und beständig tönenden Glocken (Schlittenglocken und dergl.) sowie von sogenannten Radlaufglocken, sofern sie derart in Verbindung mit der Hemmrichtung stehen, daß sie nur ertönen, wenn und solange diese in Anwendung gebracht wird.

(3) Das Abgeben von Glockenzeichen ist sofort einzustellen, wenn Tiere dadurch unruhig oder scheu werden.

(4) Auch hat der Radfahrer in diesem Fall, oder wenn sonst durch das Vorbeifahren mit dem Fahrrade Menschen oder Tiere in Gefahr gebracht werden, langsam zu fahren und erforderlichenfalls sofort abzusteigen.

§ 43.

Beschränkung des Radfahrverkehrs.

(1) In Verkehrsstraßen erster Ordnung ist das Radfahren in der Längsrichtung werktags zwischen 8 und 19 Uhr im Durchgangsverkehr verboten.

(2) Dies Verbot kann vorübergehend auch für andere Straßen oder für bestimmte Tage angeordnet werden.

Fünfter Abschnitt.

Reitverkehr, Treiben von Tieren und dergl.

§ 44.

Reitverkehr.

(1) Reiter sind zur gehörigen Rücksichtnahme auf den übrigen Verkehr verpflichtet. Die Bestimmungen der §§ 8 bis 22 und 29 (1) sowie (3 bis 5) finden auf den Reitverkehr sinngemäße Anwendung.

(2) Zum Reiten sind die dafür eingerichteten besonderen Wege (Reitwege) zu benutzen. Sind keine Reitwege vor-

handen oder reichen sie zur Aufnahme des Reitverkehrs nicht aus, so sind die für Fuhrwerke bestimmten Fahrbahnen zu benutzen. In Verkehrsstraßen erster Ordnung darf die Fahrbahn nicht von Reitern in der Längsrichtung im Durchgangsverkehr benutzt werden.

(3) Auf gepflasterten Fahrbahnen darf nur im Schritt geritten werden. Das gleiche gilt für das Kreuzen von Hauptverkehrswegen. Über sonstige Wegekreuzungen darf nicht schneller als im abgekürzten Trabe geritten werden.

(4) Reiter mit Handpferden dürfen auf der Fahrbahn nur im Schritt reiten. Mehr als zwei Handpferde dürfen nicht mitgeführt werden, ausgenommen in Ortsteilen mit rein ländlichem Charakter.

(5) Reitpferde dürfen nur mit einer mit Gebiß versehenen Zäumung geritten werden.

(6) Personen, die das 18. Lebensjahr noch nicht vollendet haben, dürfen auf den Fahrbahnen nur in Begleitung älterer Personen reiten. Ausnahmen bedürfen der polizeilichen Erlaubnis.

(7) Das Reiten ist ferner solchen Personen verboten, die zur sicheren Führung des Pferdes nicht imstande sind.

(8) Auf Militärpersonen und Polizeibeamte im Dienst finden die Beschränkungen der Abs. 2 bis 4 keine Anwendung.

§ 45.

Treiben und Führen von Tieren. Behandlung der Tiere.[1])

(1) Das Treiben von Tieren aller Art ist auf der Straße verboten. Ausnahmen bedürfen polizeilicher Erlaubnis. Die

[1]) Vgl. Polizeiverordnung vom 12. Dezember 1924, betr. Verhütung von Tierquälereien beim Transport von Vieh und Geflügel (Amtsblatt S. 512).

Erlaubnis kann auch allgemein für bestimmte Ortsteile und Straßen durch öffentliche Bekanntmachung erteilt werden. Ist die Erlaubnis erteilt, so müssen die Tiere so getrieben werden, daß der übrige Verkehr möglichst wenig behindert wird; sie dürfen nur auf der Fahrbahn getrieben werden und müssen von einer angemessenen Zahl geeigneter Treiber begleitet sein.

(2) Während der Dunkelheit und bei starkem Nebel müssen die Treiber von Tieren am Anfang und am Schluß des Zuges Laternen mit sich führen.

(3) Auch das Führen von Tieren (außer von Hunden sowie von Zug- und Reittieren) auf der Straße ist verboten. Im übrigen gelten die Bestimmungen des Abs. 1.

(4) Das Führen von Zug- oder Reittieren in Koppeln von mehr als drei Tieren durch eine Person ist verboten, ausgenommen in Ortsteilen mit rein ländlichem Charakter. Zum Führen von Zugtieren sind die Fahrbahnen, zum Führen von Reittieren die Fahrbahnen oder Reitwege zu benutzen. Die Vorschrift des § 44 (2) Satz 3 findet entsprechende Anwendung. Die Führung ist Personen, die nicht zur sicheren Führung geeignet sind, verboten. Sie darf ihnen auch nicht überlassen werden.

(5) Die Tiere sind so kurz am Zügel oder Zaum zu führen, daß sie jederzeit in der Gewalt des Führers bleiben. Hengste und bissige Tiere sind mit Maulkörben zu versehen, die sie jedoch nicht an der freien Atmung behindern dürfen.

(6) Wenn gestürzte Tiere nicht alsbald aufgerichtet werden können, ist für ihre unverzügliche Fortschaffung Sorge zu tragen.

(7) Im übrigen finden auf das Treiben und Führen von Tieren die Vorschriften der §§ 10, 11, 14, 15 und 17 bis 22 sinngemäße Anwendung.

(8) Es ist verboten, Haustiere und andere Tiere (einschließlich Federvieh) auf der Straße frei umherlaufen zu lassen. Diese Vorschrift gilt nicht für Katzen.

(9) Für Hunde gelten die besonderen Vorschriften des § 46.

§ 46.

Behandlung der Hunde; Hundefuhrwerke.

(1) Es ist verboten, Hunde in der Zeit von 23 Uhr bis 6 Uhr auf der Straße aufsichtslos umherlaufen zu lassen. In Verkehrsstraßen erster Ordnung sind Hunde stets an der Leine zu führen.

(2) Hunde müssen so gehalten werden, daß sie sich nicht durch Heulen oder Bellen in ruhestörender Weise bemerkbar machen.

(3) Bissige Hunde müssen auf der Straße stets mit einem Maulkorb versehen sein, der das Beißen sicher verhindert, die Atmung des Tieres und das Abkühlen der Zunge nicht beeinträchtigt und den Hund, insbesondere seinen Nasenrücken, nicht drückt.

(4) Hunde, welche infolge von Krankheit oder äußeren Verletzungen zum Ziehen untauglich sind, sowie läufige, trächtige oder säugende Hündinnen dürfen nicht zum Ziehen verwendet werden. Das gleiche gilt für Hunde, deren Schulterhöhe weniger als 60 cm beträgt.

(5) Das Geschirr der Hunde muß aus mindestens 4 cm breiten Gurten oder Lederriemen gefertigt sein.

(6) Das Gewicht des Fuhrwerks und der Ladung darf nicht so groß sein, daß die Kräfte des Hundes überanstrengt werden. Personen auf dem Hundefuhrwerk zu befördern, ist untersagt.

(7) Will der Führer das Fuhrwerk während des Haltens verlassen, so ist der Hund abzusträngen und so am Fuhrwerk

zu befestigen, daß er sich weder losmachen noch das Fuhrwerk fortbewegen kann.

(8) Der Führer eines Hundefuhrwerks muß ein geeignetes Tränkgefäß sowie vom 1. Oktober bis 31. März eine Unterlage aus Holz oder Korbgeflecht und eine Decke zum Auflegen mitführen, die während des Haltens zu benutzen sind.

(9) Die Bestimmungen der §§ 26 und 27 (2) finden auf Hundefuhrwerke sinngemäße Anwendung.

(10) Werden Hunde zur Führung oder Begleitung von Blinden und anderen Gebrechlichen, die einem Straßengewerbe nachgehen, verwendet, so findet die Bestimmung des Abs. 8 sinngemäße Anwendung.

Sechster Abschnitt.

Fußgängerverkehr.

§ 47.

Allgemeine Bestimmungen.

(1) Fußgänger haben die Gehbahn zu benutzen und die Fahrbahn tunlichst zu meiden. Sie haben die rechte Seite der Gehbahn innezuhalten und einander nach rechts auszuweichen.

(2) Das Überschreiten der Fahrbahn hat auf dem kürzesten Wege und ohne Aufenthalt zu erfolgen. Verkehrsstraßen erster Ordnung dürfen von Fußgängern nur auf den Schutzwegen überschritten werden.

(3) Die Benutzung von Reit- und Radfahrwegen, die nicht ausdrücklich für den Fußgängerverkehr freigegeben sind, ist verboten. Dies gilt nicht für Personen, die Pferde oder Fahrräder an der Hand führen.

(4) Das Stehenbleiben auf der Fahrbahn ist verboten.

Das Stehenbleiben auf der Gehbahn ist nur gestattet, wenn Fußgänger hierdurch nicht gestört oder belästigt werden oder wenn es vor dem Überschreiten der Straße oder an einer Haltestelle oder zum Einsteigen in ein Fahrzeug erforderlich ist. Zum Warten auf die Straßenbahn ist eine etwa vorhandene Schutzinsel zu benutzen.

(5) Stöcke, Schirme und andere spitze Gegenstände sind so mitzuführen, daß Personen weder gefährdet noch behindert werden können.

(6) Auf der Gehbahn dürfen nicht mehr als drei Personen in einer Reihe nebeneinander gehen.

(7) Das Tragen von brennenden Fackeln (außer Papierlaternen) auf der Straße ist verboten. Ausnahmen bedürfen polizeilicher Erlaubnis.

(8) Fußgänger, die Gegenstände mit sich führen, die wegen ihrer Form, Größe oder sonstigen Beschaffenheit andere Personen belästigen, gefährden oder beschmutzen können, dürfen die Gehbahn nur benutzen, wenn nach Lage des Verkehrs dadurch andere Personen nicht belästigt werden. Sind sie deswegen oder aus anderen zwingenden Gründen genötigt, die Fahrbahn zu benutzen, so haben sie sich möglichst an der äußersten rechten Seite der Fahrbahn zu halten.

§ 48.

Rollschuhverkehr. Straßenspiele. Steigenlassen von Drachen.

(1) Das Rollschuhlaufen ist nur auf der Fahrbahn gestattet und in Verkehrsstraßen erster Ordnung und Straßen mit Straßenbahnbetrieb verboten. Das Kreuzen der Gehbahnen beim Verlassen und Aufsuchen der Grundstücke muß auf dem kürzesten Wege erfolgen.

(2) Die Rollschuhläufer haben sich auf der rechten Seite der Fahrbahn nahe an der Gehbahn zu halten.

(3) Die Vorschriften der §§ 11, 14, 18 bis 22 und 47 finden sinngemäße Anwendung.

(4) Das Kunstlaufen und Wettlaufen der Rollschuhläufer miteinander oder mit Fahrzeugen oder Fußgängern, das Rollschuhlaufen in Reihen, Ketten oder in Scharen auf der Straße sowie das Anhängen an Fahrzeugen ist verboten.

(5) Das Schießen mit Blasrohren, Schleudern und sonstigen Geräten, das Fahren mit Rollern, sogenannten „Holländern" und ähnlichen Bewegungsmitteln, das Treiben von Kreiseln und Reifen, das Werfen und Schleudern von Bällen, Steinen, Stöcken, Schnee oder anderen Gegenständen, das Herstellen von Gleit- und Schlitterbahnen, das Schießen und das Abbrennen von Feuerwerk ist überall verboten, wo eine Gefährdung oder Belästigung des Straßenverkehrs zu besorgen ist.

(6) Das gleiche gilt auch für das Steigenlassen von Drachen, soweit es nicht auf Grund besonderer Polizeiverordnung[1]) überhaupt verboten ist. Das Steigenlassen von Drachen ist auch dann untersagt, wenn sich Telegraphen- oder Fernsprechleitungen, die Drähte der Straßenbahn oder Hochspannungsleitungen in der Nähe befinden.

§ 49.

Verkehr mit Kinderwagen und Krankenstühlen.

Kinderwagen und fahrbare Krankenstühle dürfen die Gehbahnen nur benutzen, wenn sie ihrem bestimmungemäßigen Zwecke dienen. Derartige Wagen dürfen jedoch nicht zu mehreren nebeneinander gefahren werden. Auch darf durch ihr Anhalten der Verkehr nicht behindert werden.

---

[1]) Vgl. Polizeiverordnung über das Steigenlassen von Drachen auf dem Flugplatz Tempelhof und in seiner Umgebung vom 26. November 1926 (Amtsblatt S. 290).

C.

Schlußbestimmungen.

§ 85.

Strafbestimmungen.

Wer den Bestimmungen dieser Polizeiverordnung oder den auf Grund dieser Polizeiverordnung erlassenen polizeilichen Vorschriften oder Anordnungen zuwiderhandelt, wird, sofern nicht eine Bestrafung auf Grund des § 21 des Reichsgesetzes über den Verkehr mit Kraftfahrzeugen vom 3. Mai 1909 oder eines an dessen Stelle tretenden Gesetzes bezw. auf Grund des § 50 Abs. 1 der Verordnung über Kraftfahrzeugverkehr vom 16. März 1928 zu erfolgen hat oder sofern nicht nach anderen Gesetzen oder Verordnungen eine höheren Strafe verwirkt ist, mit Geldstrafe bis zu 150 RM. oder mit Haft bis zu zwei Wochen bestraft.

5.

Grundzüge, betreffend den Radfahrverkehr.

A. Allgemeine Vorschriften.

§ 1.

Für den Radfahrverkehr gelten sinngemäß die den Verkehr von Fuhrwerken auf öffentlichen Wegen und Plätzen regelnden polizeilichen Vorschriften, soweit nicht in nachfolgendem andere Bestimmungen getroffen sind.

Auf Fahrräder, welche im öffentlichen Transportgewerbe verwendet werden, sowie auf die Fahrer dieser Räder finden neben den nachstehenden Vorschriften die allgemeinen Bestimmungen über den Betrieb der dem öffentlichen Transportgewerbe dienenden Beförderungsmittel Anwendung.

Auf Fahrräder, die nicht ausschließlich durch menschliche Kraft betrieben werden, finden die nachstehenden Vorschriften insoweit Anwendung, als nicht in den Vorschriften betreffend den Verkehr mit Kraftfahrzeugen ein anderes bestimmt ist.

B. Das Fahrrad.

§ 2.

Jedes Fahrrad muß versehen sein:

1. mit einer sicher wirkenden Hemmvorrichtung,
2. mit einer helltönenden Glocke zum Abgeben von Warnungszeichen,

3. während der Dunkelheit und bei starkem Nebel mit einer hellbrennenden Laterne mit farblosen Gläsern, welche den Lichtschein nach vorn auf die Fahrbahn wirft.

§ 3.

(Ist fortgefallen.)

C. Der Radfahrer.

§ 4.

Jeder Radfahrer ist zur gehörigen Vorsicht bei der Leitung seines Fahrrades verpflichtet.

Auf den Haltruf oder das Haltzeichen eines als solcher kenntlichen Polizeibeamten hat jeder Radfahrer sofort anzuhalten. Zur Kenntlichmachung eines Polizeibeamten ist auch das Tragen einer Dienstmütze ausreichend.

§ 5.

Die Fahrgeschwindigkeit ist jederzeit so einzurichten, daß Unfälle und Verkehrsstörungen vermieden werden.

Innerhalb geschlossener Ortsteile darf nur mit mäßiger Geschwindigkeit gefahren werden.

Auf unübersichtlichen Wegen, insbesondere nach Eintritt der Dunkelheit oder bei starkem Nebel, beim Einbiegen aus einer Straße in die andere, bei Straßenkreuzungen, bei scharfen Straßenkrümmungen, bei der Ausfahrt aus Grundstücken, die an öffentlichen Wegen liegen, und bei der Einfahrt in solche Grundstücke, ferner beim Passieren enger Brücken und Tore sowie schmaler oder abschüssiger Wege sowie da, wo die Wirksamkeit der Hemmvorrichtung durch die Schlüpfrigkeit des Weges in Frage gestellt ist, endlich überall da, wo ein lebhafter Verkehr stattfindet, muß langsam und so vorsichtig gefahren werden, daß das Fahrrad nötigenfalls auf der Stelle zum Halten gebracht werden kann. In allen diesen Fällen sowie bei jedem Bergabfahren ist es verboten, beide Hände gleichzeitig von der Lenkstange oder die Füße von den Pedalen zu nehmen.

§ 6.

Der Radfahrer hat entgegenkommende, zu überholende, in der Fahrtrichtung stehende oder die Fahrtrichtung kreuzende Menschen, insbesondere die Führer von Fuhrwerken, Reiter, Viehtreiber usw. durch deutlich hörbares Glockenzeichen rechtzeitig auf das Nahen des Fahrrades aufmerksam zu machen.

Auch an unübersichtlichen Stellen (§ 5 Abs. 3) ist das Glockenzeichen zu geben.

Das Abgeben des Glockenzeichens ist sofort einzustellen, wenn Tiere dadurch unruhig oder scheu werden.

Zweckloses oder belästigendes Klingeln ist zu unterlassen. Der Gebrauch von Signalpfeifen, Huppen und beständig tönenden Glocken (Schlittenglocken und dergleichen) sowie von sogenannten Radlaufglocken ist untersagt, sofern sie dergestalt in Verbindung mit der Hemmvorrichtung stehen, daß sie ertönen, wenn und solange diese in Anwendung gebracht wird.

Merkt der Radfahrer, daß ein Tier vor dem Fahrrade scheut, oder daß sonst durch das Vorbeifahren mit dem Fahrrade Menschen oder Tiere in Gefahr gebracht werden, so hat er langsam zu fahren und erforderlichenfalls sofort abzusteigen.

§ 7.

Das Einbiegen in eine andere Straße hat nach rechts in kurzer Wendung, nach links in weitem Bogen zu geschehen.

§ 8.

Der Radfahrer hat bei der Fahrt die rechte Seite der Fahrbahn einzuhalten und entgegenkommenden Fuhrwerken,

Kraftfahrzeugen, Reitern, Radfahrern, Fußgängern, Viehtransporten oder dergleichen rechtzeitig und genügend nach rechts auszuweichen oder, falls dies die Umstände oder die Örtlichkeit nicht gestatten, solange abzusteigen, bis die Bahn frei ist.

Auf Fahrwegen haben entgegenkommende Fuhrwerke, Kraftfahrzeuge usw. dem Radfahrer soviel Platz freizulassen, daß er auf der Fahrstraße ohne Gefahr rechts ausweichen kann.

§ 9.

Das Vorbeifahren an eingeholten Fuhrwerken, Kraftfahrzeugen, Reitern, Radfahrern, Fußgängern, Viehtransporten oder dergleichen hat auf der linken Seite zu erfolgen.

Auf Fahrwegen haben die zu überholenden Fuhrwerke, Kraftfahrzeuge usw. auf das gegebene Glockenzeichen soviel Platz freizulassen, daß der Radfahrer auf der Fahrstraße ohne Gefahr vorbeifahren kann.

An unübersichtlichen Stellen (§ 5 Abs. 3) sowie überall, wo die Fahrbahn durch Fuhrwerke, Kraftfahrzeuge usw. verengt ist, ist das Überholen verboten.

§ 10.

Bei Benutzung der Bankette und Fußwege (§ 12 Abs. 1 und 2) darf der Verkehr der Fußgänger nicht gestört werden. Die Bankette hat der Radfahrer bei Annäherung an Fußgänger rechtzeitig zu verlassen; sofern dies aber nicht möglich ist, hat er abzusteigen.

§ 11.

Das Umkreisen von Fuhrwerken, Menschen und Tieren und ähnliche Bewegungen, welche geeignet sind, Menschen oder Eigentum zu gefährden, den Verkehr zu stören oder Tiere scheu zu machen, sind verboten.

D. Die Benutzung öffentlicher Wege und Plätze.

§ 12.

Das Radfahren ist, außer auf den für den Radfahrverkehr eingerichteten besonderen Wegen (Radfahrwegen), nur auf den für Fuhrwerke bestimmten Wegen und Plätzen gestattet. Außerhalb der geschlossenen Ortschaften darf das Fahren mit Zweirädern auch auf den neben den Fahrwegen hinführenden, nicht erhöhten Banketten stattfinden.

Die Wegepolizeibehörden sind befugt, den Radfahrverkehr auf Fußwegen und auf Plätzen, die für Fuhrwerke nicht bestimmt sind, zuzulassen.

Reiten, Fahren, Schieben von Handwagen und Handkarren oder Viehtreiben auf den Radfahrwegen (Abs. 1 Satz 1) ist nicht gestattet.

§ 13.

Durch allgemeine ortspolizeiliche Vorschriften oder durch besondere, für einzelne Fälle getroffene polizeiliche Anordnungen kann auf bestimmten Wegen, Plätzen, Brücken oder Teilen derselben sowie auf Banketten neben den Fahrwegen das Fahren mit Fahrrädern oder mit bestimmten Arten von Fahrrädern verboten oder beschränkt sowie auf den Radfahrwegen (§ 12 Abs. 1 Satz 1) der Fußgängerverkehr verboten werden.

Allgemeine Vorschriften dieser Art sind öffentlich bekanntzumachen und, vorbehaltlich anderweiter Anordnungen der Landespolizeibehörden, an den betreffenden Strecken durch öffentlichen Anschlag zur Kenntnis bringen.

Die bereits bestehenden Verbote bleiben in Kraft.

§ 14.

Das Wettfahren und die Veranstaltung von Wettfahrten auf öffentlichen Wegen und Plätzen sind verboten. Ausnahmen bedürfen der Genehmigung der zuständigen Polizeibehörde, welche im einzelnen Falle die besonderen Bedingungen festsetzt.

E. Strafbestimmungen.

§ 15.

Zuwiderhandlungen gegen die vorstehenden Bestimmungen und gegen die darin vorbehaltenen allgemeinen ortspolizeilichen Vorschriften oder besonderen polizeilichen Anordnungen (§ 13) werden in Gemäßheit des § 366 Nr. 10 des Reichsstrafgesetzbuchs mit Geldstrafe bis zu 60 RM. oder mit Haft bis zu 14 Tagen bestraft.

F. Ausnahmen.

§ 16.

Ob und inwieweit Ausnahmen von den in Gemäßheit des § 13 ergangenen Vorschriften für den dienstlichen Radfahrverkehr der Beamten der Post- und Telegraphenverwaltung und anderer öffentlicher Verwaltungen zugelassen sind, bestimmt die zuständige Landeszentralbehörde.

G. Schlußbestimmungen.

§ 17.

Diese Verordnung tritt am 1. Januar 1908 in Kraft.

Mit diesem Zeitpunkte sind, unbeschadet der Bestimmung im § 13 Abs. 3, die bisherigen Vorschriften über den Radfahrverkehr auf öffentlichen Wegen und Plätzen aufgehoben.

6.

Preußische Runderlasse.

a) Grundsätze für die Regelung des Droschkenwesens.

Runderlaß des Ministers des Innern vom 15. Juli 1927 (MBliV. 731).

I. Allgemeines.

Für die Regelung des Droschkenwesens in allen Polizeiverwaltungen sind künftig nachstehende Gesichtspunkte zu beachten.

Für das Droschkengewerbe gilt die durch § 1 der Reichsgewerbeordnung festgelegte Gewerbefreiheit. Nach § 37 unterliegt aber die Unterhaltung des öffentlichen Verkehrs innerhalb der Orte durch Wagen aller Art der Regelung durch die Ortspolizeibehörden.

Die auf Grund des § 37 ergehenden Anordnungen sollen nach Nr. 52 der Preußischen Ausführungsanweisung vom 1. Mai 1904 (HMBl. S. 123) in der Form von Polizeiverordnungen gemäß der §§ 143 und 144 LVG. vom 30. Juli 1883 (GS. S. 195), §§ 5 und 6 PolVG. vom 11. März 1850 (GS. S. 265), der §§ 37 und 76 RGO. vom 21. Juni 1869 in der Fassung der Bekanntmachung vom 26. Juli 1900 (RGBl. S. 871), des § 2 Abs. 3 des Gesetzes über den Verkehr mit Kraftfahrzeugen vom 3. Mai 1909 in der Fassung des Gesetzes vom 21. Juli 1923 (RGBl. I S. 743) und der Verordnung über Vermögensstrafen und Bußen vom 6. Februar 1924 (RGBl. I S. 44) getroffen werden. Sie können sich nicht nur auf die Art der Ausübung dieses Gewerbes, sondern auch auf die Bedingungen der Zulassung erstrecken. Vor Erlaß der Polizeiverordnungen, die das Droschkengewerbe betreffen, soll im allgemeinen eine Vertretung des Droschkengewerbes — Arbeitgeber und Arbeitnehmer — gutachtlich gehört werden.

In Zukunft ist bei allen Polizeiverwaltungen der Betrieb von Kraft- und Pferdedroschken abhängig zu machen von einer vorgängigen Erlaubnis.

Die Erlaubnis ist zu erteilen:

1. wenn der Antragsteller zuverlässig ist,
2. wenn ein Bedürfnis vorliegt.

Die Inbetriebnahme jeder einzelnen Kraftdroschke darf nur nach Aushändigung des Erlaubnisscheines (Droschkenschein) erfolgen.

II. (Betrifft Kraftdroschken.)

III. Pferdedroschken.

Das Pferdedroschkenwesen kann in der Droschkenordnung mit geregelt werden. Von der Durchführung einheitlicher Grundsätze für das ganze Staatsgebiet wird jedoch abgesehen, vielmehr bleibt die Regelung nach wie vor den zuständigen örtlichen Behörden überlassen. Für Pferdedroschken wird im allgemeinen der Mitteltarif Anwendung finden können.

IV. Ausnahmen.

In Ortspolizeibezirken, in denen das Verkehrsgewerbe schwach entwickelt und eine Trennung in Droschken- und Fuhrgewerbe nicht durchgeführt ist, kann mit Genehmigung des Regierungspräsidenten von der Anwendung der vorstehenden Grundsätze ganz oder zum Teil Abstand genommen werden. Dabei ist jedoch besonders darauf Rücksicht zu nehmen, daß in Gebieten, die hinsichtlich des Verkehrs eine Einheit darstellen, gleiche Bestimmungen zur Einführung gelangen. Gegebenenfalls haben sich zur Durchführung dieser Maßnahme die Regierungspräsidenten gegenseitig ins Benehmen zu setzen.

---

b) Zusatzbestimmungen zur Straßenverkehrsordnung in größeren Orten.

Runderlaß des Ministers für Landwirtschaft, Domänen und Forsten, des Ministers für Handel und Gewerbe und des Ministers des Innern vom 21. November 1927 (MBliV. S. 1105).

Nach dem gemeinsamen Runderlaß der Minister für Land- und Forstwirtschaft, für Handel und Gewerbe und des Innern vom 21. November 1927 (MBliV. S. 1105) hat der Oberpräsident in Koblenz angeregt, für die Zusatzbestimmungen zur Straßenverkehrsordnung, die zur Regelung des Verkehrs in den größeren Städten notwendig werden, einheitliche Richtlinien zu geben, damit der Durchgangsverkehr, insbesondere der Kraftfahrzeugverkehr, überall mit denselben Verkehrsvorschriften rechnen kann und nicht Gefahr läuft, in einzelnen Ortschaften gegen unbekannte Vorschriften zu verstoßen. Auf Grund des Vorschlages sind die untenstehenden Richtlinien für solche Zusatzbestimmungen aufgestellt worden mit der Maßgabe, daß in den größeren Orten, in denen sich infolge des herrschenden Verkehrs eine Ergänzung der Straßenverkehrsordnung durch besondere Vorschriften als erforderlich erweist, die Regelung nach diesen Richtlinien zu erfolgen hat, wobei folgendes beachtet werden soll:

1. In die Zusatzbestimmungen sollen Begriffsbestimmungen in größerem Umfange nicht aufgenommen werden, da solche Begriffsbestimmungen entweder nur Wiederholungen der Definition der Straßenverkehrsordnung bringen oder in die Gefahr eines Widerspruchs mit ihnen geraten.

Notwendig kann es dagegen sein, zur Regelung des Vorfahrtrechts festzulegen, welche Wege als Hauptverkehrswege im Sinne des § 21 c der Verordnung über den Kraftfahrzeugverkehr und des § 14 der Straßenverkehrsordnung anzusehen sind. Hierbei wird zu erwägen sein, ob nicht zweckmäßig, wie das in Berlin beabsichtigt ist, als Hauptverkehrswege im Sinne jener Vorschriften außer den Verkehrsstraßen erster Ordnung diejenigen Straßen zu bezeichnen sein werden, die in ihrer Längsrichtung von Schienenfahrzeugen durchfahren werden.

2. Es erscheint nicht zweckmäßig, die Straßenverkehrsordnungen mit den Vorschriften über Straßenreinigung, Straßenhandel und ähnlichen Vorschriften zu belasten, da hierdurch der Überblick erschwert wird. Die Vorschriften zur Regelung des Straßenverkehrs sind vielmehr möglichst getrennt für sich zu erlassen.

3. Im einzelnen ist zu den Richtlinien folgendes zu bemerken:

a) Zu § 1. Soweit nach den örtlichen Verhältnissen Ausnahmen von der Vorschrift des Anfahrens und Haltens nur auf der rechten Straßenseite zugelassen werden müssen, ist dies in der Verordnung zum Ausdruck zu bringen. Die Straßen, für die die Ausnahmen gelten, sind in der Verordnung selbst oder in einer Anlage dazu aufzuführen. Wo es die örtlichen Verhältnisse gestatten, kann auch die Beschränkung der Vorschrift auf die Verkehrsstraßen erster Ordnung erwogen werden.

b) Zu § 2 Abs. 4. Bezüglich des Überholens der Straßenbahnen verbleibt es bei den allgemeinen Vorschriften des § 21 b der Verordnung über Kraftfahrzeugverkehr und § 12 der Straßenverkehrsordnung.

c) Zu § 3. Die Verkehrsbeschränkungen, die für Verkehrsstraßen erster Ordnung vorgesehen sind, sind als Mindestvorschriften anzusehen. Soweit darüber hinaus noch weitere Beschränkungen notwendig sind, können diese von den örtlichen Polizeibehörden getroffen werden. Doch ist dabei, soweit die Vorschriften auch für den Durchgangsverkehr Bedeutung haben, möglichste Zurückhaltung zu üben, um die Einheitlichkeit der Verkehrsvorschriften nicht zu gefährden. Neben den Verkehrsstraßen erster Ordnung auch noch solche zweiter Ordnung mit geringeren Verkehrsbeschränkungen einzuführen, ist nicht erwünscht.

Bestimmungen über weitere Einschränkungen des Fußgängerverkehrs sind in die Richtlinien nicht mit aufgenommen, ebensowenig solche über Beschränkung des Radfahrverkehrs, da sich die Notwendigkeit solcher Vorschriften nur nach den örtlichen Verhältnissen beurteilen läßt, und da sie für den Durchgangsverkehr keine Rolle spielen.

Die Regelung kann daher den örtlichen Behörden überlassen bleiben, die auf eigene Verantwortung prüfen müssen, welche Vorschriften sie zur Sicherung des Verkehrs für nötig und für durchführbar halten. Dasselbe gilt für die Frage, ob und inwieweit die Ausdehnung der Vorschriften der Straßenverkehrsordnung auf einzelne der im § 1 Abs. 1 Nr. 1 der Straßenverkehrsordnung ausgenommenen Fahrzeugarten notwendig wird.

Die Zusatzbestimmungen sind gegebenenfalls als Polizeiverordnungen der örtlichen Polizeiverwaltungen mit vorheriger Genehmigung der Oberpräsidenten zu erlassen, wobei empfohlen wird, die Benennung der Einbahnstraßen, der Verkehrsstraßen erster Ordnung, gegebenenfalls der Hauptverkehrswege, der Parkplätze und der Plätze mit Rundverkehr einer besonderen Bekanntmachung, die ohne Abänderung der Polizeiverordnung geändert werden kann, vorzubehalten.

Richtlinien für Zusatzbestimmungen zur Straßenverkehrsordnung in größeren Orten.

§ 1.
Anfahrt und Halten.

Das Anfahren und Halten ist in sämtlichen Straßen nur in der vorgeschriebenen Fahrtrichtung an der rechten Straßenseite gestattet.

§ 2.
Einbahnstraßen.

Einbahnstraßen sind Fahrbahnen, die nur in einer Richtung befahren werden dürfen.

Die Richtung wird angezeigt durch Richtungspfeile, die auf weißem Grunde mit roter Umrandung in schwarzer Farbe die Bezeichnung „Einbahnstraße" führen.

In Gefahrfällen hat die Vorschrift des Abs. 1 keine Geltung für die Feuerwehr und Polizei.

In Einbahnstraßen ist den Fahrzeugen die Ausnutzung der Fahrbahn in ihrer ganzen Breite gestattet, jedoch haben alle Fahrzeuge möglichst rechts zu fahren und haben links zu überholen.

§ 3.
Verkehrsstraßen erster Ordnung.

Die Verkehrsstraßen erster Ordnung sind durch weiße stehende Vierecke mit roter Umrandung gekennzeichnet, die an den Einmündungen der Seitenstraßen angebracht sind.

In den Verkehrsstraßen erster Ordnung gelten folgende Vorschriften:

a) Das Wenden der Fahrzeuge ist verboten.

b) In der Zeit von ... bis ... Uhr ist das Halten von Fahrzeugen aller Art mit Ausnahme der Personenfahrzeuge verboten. Letztere dürfen nur so lange stehen bleiben, als zum Ein- oder Aussteigen der Fahrgäste notwendig ist.

c) In die Verkehrsstraßen erster Ordnung dürfen Fuhrwerke und Kraftfahrzeuge nur in Schrittgeschwindigkeit einfahren.

§ 4.

Parkplätze.

Parkplätze sind Plätze, die zum Warten und Halten von Fahrzeugen, ausgenommen von Droschken, dienen. Sie sind kenntlich gemacht durch Parklinien oder durch ein rundes Schild, das auf weißem Grunde mit roter Umrandung ein großes P trägt.

Die als Droschkenhalteplätze bezeichneten Plätze dürfen von anderen Fahrzeugen nicht zum Parken benutzt werden. Andererseits dürfen Parkplätze von Droschken nur aufgesucht werden, wenn diese bestellt sind.

Bei Aufstellung der Fahrzeuge sind auf den Plätzen befindliche Anschläge zu beachten.

§ 5.

Rundverkehr.

Plätze mit Rundverkehr dürfen nur in Richtung nach rechts befahren werden. Die Plätze sind durch Richtungspfeile in weißer Grundfarbe mit roter Umrandung kenntlich gemacht.

c) Richtlinien für die Genehmigung von Zuverlässigkeitsfahrten mit Fahrrädern auf öffentlichen Wegen.

Runderlaß des Ministers des Innern vom 5. April 1928 (MBliV. S. 380).

Unter Bezug auf § 26 der Straßenverkehrsordnung (RdErl. des MfLDuF., des MfHuG. und des MdJ. vom 24. Juni 1926 — I 6101, V 8667 und II M 31. 18 V —, nicht veröffentlicht) habe ich die nachstehend abgedruckten „Richtlinien für die Genehmigung von Zuverlässigkeitsfahrten mit Fahrrädern auf öffentlichen Wegen" nach Anhörung der beteiligten Behörden und der „Obersten Radfahrerbehörde für Verkehr und Sport" in Berlin NW 6, Schiffbauerdamm 19, festgelegt. Ich ersuche, nach diesen Grundsätzen in Zukunft zu verfahren und etwa abweichende Bestimmungen aufzuheben.

Der Runderlaß vom 19. August 1928 — II M 2000 und I 5291 — (MBliV. S. 859) ist hierdurch aufgehoben. Als Verwaltungsgebühr ist bei Genehmigung von Fahrten durch den Landrat die gemäß Nr. 30 I e VGO. vom 30. Dezember 1926 (GS. S. 327) festgesetzte Gebühr für Genehmigung durch die Ortspolizeiverwaltungen von dem Veranstalter einzuziehen.

Die Terminliste derjenigen Veranstaltungen, die meiner Genehmigung unterliegen (Abschnitt I Ziff. 3 Abs. 2 der Richtlinien), ist mir erstmalig am 25. April 1928 einzureichen.

Anlage.

Richtlinien für die Genehmigung von Zuverlässigkeitsfahrten mit Fahrrädern auf öffentlichen Wegen.

I. Allgemeine Grundsätze.

1. Wettfahrten sind grundsätzlich verboten; sie sind auf geschlossene Fahrbahnen (z. B. Avus-Berlin, Nürburgring-

Adenau) zu verweisen. Zu genehmigen sind nur Zuverlässigkeitsfahrten.

2. Für die Zuverlässigkeitsfahrten ist die Genehmigung der zuständigen Ortspolizeibehörde erforderlich.

Erstreckt sich die Fahrt auf mehrere Polizeibezirke, so ist für die Genehmigung der Landrat zuständig, bei verschiedenen Kreisen (Stadt- und Landkreis) der Regierungspräsident, darüber hinaus der Oberpräsident bezw. der Minister des Innern.

3. Die Radsportverbände haben gemeinsam jedes Kalenderjahr eine Terminliste für ihre Veranstaltungen aufzustellen. Die Veranstaltungen sind auf das Notwendigste zu beschränken. Die Genehmigung wird nur erteilt, wenn der veranstaltende Verein oder Verband der Obersten Radfahrerbehörde für Verkehr und Sport in Berlin NW 6, Schiffbauerdamm 19, angehört.

Die Terminlisten für die Veranstaltungen, welche der Genehmigung des Ministers des Innern unterliegen, sind seitens der Obersten Radfahrerbehörde für Sport und Verkehr bis zum 15. Januar jeden Jahres vorzulegen. Die Terminliste der Veranstaltungen, welche der Oberpräsident bezw. Regierungspräsident genehmigt, ist seitens der Unterorgane der Obersten Radfahrerbehörde für Sport und Verkehr bis zum 15. März jeden Jahres der zuständigen Dienststelle zuzuleiten. Aus der Terminliste muß zu ersehen sein: Veranstalter, Zeit der Veranstaltung, Ablaufstelle, Wegestrecke und Ziel der Fahrt.

Der Veranstalter hat mindestens vier Wochen vor Beginn der genehmigten Fahrt den an der Wegestrecke liegenden Ortspolizeibehörden mitzuteilen:

a) Zahl der Teilnehmer (Startliste mit Angabe des Namens, Standes und der Wohnung),
b) die Ablaufstelle, Wegestrecke und das Ziel der Fahrt (Skizze der Wegestrecke ist nach Möglichkeit beizufügen),

c) den Standort der Sicherheitsposten und Kontrollstellen,
d) die Namen der für die Zuverlässigkeitsfahrt verantwortlichen Persönlichkeiten mit Anschrift.

Änderungen der Angaben zu a bis c können drei Tage vor Beginn der Veranstaltung noch mitgeteilt werden.

4. Für die Zuverlässigkeitsfahrten dürfen nur Wegestrecken von guter Beschaffenheit benutzt werden. Die Benutzung von Wegestrecken, die dem Hauptdurchgangsverkehr dienen, kann im Interesse der Sicherheit der Fahrer selbst sowie im Interesse der Sicherheit und Leichtigkeit des Verkehrs von den hierfür zuständigen Dienststellen untersagt werden.

Bei der Festlegung der Wegestrecken ist von den Veranstaltern auf den besonderen Straßenverkehr (z. B. Markt, Kirchgang usw.) Rücksicht zu nehmen.

5. Die Fahrtteilnehmer sind an die Bestimmungen der Straßenverkehrsordnung sowie an die örtlichen Bestimmungen der Verkehrsvorschriften gebunden. Die Anweisungen der Polizei- und Landjägereibeamten sowie der Wegeaufsichtsbeamten müssen von ihnen befolgt werden. Die Fahrtteilnehmer sind hierauf und auf die besonders zu beachtenden Bedingungen vor Beginn der Veranstaltung hinzuweisen.

II. Besondere Bedingungen.

1. Die Genehmigung der Zuverlässigkeitsfahrten wird auf Gefahr der Veranstalter erteilt.

2. Der Ablauf hat in den frühen Morgenstunden zu beginnen.

3. Die Genehmigungsbehörde setzt die nachgeordneten Polizeibehörden von der Veranstaltung unter Bekanntgabe ihrer besonderen Anordnungen in Kenntnis.

Der Veranstalter hat die Veranstaltung, soweit sie von

besonderer Bedeutung ist, rechtzeitig durch die örtliche Tagespresse bekanntzugeben.

4. An Wegekreuzungen, unübersichtlichen und besonders verkehrsreichen Wegestrecken hat der Veranstalter einen erfahrenen und umsichtigen Sicherheitsposten aufzustellen, welcher Fahrtteilnehmer und Publikum auf die Gefährdung aufmerksam macht. Polizeiliche Befugnisse darf dieser Posten jedoch nicht ausüben. Die Genehmigungsbehörde kann die Aufstellung von Warnungstafeln und Zeichen durch den Veranstalter für ausreichend erachten.

5. Für alle Schäden, die durch die Veranstaltung oder das schaulustige Publikum Dritten gegenüber bezw. der Straße zugefügt werden (z. B. Beschädigung von Bäumen, Böschungen, Brücken, Äckern usw.), ist der Veranstalter haftbar.

6. Ablaufstelle und Ziel sind möglichst außerhalb der Ortschaft zu legen. Einschreib- und Zwangskontrollen bei einer größeren Ortschaft haben vor dieser stattzufinden. Der örtliche Verkehr darf hierdurch nicht behindert werden.

7. Ob am Ablauf Massenstart oder Einzelstart zu erfolgen hat, bestimmt der Veranstalter.

8. Die Landespolizeibehörde kann im Einvernehmen mit dem Veranstalter gestatten, daß Kraftfahrzeuge der Leitung der Veranstaltung, mit besonderem Kennzeichen versehen, an der Veranstaltung teilnehmen.

9. Die Beendigung der Veranstaltung ist durch ein mit besonderem Schlußzeichen versehenes Fahrzeug anzuzeigen, damit die Überwachung und die besonders getroffenen Maßnahmen aufgehoben werden können.

10. Auf besonderen Antrag des Veranstalters kann ein Polizeibeamter die Zuverlässigkeitsfahrt zwecks Überwachung der Veranstaltung und des Verkehrs auf den Wegen, welche die Fahrt berührt, in einem von der Sportleitung zur Verfügung gestellten Kraftfahrzeug begleiten. Der Regierungs-

präsident hat in diesem Falle den die Veranstaltung begleitenden Beamten mit polizeilichen Befugnissen für den ganzen Bezirk auszustatten.

d) Zuverlässigkeitsfahrten mit Fahrrädern auf öffentlichen Wegen.

Runderlaß des Ministers des Innern vom 18. Juni 1928 (MBliV. S. 643).

Die Fassung des § 26 der den Oberpräsidenten unter dem 24. Juni 1926 — I 6101, V 8667 und II M 31. 18 V — (nicht veröffentlicht) übersandten Musterverordnung über den allgemeinen Verkehr auf öffentlichen Wegen (Straßenverkehrsordnung) in Verbindung mit dem Runderlaß vom 5. April 1928 — II M 48. 72 II/27 — (MBliV. S. 380), betreffend Richtlinien für die Genehmigung von Zuverlässigkeitsfahrten mit Fahrrädern auf öffentlichen Wegen, hat Zweifel über den Begriff der Zuverlässigkeitsfahrt bei Radfahrveranstaltungen aufkommen lassen. Die Zweifel sind dadurch entstanden, daß in § 26 der Ausdruck „Wettfahrten" in nicht ganz unmißverständlicher Weise anstatt des Ausdrucks „Wettrennen" benutzt worden ist. Es sollte zwischen Wettrennen und sonstigen Veranstaltungen unterschieden werden. Mit Rücksicht darauf, daß in der zwischen den Ländern vereinbarten Straßenverkehrsordnung der Ausdruck „Wettfahrten" anstatt „Wettrennen" gebraucht ist, mußte dieser Ausdruck auch von mir beibehalten werden. Bei der demnächst erfolgenden Änderung der Straßenverkehrsordnung beabsichtige ich, dafür Sorge zu tragen, daß eine andere Formulierung erfolgt.

Ob ein Wettrennen oder eine Zuverlässigkeitsfahrt vorliegt, wird jeweils von der „Obersten Radfahrerbehörde für Verkehr und Sport" geprüft. Wir haben das Zutrauen, daß sie nur wirkliche Zuverlässigkeitsfahrten zuläßt und sämtliche Wettrennen auf geschlossene Bahnen verweist. Wenn die „Oberste Radfahrerbehörde für Verkehr und Sport" eine geplante Veranstaltung als Zuverlässigkeitsfahrt genehmigt hat, so wird grundsätzlich davon auszugehen sein, daß es sich auch um eine solche handelt.

Etwa vorhandene Zweifel werden durch Fühlungnahme mit den örtlichen Vertretungen der Radfahrerbehörde unschwer behoben werden können.

Die vielfach aufgeworfene Frage, ob eine hohe Durchschnittsgeschwindigkeit gegen den Charakter einer Fahrt als Zuverlässigkeitsfahrt spricht, ist zu verneinen. Von hohen Geschwindigkeiten kann mit Rücksicht auf den heutigen Stand des gesamten Verkehrswesens bei Radfahrerveranstaltungen überhaupt kaum noch gesprochen werden.

Die notwendige Einschränkung von zuviel Veranstaltungen wird dadurch erreicht werden, daß ich schon jetzt der Obersten Radfahrerbehörde mitgeteilt habe, daß im kommenden Jahre eine so große Zahl von Veranstaltungen wie in diesem Jahre nicht mehr zugelassen werden kann.

In Ergänzung des Runderlasses vom 4. Mai 1928 — II M 44. 34/28 — (nicht veröffentlicht) an die Oberpräsidenten, welcher den Oberpräsidenten für das Jahr 1928 die Genehmigung der meiner Genehmigung vorbehaltenen Zuverlässigkeitsfahrten für den Fall überträgt, daß die Fahrt in ihrer Provinz beginne, bestimme ich sinngemäß, daß bei einem Beginn der Veranstaltung außerhalb Preußens der Oberpräsident zuständig ist, in dessen Provinz die Zuverlässigkeitsfahrt zuerst über preußisches Gebiet führt.

Die Berichte des Oberpräsidenten der Provinz Schleswig-Holstein vom 14. Mai 1928 — O. P. 2085 —, des Oberpräsidenten der Provinz Westfalen vom 1. und 2. Mai 1928 — III — finden hierdurch ihre Erledigung.

e) Verkehrszeichen.

Runderlaß des Ministers für Landwirtschaft, Domänen und Forsten, des Ministers des Innern und des Ministers für Handel und Gewerbe vom 29. August 1927 (MBliV. S. 921).

Unter den Verkehrszeichen zur Regelung des Straßenverkehrs sind folgende Arten zu unterscheiden:

a) die Warnungstafeln zur Kennzeichnung gefährlicher Stellen für den Kraftfahrzeugverkehr (Gefahrenschilder),

b) die Schilder, die zur Bekanntgabe von Wegesperrungen oder Geschwindigkeits- oder sonstigen Verkehrsbeschränkungen dienen (Verbots- und Verkehrsbeschränkungsschilder),

c) die Wegweiser, die an den Wegekreuzungen die Zielpunkte der Wege angeben,

d) die Ortstafeln, die dem Wegebenutzer den Namen des Ortes, den er berührt, anzeigen sollen.

Die Aufstellung der Warnungstafeln ist durch die VO. des RVM. vom 8. Juli 1927 (RGBl. I S. 177) und durch unseren gemeinschaftlichen Runderlaß vom 25. Juli 1927 (MBliV. S. 775) geregelt.

Bezüglich der Aufstellung der übrigen Tafeln ist folgendes zu beachten:

1. Verbots- und Verkehrsbeschränkungsschilder. Zu diesen Schildern gehören alle diejenigen Tafeln, die dem Publikum eine polizeiliche Anordnung über eine Wegesperrung (Sperrschilder) oder über langsames Fahren (Geschwindigkeitsschilder) oder eine Anordnung, wonach eine Straße nur in bestimmter Richtung oder nur unter gewissen Einschränkungen oder zu bestimmten Zwecken benutzt werden darf, bekanntgeben sollen.

Über die Form und Farbe der Sperrschilder und Geschwindigkeitsschilder bestanden bisher schon Vereinbarungen unter den Ländern. Danach war für die Sperrschilder gelbe Farbe mit schwarzer Schrift vorgesehen, während die Geschwindigkeitsschilder schwarz und hellblau gehalten waren. (Vgl. Anweisungen zur Ausführung der VO. über den Verkehr mit Kraftfahrzeugen vom 25. Februar 1910, MBliV. S. 62, und RdErl. vom 11. Dezember 1925, MBliV. S. 1291). Weitere Vereinbarungen bestanden zunächst nicht.

Nachdem nunmehr die Warnungstafeln zur Kennzeichnung gefährlicher Stellen durch Reichsverordnung nach Form und Farbe umgestaltet sind, sind auch für die Verbots- und Verkehrsbeschränkungsschilder neue Vereinbarungen getroffen worden. Dabei ist für diese Schilder dieselbe Farbenzusammenstellung — Rot-Weiß — gewählt worden (weißer Grund, signalrote Umrandung), die sich bei den Warnungstafeln als zweckmäßig erwiesen hat. Durch die Wahl der gleichen Farbenzusammenstellung soll erreicht werden, daß sich das Publikum, insbesondere der Kraftwagenführer, auf diese Farbenzusammenstellung einstellt, und daß es sich daran gewöhnt, auf die rotweißen Schilder als diejenigen, die sein Verhalten zu regeln bestimmt sind, zu achten. In der Form sollen sich die Sperr- und Geschwindigkeitsschilder in der Weise unterscheiden, daß die Sperrschilder Pfeilform erhalten, während die Geschwindigkeitsschilder viereckig auszugestalten sind. Bei den Sperrschildern ist es im übrigen bei der bisher üblichen Kennzeichnung der Verbote durch Punkte belassen worden. Auch der Unterschied in der Kenntlichmachung solcher Sperren, die für die Dauer, und solcher, die nur für Sonn- und Feiertage gelten, ist festgehalten worden.

Wie die Sperrschilder hiernach im einzelnen nach Form, Farbe und Ausmaßen auszugestalten und welche Zeichen im Einzelfalle für die Bekanntgabe der Sperren zu wählen sind, ergibt sich aus Anlage 1 Seite I und II. Die Form der Geschwindigkeitsschilder ist aus Anlage 1 Seite III ersichtlich. Da es sich als notwendig erwiesen hat, mitunter bei Krankenhäusern, Schulen und ähnlichen Anstalten besondere Tafeln aufzustellen, die die Kraftwagenführer zum vorsichtigen und langsamen Fahren veranlassen sollen, sind für solche Fälle besondere Schilder vorgesehen. Da sie ebenfalls Geschwindigkeitsbeschränkungen herbeiführen wollen, sind sie nach dem Muster für Geschwindigkeitsschilder ausgestaltet. Das Nähere ist aus Anlage 1 Seite IV ersichtlich.

Als sonstige Verkehrsbeschränkungsschilder kommen Richtungsschilder zur Kenntlichmachung des vorgeschriebenen Weges im allgemeinen und an Straßenkreuzungen im besonderen, ferner Schilder für Einbahnstraßen und Straßen erster und zweiter Ordnung, Schilder für Parkplätze und für Stellen, an denen das Parken verboten ist, und endlich Schilder für Fußgängerüberwege in Betracht. Wie diese Schilder nach Form und Ausmaßen zu gestalten sind, ergibt sich aus Anlage 1 Seite V bis VIII. Für die Schilder zur Kenntlichmachung des vorgeschriebenen Weges an Straßenkreuzungen (Anlage 1 Seite V, Bild 3 bis 5) ist eine besondere Skizze beigefügt, die über die Art ihrer Aufstellung Aufschluß gibt (Anlage 1 Seite VI). Es wird hierbei bemerkt, daß bezüglich dieser Richtungsschilder an Straßenkreuzungen endgültige Vereinbarungen mit den Ländern noch nicht vorliegen. Es bestehen jedoch keine Bedenken dagegen, auch diese Schilder schon jetzt anzuwenden.

Die Aufstellung aller dieser Schilder ist, da sie eine Bekanntgabe von Anordnungen der Polizeibehörde in sich schließen, Sache der Polizeibehörde; die Kosten gehören, wie für die Sperrschilder und die Geschwindigkeitsschilder schon früher bestimmt ist, zu den unmittelbaren Polizeikosten. Die Anbringung von Reklame an solchen Schildern ist verboten.

2. Wegweiser. Bezüglich der Wegweiser behält es bei unserem RdErl. vom 19. Mai 1926 — MfLDuF. I 4688,

MdJ. II M 38. 26, MfHuG. V 5801 — (nicht veröffentlicht) sein Bewenden. Es ist hiernach dafür zu sorgen, daß allmählich die jetzt vorhandenen Wegweiser durch neue nach dem im Bezirk des Siedlungsverbandes Ruhrkohlenbezirk erprobten und auf Anlage 2 Seite I dargestellten Muster ersetzt werden. Die Anbringung von Reklame an den neu aufzustellenden Wegweisern ist zu verbieten. Die Aufstellung ist Sache der Wegeunterhaltungspflichtigen. Die Wegepolizeibehörden haben im Interesse der sicheren und hemmungslosen Abwicklung des Verkehrs darauf zu achten, daß die Wegweiser überall da, wo es notwendig ist, aufgestellt werden. Nach gelegentlichen Beobachtungen läßt der gegenwärtige Zustand in dieser Hinsicht noch sehr viel zu wünschen übrig. Besonders müssen innerhalb geschlossener Ortsteile eine hinreichende Anzahl von Wegweisern angebracht werden, so daß der Durchgangsverkehr schnell auf kürzestem Wege durch die Städte usw. hindurchgeschleust werden kann. An wichtigen Verkehrsknotenpunkten in Städten ist nach Möglichkeit für Beleuchtung Sorge zu tragen.

3. Ortstafeln. Für die Aufstellung von Ortstafeln war bisher die Königliche Kabinettsorder vom 25. August 1820 (v. Kamptz Annalen S. 567) maßgebend; die Art der Aufstellung, die Farbe und die Inschrift der Tafeln war durch den Ministerialerlaß vom 13. Mai 1823 (daselbst 1831 S. 150) im einzelnen geregelt. Die durch diese Bestimmungen vorgeschriebenen Tafeln sind jetzt in den meisten Ortschaften nicht mehr vorhanden. Auch ist die früher vorgeschriebene Inschrift unter den gegenwärtigen Verhältnissen nicht mehr brauchbar. Wir bestimmen daher, daß in Zukunft die Ortstafeln nach dem in der Anlage 2 Seite II beigefügten Muster aufzustellen sind, und zwar hat die Aufstellung an allen Durchgangsstraßen, in jedem Falle aber an der Hauptstraße des Ortes, am Eingang und Ausgang des Ortes zu erfolgen. In der Aufschrift sind auf der Vorderseite der Name des

Ortes, der Kreis und der Regierungsbezirk anzugeben, auf der Rückseite, also dem Ortsinnern zugekehrt, ist der nächste größere Ort und die Entfernung dahin in vollen Kilometern zu verzeichnen, damit der den Ort Verlassende die Richtung des Weges erkennen kann. Die Farbe der Schilder ist, ebenso wie die Farbe der im Bezirk des Siedlungsverbandes Ruhrkohlenbezirk eingeführten Wegweiser, hellgelb mit schwarzem Rand. Die Schrift ist schwarz. Die Anbringung von Reklame ist verboten. Das Nähere über die Größe der Schilder und der Buchstaben der Inschrift ist aus Anlage 2 Seite II ersichtlich, wobei zu beachten ist, daß das Buchstabenmuster I für den Namen des Ortes auf der Vorderseite und für den des nächsten größeren Ortes auf der Rückseite bestimmt ist, während Buchstabenmuster II für die übrigen Teile der Beschriftung maßgebend ist. Die Tafeln sind, soweit nicht besondere Gründe entgegenstehen, auf der rechten Seite des Weges, nach dem Eingange des Ortes zu gesehen, standsicher auf Pfosten aufzustellen. Die Pfosten sind weiß zu streichen und erhalten einen spiralförmigen Querstreifen in schwarzer Farbe. Als Material für die Schilder wird zweckmäßig Holz zu wählen sein, weil die Emailleschilder gerade in der Nähe von Ortschaften sehr leicht zerstört werden.

Die Aufstellung dieser Schilder hat, wie bisher, durch die Gemeinden zu erfolgen. Die Kosten sind ebenso wie die Kosten für die Anbringung der Straßenschilder als mittelbare Polizeikosten anzusehen.

Soweit auf Grund der Angebote von Kraftfahrverbänden Vereinbarungen der Wegeunterhaltungspflichtigen mit solchen Verbänden über Aufstellung von Ortsschildern mit Reklame geschlossen sind, sind die Vereinbarungen baldmöglichst zu lösen. Sollten Ortsschilder auf Grund solcher Verträge schon aufgestellt, und sollte nach den Verträgen ihre Beseitigung nicht möglich sein, so können sie bis auf weiteres belassen werden.

Wir ersuchen, hiernach alsbald das Erforderliche zu veranlassen und die nachgeordneten Behörden mit entsprechender Weisung zu versehen. Die Verbots- und Verkehrsbeschränkungsschilder alter Art sind alsbald zu beseitigen und durch neue nach Maßgabe dieser Bestimmung zu ersetzen, da es nicht zweckmäßig erscheint, verschiedene Arten von Verbotstafeln nebeneinander bestehen zu lassen. Dabei ist Gelegenheit zu nehmen, die bestehenden Anordnungen über Wegesperrung und Geschwindigkeitsbeschränkungen nochmals nachzuprüfen, da namentlich auf dem letzteren Gebiete anscheinend noch Anordnungen aus früherer Zeit bestehen, die mit den gegenwärtigen Bestimmungen nicht in Einklang zu bringen sind. Für die Aufstellung der Tafeln haben die Polizeibehörden zu sorgen, die die betreffende Anordnung erlassen haben. Wir weisen hierbei besonders darauf hin, daß durch § 23 Abs. 3 VO. über Kraftfahrzeugverkehr vom 5. Dezember 1925 (RGBl. I S. 439) die Bekanntgabe der Anordnungen durch solche Tafeln vorgeschrieben ist. Andere Zeichen als die hier vorgesehenen sind in Zukunft nicht mehr zu verwenden.

Die Aufstellung der Ortstafeln hat ebenfalls alsbald zu erfolgen. Die Wegepolizeibehörden haben darüber zu wachen, daß die Aufstellung in zweckmäßiger und zuverlässiger Weise und den Vorschriften entsprechend erfolgt.

Wir erwarten hiernach, daß in möglichst kurzer Frist die Aufstellung der sämtlichen Verkehrszeichen auf den Straßen in einer den Verkehrsinteressenten entsprechenden Weise durchgeführt ist. Über das Veranlaßte und den Erfolg ist uns zum 1. Dezember 1927 seitens der Regierungspräsidenten (Frist für die Berichterstattung an die Regierungspräsidenten: 15. November 1927) und des Polizeipräsidenten Berlin zu berichten. In Zukunft ist das Vorhandensein der Verkehrszeichen, ihre vorschriftsmäßige Aufstellung sowie ihre einwandfreie Beschaffenheit regelmäßig jährlich einmal gelegentlich zu kontrollieren.

Schließlich empfehlen wir noch, dafür zu sorgen, daß die Bedeutung der Verkehrszeichen, namentlich auch der Verbots- und Beschränkungsschilder sowie der Gefahrenschilder, in der Bevölkerung möglichst bekannt wird. Eine Mitwirkung der Schulen ist in dieser Hinsicht besonders erwünscht.

Es ist beabsichtigt, Muster der Verkehrszeichen zu 1 und 3 in natürlicher Größe bei der Reichsdruckerei herstellen zu lassen. Nähere Mitteilung hierüber bleibt vorbehalten.

---

f) Einführung von Rückstrahlern an Fahrrädern als Zusatzbestimmung zur Straßenverkehrsordnung.

Runderlaß des Ministers des Innern, des Ministers für Landwirtschaft, Domänen und Forsten und des Ministers für Handel und Gewerbe vom 18. Januar 1929 (MBliV. S. 77).

Um im Interesse der Verkehrssicherheit Radfahrer bei Dunkelheit dem Führer eines nachfolgenden Kraftfahrzeuges rechtzeitig kenntlich zu machen, ordnen wir hiermit an, daß die von den Oberpräsidenten erlassenen Straßenverkehrsordnungen (vgl. RdErl. vom 24. Juni 1926 — I 6101, V 8667, II M 31. 18 V —, nicht veröffentlicht) sofort durch nachstehend aufgeführte Bestimmungen in dem Unterabschnitt „Radfahrverkehr" zu ergänzen sind, und zwar:

1. Abs. 1 Ziff. 3 des § 20 erhält folgenden Zusatz:

   ... und mit einem Rückstrahler, der einfallende Lichtstrahlen in gelbroten Farben deutlich zurückwirft.

2. Für Abs. 2 des § 20 ist zu setzen:

   (2) Der Rückstrahler ist höchstens 60 cm über dem Erdboden am hinteren Teil des Fahrrades, soweit ein Schutzblech vorhanden ist, an diesem, derart anzubringen,

daß seine Wirkung weder durch Kleidungsstücke noch Teile des Rades oder in sonstiger Weise beeinträchtigt werden kann.

3. Abs. 3 des § 20 ist zu streichen. Dafür ist zu setzen:

(3) Der Rückstrahler muß so beschaffen sein, daß er im Lichtkegel solcher Kraftfahrzeugscheinwerfer, deren Wirkung in der Anlage 4 zur Bekanntmachung über Kraftfahrzeugverkehr vom 16. März 1928 (RMBl. S. 121) als höchstzulässig zu betrachten ist, auf eine Entfernung von mindestens 150 m bis zu einem Winkel von 30° nach beiden Seiten bei Dunkelheit mit normalsichtigem Auge deutlich zu erkennen ist.

4. Als Abs. 4 ist der bisherige Abs. 2 des § 20 einzufügen.

(4) Fahrräder der Polizei- und Zollbeamten usw.

Der Verein Deutscher Fahrradindustrieller e. V., Berlin W 9, Linkstraße 11, hat sich bereit erklärt, nur solche Rückstrahler in den Handel zu bringen, die die obenerwähnten allgemeinen Erfordernisse erfüllen. Alle derartigen Rückstrahler werden von ihm mit nachstehendem Prüfzeichen versehen werden:

P. f. R.
Nr. ....

Um einerseits der Rückstrahler herstellenden Industrie, anderseits den Radfahrern eine Übergangszeit für die Durchführung der Verordnung zuzubilligen, ordnen wir an, daß die fraglichen Verordnungen erst zum 1. April 1929 in Kraft zu setzen sind. Von diesem Zeitpunkte ab ist durch Stichproben festzustellen, ob die fragliche Verordnung befolgt wird.

Werden bei den Stichproben durch die Polizei im Straßenverkehr Rückstrahler anscheinend als ungeeignet festgestellt, so sind die polizeilichen Überwachungsorgane verpflichtet, die Nummer des Rückstrahlers festzustellen und auf dem Dienstwege der höheren Verwaltungsbehörde zu berichten, welche dann ihrerseits eine neue Nachprüfung durch die Prüfstelle des Vereins Deutscher Fahrradindustrieller e. V. vornehmen lassen kann. Die Nachprüfung erfolgt kostenlos.

Im Hinblick darauf, daß sich zurzeit eine große Anzahl von ungeeigneten Rückstrahlerarten im Verkehr befinden, ersuchen wir, auf jede geeignete Weise, besonders durch Hinweise in der Presse, schon jetzt darauf hinzuwirken, daß baldmöglichst ungeeignete Rückstrahler aus dem Verkehr gebracht werden. Die an den Rückstrahler gestellten Anforderungen sind von uns an Hand von Versuchen und Erfahrungen festgestellt worden. Rückstrahler, welche den angekündigten Bedingungen nicht entsprechen, bilden eine schwere Gefahr für den Verkehr, da sie weder den Radfahrer schützen noch den sich dem Radfahrer von rückwärts nähernden Kraftwagenführer rechtzeitig warnen.

7.

Österreichische Straßenpolizeiverordnung.

Verordnung des Bundesministeriums für Handel und Gewerbe, Industrie und Bauten, betreffend eine Straßenpolizeiverordnung für die Bundesstraßen.

Vom 30. Juli 1921 (BundGesBl. S. 1535).

Auf Grund des § 28 des Gesetzes vom 8. Juli 1921 (BundGesBl. Nr. 387), betreffend die Bundesstraßen, wird verordnet wie folgt:

§ 1.

Außer den in den §§ 18, 19, 21, 22, 23, 29, 30, 31, 32 und 33 des Gesetzes vom 8. Juli 1921 (BundGesBl. Nr. 387) enthaltenen straßenpolizeilichen Vorschriften gelten für Bundesstraßen einschließlich der im § 34 dieses Gesetzes bezeichneten Straßenstrecken die nachstehenden Bestimmungen:

I. Abschnitt.

Verhütung von Beschädigungen der Straße.

§ 2.

Benutzung von Brücken.

(1) **Auf Brücken, auf welchen das schnelle Fahren und Reiten durch Anschlag verboten ist, darf nur im Schritt gefahren oder geritten werden.**

(2) Fuhrwerke, deren Gesamtgewicht das auf den Brückenbelastungstafeln angegebene zulässige Höchstgewicht übersteigt, dürfen Brücken nur nach vorheriger Bewilligung der politischen Bezirksbehörde befahren. Diese hat auch zu entscheiden, ob der Verkehr solcher Fuhrwerke erst nach Stützungen oder Verstärkungen von Straßenbauwerken zulässig ist und in welchem Ausmaße die Kosten solcher Vorkehrungen von dem Fuhrwerksbesitzer zu bezahlen sind.

§ 3.

Nachschleifen von Baumstämmen und anderen Gegenständen.

Das Nachschleifen von Baumstämmen, Klötzen und anderen die Fahrbahn beschädigenden Gegenständen ist nur während der Dauer der Schlittenbahn gestattet.

§ 4.

Verhütung der Geleisbildung.

Die Fuhrleute haben dort, wo zur Verhütung der Geleisbildung Steine oder Hölzer auf die Fahrbahn gelegt werden (Kreuzsperren), die Fahrseite zu wechseln. Niemand darf solche Steine oder Hölzer eigenmächtig verschieben, beseitigen oder überfahren.

§ 5.

Außenfläche der Radreifen und Radschuhe.

(1) Die Außenfläche der Radreifen und der Radschuhe muß der ganzen Breite nach eben sein und darf weder wulstartige Erhöhungen noch hervorragende Nägel oder Schraubenköpfe aufweisen.

(2) Diese Bestimmung gilt jedoch nicht für die üblichen Gleitschutzvorrichtungen bei den Gummireifen der Kraftwagen.

(3) Wird in Ausnahmefällen der Verkehr eines Fuhrwerks (Dampfpfluges und dergl.) mit unebenen Radkränzen zugelassen, so hat der Besitzer für die Kosten der hierdurch erforderlichen Instandsetzung der Straße aufzukommen.

§ 6.

Breite der Radfelgen.

(1) Die Radfelgen von beladenen Lastwagen müssen je nach dem Gewichte des Wagens samt Ladung mindestens jene Breite haben, die im Lande für die anderen Gattungen von Straßen vorgeschrieben ist, jedenfalls müssen sie aber bei vierrädrigen Wagen im Gesamtgewichte von mehr als 2000 kg mindestens 10 cm, im Gewicht von mehr als 4000 kg mindestens 15 cm und bei zweirädrigen Karren im Gesamtgewicht von mehr als 1500 kg mindestens 10 cm breit sein.

(2) Die Bestimmung findet keine Anwendung auf Wirtschaftsfuhren, das sind Fuhren, welche zum Betriebe der eigenen Wirtschaft oder zur Verfrachtung land- und forstwirtschaftlicher Erzeugnisse zur Deckung des eigenen Haus- und Wirtschaftsbetriebes dienen.

(3) Wird im Durchzugsverkehr die Grenze des Bundesgebietes oder eines Landes überschritten, so genügt die Einhaltung der am Standorte des Lastwagens vorgeschriebenen Felgenbreite.

II. Abschnitt.

Regelung und Sicherung des Verkehrs im allgemeinen.

§ 7.

Bezeichnung der Fuhrwerke.

(1) Alle zur Verfrachtung dienenden Fuhrwerke sind mit einer deutlich lesbaren Aufschrift zu versehen, welche den Vor- und Zunamen sowie den Wohnort des Fuhrwerksbesitzers oder die Firma und den Sitz der Unternehmung zu

enthalten hat. Die Aufschrift kann auch auf dem Geschirre der Zugtiere angebracht werden. Sie ist auf der Seite, die hierfür bei den anderen Straßengattungen im Lande bestimmt ist, bei Fehlen einer einschlägigen Vorschrift aber auf der rechten Seite anzubringen.

(2) Diese Bestimmung gilt nicht für Wirtschaftsfuhren (§ 6 Abs. 2), insolange sie innerhalb des betreffenden Gemeindegebietes oder eines zusammenhängenden Grundbesitzes verkehren.

§ 8.

Hemmvorrichtungen.

(1) Alle Fahrzeuge müssen mit sicher wirkenden Hemmvorrichtungen versehen sein. In der Regel soll jeder Wagen einen Radschuh haben.

(2) Zur Hemmung der Räder dürfen nur Radschuhe oder Bremsen, die letzteren nur in der Art verwendet werden, daß die Umdrehung der Räder nicht ganz gesperrt wird. Hemm- oder Sperrketten dürfen nur im Notfalle, Reißketten (Eisbänder) aber nur bei hartem Schnee oder bei Glatteis verwendet werden.

§ 9.

Schlittenschellen.

Die Zugtiere von Schlitten müssen während der Fahrt mit Schellen oder Glocken versehen sein.

§ 10.

Beleuchtung der Fahrzeuge.

(1) Fahrzeuge jeder Art müssen bei Fahrten vom Eintritt der Dunkelheit bis zur Morgendämmerung an der Vorderseite mit einer Laterne mit helleuchtendem, von weitem wahrnehmbarem Lichte versehen sein.

(2) Die Verwendung farbiger Gläser bei Wagenlaternen ist verboten.

§ 11.

Breite und Höhe der Ladung.

(1) Die Breite der Ladung darf 2,5 m nicht übersteigen; ausgenommen hiervon sind nur Ernte-, Heu- und Strohfuhren sowie unteilbare Gegenstände, bei deren Verfrachtung diese Breite nicht eingehalten werden kann. Zur Verfrachtung solcher Gegenstände ist die Bewilligung der politischen Bezirksbehörde einzuholen.

(2) Die Höhe eines beladenen Wagens darf in der Regel das Maß von 4,5 m nicht überschreiten, muß aber jedenfalls der Höhe der die Straße übersetzenden elektrischen Leitungen, Brücken oder anderer Bauwerke entsprechen, so daß jede Beschädigung dieser Anlagen sowie von Personen und Ladung ausgeschlossen ist. Das beladene Fuhrwerk muß auch eine genügende Sicherheit gegen Umkippen besitzen.

(3) An keinem Wagen dürfen Sitze angebracht werden, die über die zulässige Breite und Höhe des Wagens hinausragen.

§ 12.

Begleitung der Wagen.

(1) Zum Lenken von Fuhrwerken dürfen nur in jeder Hinsicht hierfür geeignete und verläßliche Personen verwendet werden.

(2) Es ist nicht gestattet, zwei oder mehrere bespannte Wagen von einem einzigen Fuhrmann lenken zu lassen, ausgenommen die zur Verfrachtung von Erde, Schutt und dergl. dienenden zweirädrigen Karren oder einspännigen landwirtschaftlichen Fuhren.

(3) Muß wegen der bedeutenden Länge der Ladung die Last auf geteilte Wagen oder Schlitten aufgelegt werden, so ist dem Fuhrwerk zur Beaufsichtigung des rückwärtigen Teiles eine zweite Person beizugeben.

(4) Es ist nicht gestattet, die Straße mit zwei oder mehreren aneinandergehängten Wagen zu befahren. Ausgenommen hiervon ist das Anhängen eines als Frachtgut bestimmten oder eines Handwagens und das Zusammenhängen von zwei leeren Wagen, wenn die Befestigung derart erfolgt, daß ein Abreißen ausgeschlossen ist. Unter derselben Voraussetzung können auch zwei mäßig beladene Wagen bei Wirtschaftsfuhren (§ 6 Abs. 2) aneinandergehängt werden, insolange diese innerhalb des betreffenden Gemeindegebietes oder eines zusammenhängenden Grundbesitzes verkehren.

(5) Weitere Ausnahmen von den Bestimmungen der Abs. 2 und 4 können dort, wo es die örtlichen Verhältnisse erfordern, von der politischen Bezirksbehörde für bestimmte Gattungen von Fuhrwerken bewilligt werden.

§ 13.

Verhalten des Wagenlenkers während der Fahrt.

(1) Der Fuhrmann darf während der Fahrt sein Fuhrwerk nicht verlassen.

(2) Fuhrleute, die während der Fahrt betrunken oder auf dem Wagen schlafend angetroffen werden, sind straffällig.

(3) Das Schnalzen mit der Peitsche ist in geschlossenen Ortschaften unbedingt, auf freier Straße beim Begegnen anderer Fuhrwerke oder Reiter und beim Vorüberziehen eines Viehtriebes verboten.

(4) Bei der Fahrt bergab muß jeder Fuhrmann den Wagen hemmen, bei schwererer Ladung und stärkerem Gefälle sowie wenn das Gespann nur mit einem Leitseil gelenkt wird, überdies neben dem Fuhrwerk hergehen.

§ 14.

Stehenlassen von Wagen auf der Straße.

(1) Unbespannte Wagen dürfen auf der Fahrbahn nicht stehengelassen werden, außer wo dies infolge Unfalles oder zur gegenseitigen Vorspannleistung bei größeren Straßensteigungen auf kurze Strecken notwendig wird. In diesen Fällen muß der Wagen womöglich an den Straßenrand geschoben und nachts gut sichtbar beleuchtet werden; die Deichsel ist gegen den Straßenrand zu richten, abzunehmen oder hochzustellen.

(2) Vor Wirtshäusern oder Schmieden dürfen die Wagen nur außerhalb der Fahrbahn, die Zugtiere angebunden oder unter ausreichender Aufsicht aufgestellt werden. Auch darf hierdurch der Platz für den Verkehr der Fußgänger nicht verstellt werden.

§ 15.

Nachlaufenlassen von Pferden.

Es ist untersagt, nicht eingespannte Pferde mit Ausnahme von Saugfohlen dem Wagen frei nachlaufen zu lassen.

§ 16.

Verbleiben auf der Fahrbahn.

(1) Zum Befahren mit Wagen, zum Reiten und zum Viehtrieb ist ausschließlich die Fahrbahn bestimmt. Die Benutzung der Bankette, der Seitengräben und Böschungen zu diesen Zwecken ist verboten.

(2) Das mutwillige Überfahren der auf der Straße geschlichteten Schotterhaufen ist untersagt.

§ 17.

Fahrgeschwindigkeit.

(1) In den freien Straßenstrecken ist die Fahrgeschwindigkeit derart zu regeln, daß der Lenker stets Herr der Ge-

schwindigkeit des Fuhrwerks bleibt und die Sicherheit der Person und des Eigentums nicht gefährdet wird.

(2) In geschlossenen Ortschaften darf die Geschwindigkeit eines Fuhrwerks nicht größer sein als die eines Pferdes in kurzem Trab. An engen Durchfahrtsstellen, bei Straßenkrümmungen oder bei Menschenansammlungen auf der Straße darf nur im Schritt gefahren oder geritten werden. Bei Gefährdung von Menschen oder Tieren hat das Fuhrwerk anzuhalten.

§ 18.

Fahrtrichtung und Ausweichen.

(1) Alle Fuhrwerke haben im allgemeinen die linke Straßenseite einzuhalten, sie haben, wenn nicht besondere Umstände eine Ausnahme verlangen, links auszuweichen und rechts vorzufahren und dem vorfahrenden oder entgegenkommenden Wagen ohne Weigerung Platz zu machen. In Vorarlberg ist bis auf weiteres beim Fahren, Ausweichen und Vorfahren die entgegengesetzte Straßenseite einzuhalten.

(2) In der Regel hat das leichte Fuhrwerk dem schweren auszuweichen. Wenn sich beladene Wagen auf abschüssiger Straße begegnen, hat der Bergabfahrende dem Bergauffahrenden auszuweichen. Fußgänger haben auf der Fahrbahn den Fuhrwerken auszuweichen.

(3) Bei Straßenkreuzungen ist dem Fuhrwerk auf der Bundesstraße der Vorrang zu lassen.

(4) Das Fahren mehrerer Wagen nebeneinander und das Vorfahren auf Brücken ist untersagt.

(5) Beim Begegnen marschierender Truppenabteilungen, von Prozessionen und Leichenzügen, dann der im Dienste fahrenden Feuerlösch- und Krankenwagen hat jedes Fuhrwerk auszuweichen, nötigenfalls anzuhalten.

§ 19.

Abstellung von Ordnungswidrigkeiten.

Wird der Lenker eines Fahrzeuges wegen dessen vorschriftswidriger Beschaffenheit oder Beladung beanstandet, so ist die Fortsetzung der Fahrt in dem vorschriftswidrigen Zustande, sofern dessen Behebung nicht sofort erfolgen kann, nur bis zum nächsten Orte gestattet, an welchem dies möglich ist.

§ 20.

Viehtrieb.

(1) Das Treiben des Viehs auf den Straßenbanketten Radfahrwegen, an Böschungen und in den Straßengräben ist verboten, desgleichen das Lagern von Tieren auf irgendeinem Teile der Straße.

(2) Jeder Viehtrieb muß je nach der Gattung des Viehs von einer entsprechenden Anzahl von geeigneten Personen als Treibern begleitet sein. Gebrechliche Leute und Kinder unter zehn Jahren dürfen als Treiber nicht verwendet werden. Bei Stieren ist für eine besondere Begleitung zu sorgen und die erforderliche Vorsicht zu beobachten.

§ 21.

Straßenarbeiten.

Bei Arbeiten auf einer Bundesstraße ist für die Freilassung eines ausreichenden Raumes für den Straßenverkehr, wo dies nicht möglich ist, für die einstweilige Herstellung einer anderweitigen Verbindung zu sorgen. Die Arbeitsstelle muß gehörig abgesperrt, mit weit sichtbaren Warnungszeichen versehen und bei Eintritt der Dunkelheit ausreichend beleuchtet sein.

§ 22.

Sportliche Veranstaltungen.

Für Wettfahren mit Kraftfahrzeugen oder Fahrrädern und für andere sportliche Veranstaltungen auf einer Bundesstraße ist außer der etwa sonst vorgeschriebenen behördlichen Genehmigung die Bewilligung der politischen Bezirksbehörde rechtzeitig einzuholen.

§ 23.

Verkehrsbeschränkungen.

(1) Verbote des Kraftwagen- oder Radfahrverkehres oder sonstige Verkehrsbeschränkungen sind in deutlich sichtbarer Weise an den Endpunkten der betreffenden Straßenecken kundzumachen.

(2) Die bestehenden Fahrverbote oder sonstigen Verkehrsbeschränkungen bleiben bis auf weiteres aufrecht. Dies gilt auch im Falle der künftigen Übernahme einer Straße durch den Bund.

(3) Bei Feuersbrünsten, Überschwemmungen, Unruhen und sonstigen Fällen einer Gefahr im Verzuge ist die Ortspolizeibehörde berechtigt, bezüglich der Straßenbenutzung die im Interesse der öffentlichen Sicherheit und Ordnung notwendigen Anordnungen zu treffen.

§ 24.

Schließung der Straße.

(1) Die politische Bezirksbehörde kann aus zwingenden Gründen, insbesondere wenn es der gefahrdrohende Zustand der Straße oder die Ausführung von Straßenarbeiten notwendig macht, die Benutzung der Straße vorübergehend ganz oder teilweise einstellen. Hierbei ist nach Tunlichkeit für die Aufrechterhaltung des Verkehres in anderer Weise zu sorgen.

(2) In gleicher Weise kann das Bundesministerium für Handel und Gewerbe, Industrie und Bauten die Schließung

einer Straßenstrecke während des Winters verfügen, wenn in dieser Zeit ein erheblicher Verkehr nicht besteht und die Offenhaltung der Straße ungewöhnlich hohe Kosten verursachen würde.

§ 25.

Benutzung der Notwege.

Die von der Straßenverwaltung hergestellten Notwege sind von allen Fahrzeugen bis zur Freimachung der Straße unter Einhaltung der für den Straßenverkehr im allgemeinen bestehenden und der für solche Notwege etwa erlassenen besonderen Vorschriften zu benutzen.

III. Abschnitt.

Radfahrverkehr.

§ 26.

Ausstattung der Fahrräder.

(1) Fahrräder müssen mit einer lauttönenden Signalglocke sowie mit einer leicht zu betätigenden und sicher wirkenden Bremse versehen sein. Dagegen ist die Verwendung von Schlepphölzern und dergl. zum Bremsen verboten. Der Gebrauch von anderen als Glockensignalen ist untersagt.

(2) Bezüglich der Beleuchtung der Fahrräder gelten die Bestimmungen des § 10.

§ 27.

Verbleiben auf der Fahrbahn.

Radfahrer dürfen in der Regel nur die Fahrbahn benutzen. Das Befahren der Straßenbankette ist ihnen nur dort gestattet, wo diese dem Radfahrverkehre freigegeben worden sind oder wo die als Fußwege dienenden Straßenbankette nach ihrer Lage ein sofortiges Ablenken auf die Fahrbahn jederzeit ermöglichen.

§ 28.

Vorsichten beim Radfahren.

(1) Der Radfahrer hat auf Fußgänger, Leitpferde, Zug- und andere Tiere beim Vorfahren, insbesondere aber beim Einbiegen in die Straße, beim Verlassen und beim Kreuzen derselben zu achten und das Warnungssignal stets rechtzeitig zu geben. Es ist verboten, in unnötiger Weise Signale zu geben.

(2) Bei gemeinsamen Fahrten dürfen Radfahrer bei Begegnung mit Fuhrwerken, Reitern, Viehtrieben und Fußgängern an engen Straßenstellen nur hintereinander und in angemessener Entfernung fahren. Dasselbe gilt überhaupt bei stärkerem Straßenverkehr, namentlich in geschlossenen Ortschaften.

(3) Die Fahrgeschwindigkeit ist in den freien Straßenstrecken gemäß § 17 Abs. 1 zu regeln; sie ist entsprechend zu verringern, wenn die Verkehrssicherheit dies erfordert, insbesondere wenn die Aussicht nicht ganz frei ist oder der Radfahrer Fußgängern vorfahren will, ferner bei Straßenkrümmungen und Kreuzungen, endlich innerhalb geschlossener Ortschaften.

(4) An Stellen, an welchen das Fahren im Schritt angeordnet ist, hat der Radfahrer abzusteigen. Falls Tiere scheuen sollten, hat der Radfahrer abzusteigen und darf erst weiterfahren, wenn keine Gefahr mehr besteht.

(5) Innerhalb geschlossener Ortschaften, dann auf Straßenstrecken mit stärkerem Verkehr darf der Radfahrer nur mit der Lenkstange in beiden Händen und den Füßen auf den Fußtritten fahren. Solche Straßenstrecken dürfen nicht zur Erlernung des Radfahrens oder zu Übungszwecken benutzt werden.

(6) Der Radfahrer ist verpflichtet, auf Anruf der Straßenaufsichts- oder Polizeiorgane sofort abzusteigen.

(7) Das Mitnehmen von Kindern auf dem Fahrrade und das Anbinden von Hunden ist verboten.

§ 29.

Fahrtrichtung und Ausweichen.

(1) Bezüglich der Fahrtrichtung, des Ausweichens und Vorfahrens gelten die Bestimmungen des § 18. Bei Benutzung der Straßenbankette haben die Radfahrer dem Fußgänger nötigenfalls durch Ablenken auf die Fahrbahn auszuweichen. Fährt der Radfahrer auf der Fahrbahn, so haben ihm die Fußgänger auszuweichen.

(2) Es ist verboten, das Vorbei- und Vorfahren der Radfahrer in irgendeiner Weise mutwillig zu hindern.

Sachverzeichnis.

Die fett gedruckten Zahlen bezeichnen die Paragraphen, die gewöhnlich gedruckten die Anmerkungen, römische Zahlen die Einleitung.

C.

D.

E.

F.

S.

T.

U.

V.

Druck von Otto Walter, Berlin S. 14.

Guttentagsche Sammlung

Deutscher Reichs- und Preußischer Gesetze

einschließlich

de Gruyter'sche Sammlung Deutscher Gesetze

(Handkommentare)

Systematisches Verzeichnis

Dezbr. 1928

Walter de Gruyter & Co., Berlin W 10 und Leipzig

Bürgerliches Recht

Bürgerliches Gesetzbuch

Band **Reichsgesetze:**

88/89. **Bürgerliches Gesetzbuch nebst Einführungsgesetz.** Von A. Achilles. In Verbindung mit F. André, O. Meyer, O. Strecker, K. v. Unzner herausgegeben von M. Greiff. 12. Auflage. — 1926. 24.—

84. **Sammlung kleinerer privatrechtlicher Reichsgesetze.** Von G. Müller. — 1903. 5.50

129. **Zivilrechtkriegsgesetze.** Von J. Fischer. — 1918. 1.50

116. **Kriegs-Zivil- und Finanzgesetze.** 3. Auflage. — 1915. 1.50

116 a. Desgl. Zweite Folge: Jahr 1915. — 1916. 1.20

Preußische Gesetze:

28. **Ausführungsgesetze zum Bürgerlichen Gesetzbuche.** Von P. Siméon. 3. Auflage. — 1914. 2.20

Textausgaben:

Bürgerliches Gesetzbuch nebst Einführungsgesetz. 16. Auflage. — 1928. 5.—

Schuldverhältnisse insbesondere

Reichsgesetze:

34. **Die Abzahlungsgeschäfte.** 3. Auflage von E. Wilke. — 1910. 1.20

93. **Sicherung der Bauforderungen.** Von E. Harnier. 3. Auflage. — 1912. 1.50

55. **Beschlagnahme von Lohn- und Gehaltsforderungen.** Von G. Meyer. 6. Auflage. — 1927. Mit Nachtrag 1928. 4.50

70. **Das Reichshaftpflichtgesetz.** Von G. Eger. — 1903. Vergriffen.

Als Ersatz: F. Seligsohn, **Haftpflichtgesetz.** — 1920. (Außerhalb der Sammlung.) 8.—, geb. 9.50

94. **Die Beamtenhaftpflichtgesetze des Reiches und der Länder.** Von H. Delius. 3. Auflage. — 1921. 3.20

52. **Rechte der Besitzer von Schuldverschreibungen.** Von H. Göppert. 2. Auflage von E. Trendelenburg. — 1915. 1.50

50. **Der Viehkauf (Viehgewährschaft).** Von H. Stölzle. 6. Auflage. — 1926. 15.—

90. **Das Internationale Privatrecht.** Die Haager Abkommen über. Von G. Bogeng. — 1908. 2.—
98. **Sechs Haager Abkommen über Internationales Privatrecht.** H. Dungs. — 1910. 1.50

Preußische Gesetze:

87. **Enteignung von Grundeigentum.** Von O. Meyer. 3. Auflage. — 1927. 5.50

Sachenrecht insbesondere

de Gruyterſche Sammlung Deutscher Gesetze (Handkommentare):

Aufwertungsrecht von R. Michaelis. — 1926. Mit Nachtrag 1927. 16.—
Nachtrag einzeln —.30

Reichsgesetze:

135. **Erbbaurecht.** Von H. Günther. — 1919. 2.—
42. **Grundbuchordnung.** Von O. Fischer und R. Fischer. 9. Auflage. — 1927. 5.—
156. **Mietrecht und Wohnungsmangelgesetz.** Von O. Krieg. 4. Auflage. — 1928. 10.—

Textausgaben:

Aufwertungsgesetze mit Einleitung. Von R. Michaelis. — 1925. Mit Nachtrag 1927. 1.50
Reichsmietengesetz. — 1922. —.50

Familienrecht und Erbrecht

Reichsgesetze:

45. **Entmündigungsrecht.** Von P. Koll. — 1900. 1.20
58. **Recht der unehelichen Kinder.** Von H. Jastrow. — 1901. Mit Nachtrag 1925. 1.60
47. **Deutsches Vormundschaftsrecht.** Von M. Schultzenstein und P. Köhne. 2. Auflage. — 1901. Vergriffen.
124. **Todeserklärung Kriegsverschollener.** Von J. Partsch. — 1917. 2.—
59. **Beurkundung des Personenstandes und die Eheschließung.** Von F. Fidler. 2. Auflage. — 1912. 2.30

Preußische Gesetze:

8. **Nottestamente.** Von E. Kurtz. — 1904. 1.50

Handelsrecht

Reichsgesetze:

4. **Handelsgesetzbuch** ohne Seerecht. Von F. Litthauer und A. Mosse. 17. Auflage. Von E. Heymann. — 1926. 14.—
162. **Handelsrechtl. Nebengesetze.** Von O. Schreiber. — 1926. 14.—
169. **Bank- und Börsengesetze.** Von A. Nußbaum. — 1927. 11.—
41. **Börsengesetz.** Von Th. Hemptenmacher. 3. Auflage von O. Meyer. — 1915. 3.50
26. **Münz- und Notenbankwesen.** Von R. Koch. 7. Auflage von H. Schacht. — 1925. 14.—
117. **Darlehnskassengesetz.** Von H. Salomon u. R. Bud. — 1915. 1.80
40. Gesetz, betr. die **Pflichten der Kaufleute bei Aufbewahrung fremder Wertpapiere (Depotgesetz).** Von F. Lusensky. 3. Auflage. — 1916. Mit Nachtrag 1924/25. 1.—
24. **Aktiengesellschaft und Kommanditgesellschaften auf Aktien.** Von H. Keyßner und H. V. Simon. 7. Auflage. In Bearbeitung.
32. **Gesellschaften mit beschränkter Haftung.** Von L. Parisius, H. Crüger und A. Crecelius. 17. Auflage. — 1926. 3.50
29. **Erwerbs- und Wirtschaftsgenossenschaften.** Von L. Parisius, H. Crüger, A. Crecelius und Fr. Citron. 19. Auflage. — 1923. 4.—
51. **Hypothekenbankgesetz.** Von H. Göppert. 2. Auflage von H. J. Seibel. — 1911. Mit Nachtrag 1926. 2.20
100. **Kaligesetz.** Von W. Voelkel. — 1910. 2.40
167. **Verordnung gegen Mißbrauch wirtschaftlicher Machtstellungen** (Kartellgesetz). Von W. Staffel. — 1927. 3.50
115. **Das vertragliche Wettbewerbsverbot (Konkurrenzklausel).** Von G. Baum. — 1914. 3.—
113. **Postscheckgesetz.** Von J. Weiland. — 1914. Mit Nachtrag 1918. Vergriffen.
113 a. **Postscheckordnung.** Von J. Weiland. — 1914. Mit Nachtrag 1918. 1.50
85. **Scheckgesetz.** Von M. Apt. Vergriffen. Neue Auflage von W. Schmidt. In Bearbeitung.
    Kommentar von R. Michaelis. — 1927. (Außerhalb der Sammlung.) 16.—, geb. 18.—
5. **Wechselordnung.** Von J. Stranz und M. Stranz. 12. Auflage. — 1923. Mit Nachtrag 1926, enthaltend **Wechselstempelgesetz und Scheckgesetz.** 3.50
    Nachtrag einzeln —.60

36. **Privatrechtliche Verhältnisse der Binnenschiffahrt und Flößerei.** Von E. Löwe. 6. Auflage. — 1928. 4.—
19. **Die Seegesetzgebung.** Von W. E. Knitschky. 5. Auflage von O. Rudorff. — 1913. 8.—

Preußische Gesetze:

54. **Anlegung von Sparkassenbeständen in Inhaberpapieren.** Von H. Döhring. — 1914. 2.80
21. **Handelskammern.** Von F. Lusensky. 2. Aufl. — 1909. 3.—

Textausgaben:

Handelsgesetzbuch mit **Seerecht.** 11. Auflage. — 1924. 2.60
Wechselordnung. — 1908. Mit Anhang: Wechselprozeß und Ausführungsanweisung. — 1920. —.50

Versicherungsrecht

Reichsgesetze:

62. **Private Versicherungsunternehmungen.** Von H. Koenige. 3. Auflage von H. Koenige und A. Petersen. — 1927. 20.—
88. **Versicherungsvertrag.** Von P. Hager und E. Bruck. 6. Auflage. — 1928. Im Druck.
164. **Aufwertung von Versicherungsansprüchen. Teil I: Lebensversicherungen.** Von L. Berliner und E. Pfaffenberger. — 1926. 6.50
164 a. Desgl. Teil II: **Sach-** (Feuer-, Glas-, Wasser- usw.) **und Transportversicherung, Unfall- und Haftpflichtversicherung.** — 1926. Mit Nachtrag 1927. 3.50
Nachtrag einzeln —.30

Gewerberecht

Reichsgesetze:

6. **Gewerbeordnung** für das Deutsche Reich nebst **Kinderschutzgesetz und Hausarbeitsgesetz.** Von Fr. Hiller und H. Luppe. 21. Auflage. — 1928. 11.—
64. **Handel mit Drogen und Giften,** Gesetzsammlung, betr. den. Von H. Sonnenfeld. 3. Auflage. — 1926. 12.—
48. **Drogen-, Gift- und Farbenhandel außerhalb der Apotheken,** Gesetze, betr. den. Von J. Broh. — 1899. 1.20

130. **Ersatzlebensmittelverordnung.** Von H. E. Wendel. — 1918. 1.50
54. **Nahrungsmittelgesetze** mit Erläuterungen. Von Georg Lebbin. 2. Auflage in zwei Bänden.
a) I. **Lebensmittelgesetz** vom 5. Juli 1927 mit Nebengesetzen (Margarine, Fleisch, Milch, Süßstoff, Essigsäure usw.). Von G. Lebbin und R. Gießner. — 1928. 8.50
b) II. **Getränkegesetze und Getränkesteuergesetze** (Wein, Bier, Branntwein, Mineralwasser). Unter Mitarbeit von K. Kniebe. — 1926. 10.—
65. **Weingesetz.** Von G. Lebbin. 2. Auflage. — 1909. Vergriffen.
71. **Kinderarbeit in gewerblichen Betrieben.** Von H. Spangenberg. 2. Auflage. — 1904. 1.20

Preußische Gesetze:

16. **Konzessionierung gewerblicher Anlagen.** Von W. v. Rüdiger. 2. Auflage. — 1901. Vergriffen.

Textausgaben:

Gewerbeordnung, Preußische Ausführungsanweisung zur. — 1904. 1.—

Arbeitsrecht

Reichsgesetze:

138 a. **Arbeiterschutz und Arbeitsrecht.** Von A. Günther. 2 Auflage. Teil I: **Arbeitszeitschutz.** Von R. Schneider und A. Günther. — 1927. 7.50
138 c. Teil II: **Schwerbeschädigtengesetz.** Von R. Schneider und A. Günther. — 1928. 8.—
138 b. **Betriebsrätegesetz.** Von A. Günther. — 1920. Vergriffen.
168. **Arbeitsgerichtsgesetz.** Von H Depène. — 1927. 3.60
74. **Die Kaufmannsgerichte.** Von M. Apt. 3. Auflage. — 1904. Vergriffen.
112. **Kaufmannsgerichtsgesetz.** Von H. Depène. — 1914. 2.60
112 a **Kaufmanns- und Gewerbegerichtsgesetz nebst Schlichtungsordnung.** (Ergänzungsband zu Bd. 112.) Von H. Depène. — 1924. 3.50
Die Bde. 112 und 112 a enthalten zusammen den vollständigen Text des Gewerbegerichtsgesetzes.

Preußische Gesetze:

58. **Arbeitsnachweis.** Von P. Wölbling. — 1920. 1.—

Sozialpolitische Gesetze

Reichsgesetze:

106—109. **Reichsversicherungsordnung.** Von F. Caspar und A. Spielhagen. 1913-1922. 4 Bände. Komplett. 18.—

161. **Reichsversicherungsordnung.** Von K. Lippmann. — 1925. 11.—

161 a. Desgl. **Ergänzungsband**, enthaltend die neue Fassung des **Unfallversicherungsgesetzes** sowie die Änderungen der übrigen Bücher der RVO. — 1926. 4.—

161 b. Desgl. **Zweiter Ergänzungsband.** 2., vermehrte Auflage nach dem Stand vom 1. Juli 1928. — 1928. —.80

155. **Reichsknappschaftsgesetz.** Von M. Reuß und F. Hense. 2. Auflage. — 1926. Mit Nachtrag 1927. 12.—

152. **Wohlfahrtsgesetze.** Von E. Behrend und H. Stranz-Hurwitz. Teil I. — 1923. 5.—

152 a. Desgl. Teil II. — 1925. 9.—

152 und 152 a zusammen bezogen 12.—

165. **Handbuch der Arbeitslosenfürsorge.** Von H. Schmeißer. Im Druck.

160. **Fürsorgepflicht.** Von E. Sandré. — 1925. 6.—

154. **Jugendwohlfahrt und Jugendgerichtsgesetz.** Von P. Drewes und E. Sandré. 2. Auflage von P. Drewes. — 1928. 11.—

Textausgaben:

Versicherungsgesetz für Angestellte. 2. Auflage. — 1927. 2.50

Geistig-gewerblicher Rechtsschutz

Reichsgesetze:

81. **Urheberrecht an Werken der bildenden Künste und der Photographie.** Von L. Fuld. 2. Auflage. — 1926. 6.—

60. **Das Urheberrecht an Werken der Literatur und der Tonkunst.** Von O. Lindemann. 4. Auflage. — 1921. 1.80

102. **Urheberrecht an Mustern und Modellen** und Schutz von **Gebrauchsmustern.** Von J. Neuberg. — 1911. 2.40

95. Die Berner Übereinkunft über **Internationales Urheberrecht.** Von H. Dungs. — 1910. 1.—

61. **Verlagsrecht.** Von B. Marwitz. 3. Auflage. — 1922. 1.60
22. **Patentgesetz.** Von R. Lutter. 9. Auflage. — 1928. 10.—
87 a. **Das deutsche Warenzeichenrecht.** Von Freund und Magnus. 6. Auflage von Jüngel und Magnus.
Teil I: **Die internationalen Verträge.** — 1924. 9.—
Teil II: **Das deutsche Recht.** In Bearbeitung.
37. **Unlauterer Wettbewerb.** Von A. Pinner und A. Elster. 3. Auflage. — 1927. 5.—

Zivilprozeß

de Gruytersche Sammlung Deutscher Gesetze (Handkommentare):

Zivilprozeßordnung. Von R. Sydow, L. Busch und W. Krantz. 19. Auflage. — 1926. 25.—

Reichsgesetze:

14. **Gerichtsverfassungsgesetz.** Von R. Sydow. Fortgeführt von L. Busch. 10. Auflage. — 1925. 6.—
15. **Das deutsche Gerichtskostengesetz.** Von R. Sydow. Fortgeführt von L. Busch und O. Krieg. 11. Auflage. 1928. 7.50
17. **Gebührenordnung für Rechtsanwälte usw.** Von R. Sydow. Fortgeführt von L. Busch und O. Krieg. 13. Auflage. In Bearbeitung.
16. **Rechtsanwaltsordnung.** Von R. Sydow. 5. Auflage von M. Jacobsohn. — 1907. Mit Nachtrag 1910. Vergriffen.
80. **Gerichtliche Registerführung.** Von O. Lindemann. — 1906. 2.40

Preußische Gesetze:

17. **Preußisches Gerichtskostengesetz.** Von P. Simèon. 8. Auflage von O. Lindemann. — 1928. 8.—
35. **Geschäftsordnung für Gerichtsvollzieher.** Von E. Exner. — 1904. 3.—

Textausgaben:

Zivilprozeßordnung mit Gerichtsverfassungsgesetz und Einführungsgesetzen. — 1924. 3.50

Freiwillige Gerichtsbarkeit

Reichsgesetze:

46. **Freiwillige Gerichtsbarkeit.** Von H. Jastrow. 7. Auflage von H. Günther. — 1928. 9.—

76. **Die Rechtshilfe im Verkehr mit den ordentlichen Gerichten.** Von A. Friedländer. — 1906. 1.50

163. **Notariatsrecht.** Von F. Szkolny und L. Kober. — 1925. 8.50

Preußische Gesetze:

4. **Gebührenordnung für Notare** vom 28. Oktober 1922. Von J. Rausnitz. 6. Auflage. — 1925. 7.—

29. **Ärztliche Ehrengerichte, das Umlagerecht und die Kassen der Ärztekammern.** Von F. Fidler. — 1901. 1.50

Textausgaben:

Freiwillige Gerichtsbarkeit. — 1920. 1.—

Konkursordnung und Zwangsvollstreckung

Reichsgesetze:

13. **Konkursordnung und Anfechtungsgesetz.** Von R. Sydow. Fortgeführt von L. Busch und O. Krieg. 14. Auflage. — 1926. Mit Nachtrag 1927, enthaltend die **Vergleichsordnung.** 10.—
Nachtrag einzeln —.80

127. **Geschäftsaufsicht zur Abwendung des Konkurses.** Von G. Klien und E. Jaeger. — 1917. Durch Nachträge ergänzt. 3.—

48. **Zwangsvollstreckung.** Von J. Krech und O. Fischer. 9. Auflage von O. Fischer. — 1922. 3.50

Textausgaben:

Konkursordnung. 2. Auflage. — 1915. Mit Nachtrag 1927. 1.50
Nachtrag einzeln —.80

Strafrecht

Reichsgesetze:

2. **Strafgesetzbuch.** Von Fr. v. Liszt und E. Delaquis. 28. Auflage von E. Kohlrausch. — 1928. 8.—
9. **Sammlung kleinerer strafrechtlicher Reichsgesetze.** Von N. H. Kriegsmann. 3. Auflage. — 1910. 4.—
53. **Reichspreßgesetz.** Von A. Born. 3. Auflage. — 1924. 4.—
133. **Reichswuchergesetzgebung.** Von Ad. Lobe. — 1918. 2.80
67. **Militärstrafgesetzbuch.** Von A. Romen und E. Rissom. 3. Auflage. — 1918. Vergriffen.
173. **Schußwaffengesetz.** Von E. Wündisch. — 1928. 5.—

Preußische Gesetze:

34. Sammlung der wichtigsten **preußischen Strafgesetze.** Von O. Lindemann. 2. Auflage. — 1912. 3.50
36. **Polizeiverordnungen in Preußen.** Von O. Lindemann. 2. Auflage. — 1912. 2.50

Textausgaben:

Strafgesetzbuch. — 1925. 3.—

Strafprozeß

de Gruytersche Sammlung Deutscher Gesetze (Handkommentare):

Strafprozeßordnung und Gerichtsverfassungsgesetz. Von A. Feisenberger. — 1926. Mit Nachtrag 1927. 17.—
Nachtrag einzeln —.80

Reichsgesetze:

12. **Strafprozeßordnung und Gerichtsverfassungsgesetz.** Von E. Kohlrausch. 21. Auflage. — 1927. 7.50
158. **Strafprozeßordnung und Gerichtsverfassungsgesetz.** Alte und neue Fassung synoptisch gegenübergestellt. Von A. Feisenberger. — 1924. Mit Nachtrag 1927. 4.50
8. **Militärstrafgerichtsordnung.** Von A. Romen und E. Rissom. 2. Auflage. — 1918. 5.—
128. **Verhaftung und Aufenthaltsbeschränkung.** Von A. Romen. — 1917. 1.20
73. **Entschädigung für unschuldig erlittene Verhaftung und Bestrafung.** Von A. Romen. — 1904. 1.70

Textausgaben:

Strafprozeßordnung. 5. Auflage. — 1924. Mit Nachtrag 1927. 2.50

Öffentliches Recht

Staatsrecht

Reichsgesetze:

137. **Reichsverfassung.** Von A. Arndt. 3. Auflage. — 1927. 8.—
166. **Das deutsche Ausländerrecht.** Von W. Fraustädter und M. Kreutzberger. — 1927. 9.—
86. **Die Auslieferungsverträge des Deutschen Reiches.** Von A. Cohn. — 1908. 4.—
44. **Auswanderungswesen.** Von F. Stoerk. — 1899. 2.—
134. **Der Ostfrieden.** Von K. Strupp. — 1918. 3.—
111. **Reichs- und Staatsangehörigkeitsgesetz.** Von A. Romen. 2. Auflage. In Bearbeitung
141. **Sozialisierungsgesetze.** Von O. Reier. — 1920. 2.20
99. **Die Abkommen der Haager Friedenskonferenz.** Vergriffen. Jetzt: H. Wehberg, **Völkerbundakte.** — 1919. (Außerhalb der Sammlung.) 4.—

Preußische Gesetze:

1. **Die Verfassung des Freistaats Preußen.** Von A. Arndt. — 1921. 2.—
Ausführlicher Kommentar von Fr. Stier-Somlo. — 1921. (Außerhalb der Sammlung.) 8.—

Textausgaben:

Verfassung des Freistaates Preußen. — 1921. —.60

Verwaltungsrecht

a) Reichsrecht

Reichsgesetze:

82. **Reichsbeamtengesetz.** Von A. Arndt. 3. Auflage. — 1923. Mit Nachtrag, enthaltend die Änderungen bis 1924. 3.50
122. **Belagerungszustand.** Von H. Bürschel. — 1916. 3.50
85. **Die Reichs-Eisenbahngesetzgebung.** Von W. Coermann. — 1895. Vergriffen.
66. **Die Eisenbahngesetzgebung.** Von W. Pietsch. 2. Auflage. — 1913. Vergriffen.
91. **Eisenbahn-Verkehrsordnung.** Von E. Blume. 4. Auflage von W. Weirauch. — 1928. 9.—

147. **Filmzensur.** Von Szczesny. — 1920. 1.50
68. **Fleischbeschaugesetz.** Von G. Lebbin und G. Baum. — 1903. 2.80
27. **Gesundheitswesen im Deutschen Reich.** — 1888. Vergriffen.
56. **Bekämpfung gemeingefährlicher Krankheiten.** Von B. Burkhardt. — 1900. 1.20
63. **Gesetzestafel des deutschen Reichsrechts.** Von H. Bruhns. 2. Auflage. — 1913. 3.—
49. **Deutsche Kolonialgesetzgebung.** Von Ph. Zorn. 2. Auflage von Sassen. — 1913. 5.—
21. **Die Konsulargesetzgebung.** Von Ph. Zorn. 3. Auflage von A. Zorn. — 1911. 4.50
75. **Konsulargerichtsbarkeit.** Von A. F. Vorwerk. — 1908. 1.60
92. **Verkehr mit Kraftfahrzeugen.** Von R. Kirchner. 4. Auflage. In Vorbereitung.
Außerhalb der Sammlung: **Der Kraftfahrzeugverkehr.** Von G. Aumer. 2. Auflage. — 1928. 4.50
119. **Kriegsleistungsgesetz.** Vergriffen.
118. **Militärhinterbliebenengesetz.** Von Reh. — 1915. 2.20
79. **Die Militärpensionsgesetze.** Von A. Romen. Vergriffen.
136. **Militärversorgungsgesetz.** Von H. Günther. — 1919. 2.30
7. **Post- und Telegraphen-Gesetzgebung.** Vergriffen.
120. **Telegraphenwegegesetz.** Von C. Wolf. — 1916. 1.—
148. **Reichsausgleichsgesetz.** Von E. Decke. — 1920. 1.50
150. **Reichsschädengesetze.** Von A. Hohenstein und W. Goldbaum. — 1922. 4.—
97. **Schutzgebietsgesetz.** Von J. Gerstmeyer. — 1910. 2.50
105. **Das Geldwesen in den deutschen Schutzgebieten.** Von W. Hintze. — 1912. 1.80
140. **Die Siedelungsgesetzgebung im Reich und in Preußen.** Von W. Holzapfel. — 1920. 3.—
125. **Vaterländischer Hilfsdienst.** 3. Auflage. — 1917. 1.—
88. **Vereinsgesetz.** Von A. Romen. 5. Auflage. In Bearbeitung.
33. **Vereins- und Versammlungsrecht.** Von E. Ball. 2. Auflage von F. Friedenthal. — 1907. 2.—
103. **Reichs-Viehseuchengesetz.** Von W. v. Hippel. 2. Auflage. — 1913. 4.—

89. **Vogelschutzgesetz.** Von L. v. Vorberger. — 1909. 1.—
69. **Reichsgesetz über die Naturalleistungen der bewaffneten Macht im Frieden.** Von W. v. Hippel. — 1903. 1.—
114. **Waffengebrauch und Festnahmerecht des Militärs.** Von A. Romen und C. Rissom. — 1914. 1.80
142. **Wirtschaftliche Demobilmachung.** Von Gg. Fischbach. — 1920. 1.—
170. **Luftrecht.** Von R. Busse. 1928. 10.—
171. **Seewasserstraßenordnung.** Von J. Sebba. — 1928. 8.50
173. **Schußwaffen und Munition.** Von E. Wündisch. — 1928. 5.—

Preußische Gesetze:

48. **Zweckverbandsgesetz für Groß-Berlin.** Von L. Brühl, K. Gordan und W. Ledermann. — 1912. 4.—

b) Landesrecht

Preußische Gesetze:

50. **Gesetz, betr. die Anlegung und Veränderung von Straßen und Plätzen in Städten und ländlichen Ortschaften.** Von O. Meyer. — 1913. 3.—
46. **Austritt aus der Landeskirche.** Von H. Caro. — 1911. 2.40
2. **Preußische Beamtengesetzgebung.** Von K. Pfafferoth. 5. Auflage. — 1916. 2.40
51. **Das preußische Disziplinargesetz für die nichtrichterlichen Beamten.** Von E. v. Dultzig. — 1914. 4.20
25. **Preußische Kommunalbeamtengesetzgebung.** Von F. Kremski. — 1901. 3.—
22. **Anstellung und Versorgung der Kommunalbeamten.** Von W. Ledermann. 2. Auflage von L. Brühl. — 1914. 2.—
26. **Diensteinkommen der Lehrer und Lehrerinnen.** Von E. Cremer. — 1900. 2.20
12. **Allgemeines Berggesetz.** Von W. Schlüter und Fr. Hense. 4. Auflage. In Vorbereitung.
47. **Feuerbestattung.** Von W. Lohmann. — 1912. 1.50
28. **Die Fürsorgeerziehung Minderjähriger.** Von P. F. Aschrott. 3. Auflage. — 1917. 2.80
31 a/b. **Die preußischen Gesindeordnungen.** Zwei Bände. Von St. Gerhard. 5.50
24. **Die Hinterlegungsordnung (1879).** Von G. Bartels. 2. Auflage. — 1908. 2.—
53. **Hinterlegungsordnung** von 1913. Von R. Hagemann. — 1914. 2.20

41. **Die preußischen Jagdpolizeigesetze**, siehe Nr. 63.
19. **Jagdscheingesetz.** Von F. Kunze. 2. Auflage. — 1899. 2.—
45. **Rechtsverhältnisse der Juden in Preußen.** Von M. Kollenscher. — 1910. 2.40
15. **Die Kreisordnungen.** Von O. Kolisch. — 1894. Vergriffen.
57. **Landeskulturbehörden.** Von W. Holzapfel. — 1919. 2.—
42. **Allgemeine Landesverwaltung** und **Zuständigkeit der Verwaltungs- und Verwaltungsgerichtsbehörden.** Von K. Friedrichs. 3. Auflage. — 1927. 5.—
44. **Quellenschutzgesetz.** Von C. Voelkel. — 1909. 1.—
33. **Rentenguts- und Anerbenrechtsgesetzgebung.** Vergriffen.
30. **Preußisches Staatsschuldbuch** und **Reichsschuldbuch.** Von J. Mücke. — 1902. 2.—
59. **Bildung der neuen Stadtgemeinde Berlin.** Von P. Wölbling. 2. Auflage. — 1920. 1.40
32. **Städteordnung.** Von W. Ledermann und L. Brühl. 2. Auflage. — 1913. 6.—
56. **Das preußische Tumultschadengesetz.** Von Br. Friedländer. — 1919. —.80
60. **Umlegungsordnung.** Von W. Holzapfel. — 1921. 1.80
43. **Verschuldungsgrenze** für land- und forstwirtschaftlich benutzte Grundstücke. Von R. Leweck. — 1908. 2.40
49. **Gesetze gegen die Verunstaltung landschaftlich hervorragender Gegenden.** Von O. Goldschmidt. — 1912. 2.40
40. **Verwaltungsstrafverfahren.** Von R. Katzenstein. — 1907. 3.50
39. **Unterhaltung der öffentlichen Volksschulen.** Von A. Marcks. — 1906. 1.80
52. **Preußisches Wassergesetz.** Von G. Wulff und F. Herold. 2. Auflage von G. Wulff. — 1928. 12.—
55. **Preußisches Wohnungsgesetz.** Von B. Schmittmann. — 1918. 2.60
62. **Das preußische Fischereigesetz.** Von A. Born. — 1928. 7.50
63. **Die preußischen Jagdgesetze.** Von A. Born. — 1928. 8.—
64. **Die preußischen Baupolizeigesetze.** Von H. Heine. — 1928. 8.—

Steuerrecht

Reichsgesetze:

143. **Reichsabgabenordnung.** Von A. Nieberl. 2. Auflage. — 1927. Mit Nachtrag 1928. 12.—

126. **Besitzsteuergesetz.** Von A. Mrozek. Vergriffen.

151. **Einkommensteuer und Körperschaftsteuer.** Von A. Hollaender. — 1926. Mit Nachtrag, enthaltend die Änderungen vom 22. Dezember 1927. 24.—

77. **Das Erbschaftssteuergesetz.** Von B. Hendel. — 1920. Vergriffen. Neue Fassung von H. Schachian. 4. Auflage. — 1926. (Außerhalb der Sammlung.) 2.50

54 b. **Nahrungsmittelgesetze** mit Erläuterungen. Von Georg Lebbin. 2. Auflage in zwei Bänden. II. **Getränkegesetze und Getränkesteuergesetze** (Wein, Bier, Branntwein, Mineralwasser). Unter Mitwirkung von K. Kniebe. — 1926. 10.—

139. **Grunderwerbsteuergesetz.** Von O. Lindemann. 2. Auflage. — 1926. Mit Nachtrag 1927. 4.—
Nachtrag einzeln —.80

159. **Industriebelastungsgesetz.** Von H. Höpker. — 1925. 4.—

121. **Direkte Kriegssteuer.** Von A. Mrozek. — 1916. 3.50

131 a. **Reichsfinanzgesetzgebung 1918.** Bd. I: **Getränkesteuern.** Von G. Mayer. — 1918. 2.50

131 b. **Reichsfinanzgesetzgebung 1918.** Bd. II: **Einkommen, Umsatz** usw. Von G. Mayer. — 1919. 1.50

149. **Reichsnotopfergesetz.** Von A. Friedmann und R. Wrzeszinsky. — 1921. 4.—

18. **Reichsstempelgesetz.** Von P. Loeck. Vergriffen. Wird durch Kapitalverkehrssteuergesetz ersetzt. Erläuterte Ausgabe in Bearbeitung.

145. **Steuer- und Kapitalflucht.** Von E. H. Meyer. 2. Auflage. — 1921. 1.60

157. **Dritte Steuernotverordnung vom 14. Februar 1924** mit den Vorschriften über **Aufwertung.** 2. Auflage unter dem Titel: **Aufwertungsrecht.** Von R. Michaelis. — 1926. Mit Nachtrag 1927. 16.—
Nachtrag einzeln —.80

132. **Umsatzsteuergesetz.** Von O. Lindemann. 4. Auflage. — 1926. 10.—

110. **Wehrbeitragsgesetz.** Von A. Fernow. 2. Auflage. — 1913. 1.60

146. **Tabaksteuergesetz.** Von Fr. Wündisch. — 1920. Mit Nachtrag 1925. 4.—
Nachtrag einzeln 1.50
78. **Zigarettensteuergesetz.** Von W. Cuno. Vergriffen.
101. **Zuwachssteuergesetz.** Von W. Cuno. Vergriffen.
153. **Zwangsanleihegesetz.** Von H. V. Simon und W. Beutner. — 1923. 8.—

Preußische Gesetze:

20. **Die preußischen Erbschaftssteuergesetze.** Von U. Hoffmann. — 1905. 3.—
13. **Ergänzungssteuergesetz.** Von A. Fernow. 5. Auflage. 1914. 3.—
11. **Gewerbesteuergesetz.** Von A. Fernow. Vergriffen.
14. **Kommunalabgabengesetz.** Von F. Adickes. 6. Auflage von Falk. — 1922. 3.50
38. **Kreis- und Provinzialabgabengesetz.** Von F. Schmidt. — 1906. 1.20
18. **Preußisches Stempelsteuergesetz.** Von P. Loeck. 10. Auflage von K. Eiffler. — 1928. 13.—
61. **Preußische Verwaltungsgebührenordnung.** Von K. Eiffler. — 1925. Mit Nachtrag 1925. 6.—
27. **Warenhaussteuer.** Von G. Strutz. — 1900. 1.20

Textausgaben:

Erbschaftsteuergesetz. Neue Fassung von H. Schachian. 4. Auflage. — 1926. 2.50
Reichssteuergesetze 1925 (Steuerüberleitungsgesetz mit Durchführungsbestimmungen — Einkommensteuer, Körperschaftssteuer, Reichsbewertungsgesetz, Vermögensteuer, Erbschaftsteuer). — 1925. 4.—
Wehrbeitrag und **Besitzsteuer.** — 1913. —.50
Zuwachssteuergesetz. — 1911. —.50
—, **Ausführungsbestimmungen.** — 1911. —.40

XII 28

75 Jahre Guttentag

Am 1. Oktober 1853 gab Immanuel Guttentag seinem Verlag den Namen J. Guttentag / Verlagsbuchhandlung

Fast 25 Jahre war die Firma neben der Rechts- und Staatswissenschaft auch auf den Gebieten der Philosophie, Archäologie und schönen Literatur tätig und zog sich erst dann in die engeren Grenzen der Rechtswissenschaft zurück. Immanuel Guttentag starb 1862; die Leitung und die Formen der Firma wechselten. Der bekannte Verleger Franz Vahlen führte sie zusammen mit der Witwe für Rechnung der Erben eine Zeitlang fort, 1871 erwarb sie D. Collin, der mehrere Mitbesitzer aufnahm, seit 1886 Hugo Heimann, der eine besondere Neigung für die Rechtswissenschaft hatte und 1890 dann Alleinbesitzer wurde, aber schon nach 8 Jahren von dem Besitz zurücktrat und den neuen Inhabern die Gelegenheit zur Umwandlung des Geschäftes in eine G. m. b. H. bot, deren Geschäftsführer Oscar Schuchardt, Christian v. Bornhaupt und Dr. Walter de Gruyter wurden.

¶ Stetig und unwandelbar hatte sich seit dem Jahre 1871 als Folge der Gründung des Deutschen Reiches die „Guttentagsche Sammlung deutscher Reichsgesetze" — neben der Sammlung preußischer Gesetze — entwickelt, und gerade ihre innere Triebkraft war es, die die Spezialisierung auf die Rechts- und Staatswissenschaften herbeiführte und zu einem inneren systematischeren Aus- und Aufbau des Verlages hinleitete.

¶ Durch den Ankauf des J. J. Heineschen Verlages im Jahre 1902 erfuhr J. Guttentag eine wertvolle Bereicherung, weil fast alle Werke jener Firma sich in den rechtswissenschaftlichen Bau harmonisch einfügten, und ebenso durch die Erwerbung der ersten Auflage des BGB.-Kommentars der Reichsgerichtsräte, der u. a. auch zum Vorbild anderer großer Werke gleichen Charakters wurde. So hat der Verlag neben der Sammlung Deutscher Reichsgesetze, die jetzt mehr als 170 Bände zählt, und neben der Sammlung preußischer Gesetze, die bis auf mehr als 80 Bände angewachsen ist, das Glück gehabt, die bedeutendsten Juristen unter seiner Flagge um sich zu scharen, weil er immer die Idee des systematischen Aufbaues, der Zusammenfassung und gegenseitiger Ergänzung betonte.

¶ Planck, der Schöpfer des Bürgerlichen Gesetzbuches, kam mit seinem Kommentar und seinen Mitarbeitern Achilles, Greiff, Strohal, v. Unzner, Strecker, André, Knoke, Siber zu Guttentag, nachdem hier bereits die Entwürfe und amtlichen Protokolle zum BGB. erschienen waren. Hinschius, der berühmte Lehrer des Kirchenrechts, ließ hier sein kirchenrechtliches Hauptwerk erscheinen; Eck, der gleichzeitig mit Hinschius lehrte und an pädagogischen Talenten noch reicher war, veröffentlichte hier seine damals besonders hochgeschätzten Vorträge über das Bürgerliche Gesetzbuch. Der Altmeister des Staatsrechts, v. Gneist, ist Autor des Verlages gewesen, ebenso Rüdorff, v. Bar, Makower, Gareis, Endemann, Fitting, Zorn — Namen von dauerndem Klang in der Rechtswissenschaft —, die ihre Lehrbücher im Guttentagschen Verlage haben erscheinen lassen. v. Liszt, der die soziologische Richtung der Strafrechtswissenschaft wie kein zweiter gefördert hat, und Dochow gründeten ihre Zeitschrift für die gesamte Strafrechtswissenschaft, und v. Liszt gab sein Lehrbuch des Strafrechts hier heraus, das jetzt in 25. Auflage, von Schmidt fortgeführt, erscheinen konnte. Kohler setzte Holtzendorffs berühmte Enzyklopädie der Rechtswissenschaft fort, und der Meister und Neuschöpfer der Kommentierungskunst, Staub, schuf die Kommentare zum Handelsgesetzbuch, G. m. b. H.-Gesetz und zur Wechselordnung, die nach seinem Tode fortgesetzt wurden von Koenige, Pinner, Bondi, Hachenburg und Stranz, führenden Männern der Gegenwart in der Jurisprudenz. Sprechen wir von der Kommentierungskunst, die in der Tat sich in der Literatur zu außerordentlicher Höhe entwickelt hat, so sind aus dem Guttentagschen Verlage Namen wie Minister Sydow und Reichsgerichtsrat Busch für die Zivilprozeßordnung, Oberlandesgerichtspräsident Greiff nebst dem Präsidenten des Bayerischen Obersten Landesgerichtes v. Unzner, Oberlandesgerichtspräsident Meyer und Senatspräsident Strecker für das Bürgerliche Gesetzbuch, Professor Mosse und Professor Heymann für das Handelsgesetzbuch, die Genossenschaftsanwälte Parisius und Crüger für das Genossenschaftsgesetz, Reichsgerichtsräte Löwe, Hellwig und Rosenberg für die Strafprozeßordnung, Professor Jaeger für die Konkursordnung, Justizrat Seligsohn für das Patentgesetz, Ministerialdirektor Lindemann für eine Reihe anderer Gesetze zu nennen. Dazu treten neuerdings bedeutende Autoren aus dem Kreise des Reichsgerichts, von denen nur der Oberreichsanwalt Ebermayer, die Senatspräsidenten Lobe, Hagens, Strecker, Flad, die Reichsgerichtsräte Brodmann, Michaelis, Pietzcker, Landois, Ebbecke, Oegg genannt seien.

¶ Besondere Pflege ließ der Guttentagsche Verlag der strafrechtlichen Literatur angedeihen; davon zeugt nicht nur die schon genannte Zeitschrift für Strafrechtswissenschaft und das berühmte Werk von v. Bar „Gesetz und Schuld“, sondern namentlich auch die lange Reihe von Abhandlungen des kriminalistischen Seminars in Berlin und die Sammlung außerdeutscher Strafgesetze, die sich ergab aus der engen Verbindung des Verlages mit der Internationalen kriminalistischen Vereinigung. Auch die zahlreichen Entwürfe der Strafrechts- und Strafprozeßreformen wurden bei Guttentag im amtlichen Auftrag herausgegeben. Der Verlag wurde in weiterer Verfolgung dieser mehr allgemeinen Aufgaben für die Juristenwelt auch zur Geschäftsstelle des Deutschen Juristentages gemacht und mit der Herausgabe der Verhandlungen des Deutschen Juristentages betraut. Als ein besonderer Zweig des Verlages zeigte sich die Literatur über Bank- und Börsenwesen mit der Zeitschrift „Bank-Archiv“, dem Organ des Zentralverbandes des deutschen Bank- und Bankiergewerbes.

¶ So muß überall der Gedanke der Sammlung um bestimmte Grundtatsachen als die hauptsächlichste Aufgabe des Verlages erscheinen in einer Zeit, die zu verfallen, und in einer Materie, die sich in zu viele Wissenschaften zu zersplittern droht. — Als dann am 1. Januar 1919 die Firma Walter de Gruyter & Co. gegründet wurde und Guttentag in dieser Vereinigung aufging, ohne jedoch als deren Abteilung seine Eigenart zu verlieren, fand sie wiederum eine nennenswerte Ergänzung durch die in ihren Bereich übertretenden juristischen Werke der Abteilung Veit & Co., die als Verleger der offiziellen Sammlung der Reichsgerichtsentscheidungen in Juristenkreisen besonders bekannt geworden ist und daneben noch viele ausgezeichnete juristische Lehrbücher — z. B. Schroeders Deutsche Rechtsgeschichte, Lehmannꝛ Handelsrecht — zu ihrem Besitz rechnen durfte. So festigten sich die Beziehungen, die die juristische Abteilung zu dem Reichsgericht mit Stolz hegte, immer mehr, und der Kreis der Lehrbücher wurde erweitert und abgerundet durch die „Lehrbücher und Grundrisse der Rechtswissenschaft“, die von Stier-Somlo, Hedemann, Heinrich Lehmann, Fehr, den namhaften Juristen der jüngeren Generation, herausgegeben werden und das gesamte Lehrgebiet der Rechtswissenschaft umfassen.

¶ Auch die Pflege der sozialwissenschaftlichen Literatur, die namentlich durch Herkners allbekanntes Werk über die „Arbeiterfrage“ bei Guttentag vertreten war und jetzt aus dem Verlag Georg Reimer und von Veit & Co. wertvollen Zufluß erhielt, konnte nun eifriger betrieben werden, und ein großangelegtes Handbuch der Wirtschafts- und Sozialwissenschaften, herausgegeben von den Professoren Adolf Günther und Gerhard Keßler, das in Angriff genommen wurde, sowie die unter der Leitung von Sering erscheinenden Sozialwissenschaftlichen Forschungen legen davon Zeugnis ab.

¶ Der umfassenden Verlagsorganisation des Hauses Walter de Gruyter & Co. dankt der Verlag J. Guttentag seinen zielbewußten Aus- und Weiterbau und die Fortführung seiner großen Tradition.

Romanistische Beiträge zur Rechtsgeschichte. Unter Mitwirkung von Fachgelehrten hrsgb. von L. Mitteis, J. Partsch, E. Rabel. 2 Hefte. 1916/19.

Schröder-Künßberg, Lehrbuch der deutschen Rechtsgeschichte. 6. Aufl. 1922.

Stammler, Lehrbuch der Rechtsphilosophie. 3. Aufl. 1928.

Planks Kommentar zum Bürgerlichen Gesetzbuch. Bisher herausgegeben von E. Strohal. 4. Aufl., bearbeitet von zahlreichen Fachgelehrten. Erscheint in Lieferungen. Bisher vollständig Bd. I—III. 1913/28.

Bürgerliches Gesetzbuch, Kommentar von Reichsgerichtsräten, erläutert von Busch, Erler, Lobe, Michaelis, Oegg, Sayn, Schliewen und Seyffarth. 6. Aufl. 5 Bände. 1928.

Achilles-Greiff, Bürgerliches Gesetzbuch nebst Einführungsgesetz. 12. Aufl. 1927.

Staubs Kommentar zum Handelsgesetzbuch. Bearb. von Koenige, Pinner u. Bondi. 12. u. 13. Aufl. 4 Bände und Registerband. 1926/27.

Schaps, Das deutsche Seerecht. Kommentar zum 4. Buche des Handelsgesetzbuch (als Ergänzung zu Staubs Kommentar). I. Bd. 1921.

Mosse-Heymann, Handelsgesetzbuch (ohne Seerecht). 17. Aufl. 1926.

Brodmann, Aktienrecht. Kommentar. (GJK. 4.) 1928.

Brodmann, G. m. b. H.-Gesetz. Kommentar. (GJK. 1). 1924.

Hachenburg, Kommentar zum G. m. b. H.-Gesetz. 5. Aufl. 2 Bände. 1926/27.

Parisius-Crüger-Crecelius, G. m. b. H.-Gesetz, Kommentar. 7. Aufl. In Vorbereitung.

Parisius-Crüger-Crecelius-Citron, Gesetz über die Erwerbs- und Wirtschaftsgenossenschaften. Kommentar. 11. Aufl. 1928.

Staubs Kommentar zur Wechselordnung. Herausgegeben von Stranz. 11. Aufl. 1926.

Michaelis, Scheckgesetz. Kommentar. (GJK. 2.) 1927.

Seligsohn, Patentgesetz. 7. Aufl. In Bearbeitung.

—, Gesetz zum Schutz der Warenbezeichnungen. 3. Aufl. 1925.

Hagens, Warenzeichenrecht. Kommentar. (GJK. 3.) 1927.

Sydow-Busch-Krantz, Zivilprozeßordnung und Gerichtsverfassungsgesetz. 19. Aufl. 1926.

Jaeger, Kommentar zur Konkursordnung. 6. Aufl. Erscheint in Lieferungen. Bisher erschien Lieferung 1. 1928.

Liszt-Schmidt, Lehrbuch des deutschen Strafrechts. 25. Aufl. 1927.

Liszt-Delaquis-Kohlrausch, Strafgesetzbuch für das Deutsche Reich. 27. Aufl. 1927.

Kohlrausch, Strafprozeßordnung. 21. Aufl. 1927.

Ebermayer-Lobe-Rosenberg, Reichsstrafgesetzbuch. 3. Aufl. 1925.

Loewe-Rosenberg, Strafprozeßordnung. Kommentar. 17. Aufl. 1927.

Herkner, Die Arbeiterfrage. 2 Bände. 8. Aufl. 1928.

Juristische Rundschau. Hrsgb. von Lindemann, Flad und Hartung. Mit Beilage „Höchstrichterliche Rechtsprechung". 4. Jahrg. 1928. Erscheint am 1. und 15. jeden Monats.

Entscheidungen des Reichsgerichts. Hrsgb. von Mitgliedern des Gerichtshofes und der Reichsanwaltschaft.

1. Entscheidungen des Reichsgerichts in Zivilsachen. Jährlich 3—4 Bände. Bis Ende August 1928 sind 120 Bände erschienen.

2. Entscheidungen des Reichsgerichts in Strafsachen. Jährlich 1—2 Bände. Bis Ende August 1928 sind 62 Bände erschienen.

Entscheidungen des Reichsarbeitsgerichts. Herausgegeben von Mitgliedern des Reichsarbeitsgerichts. Band I. 1928.

Wo finde ich alle wichtigen Entscheidungen der letzten Zeit? Handweiser für die Gerichts- und Anwaltspraxis. Bd. II. 1928. Halbjährlich 3 Hefte.

Veröffentlichungen des Reichsaufsichtsamts für Privatversicherung. 27. Jahrg. 1928. Die Hefte erscheinen in zwangloser Folge.

Bank-Archiv, Zeitschrift für Bank- und Börsenwesen. Hrsgb. von Riesser. Redaktion: Bernstein. 27. Jahrgang. 1927/28. Erscheint am 1. und 15. jeden Monats.

Zeitschrift für die gesamte Strafrechtswissenschaft. Hrsgb. von v. Lilienthal, v. Hippel, Kohlrausch, Delaquis und Feisenberger. 49. Band 1928/29. Jährlich erscheint ein Band in etwa 8 Heften.

Mitteilungen der Internationalen kriminalistischen Vereinigung. Von der neuen Folge erschienen bisher 3 Bände. 1926/28.

Zeitschrift für Bergrecht. Hrsgb. von Brassert weiter hrsgb. von den rechtskundigen Ministerialräten der Bergabteilung des Preußischen Ministeriums für Handel und Gewerbe. Jährlich ein Band von mehreren Heften. Die Hefte erscheinen in zwangloser Folge.

Zeitschrift für das gesamte Luftrecht (ZLR). Hrsgb. von Schreiber. Band I. 1928. Erscheint in Bänden zu 4 Heften.

Zeitschrift für ausländisches und internationales Privatrecht. Hrsgb. von Rabel. 2. Jahrgang. 1928. Erscheint in Jahrgängen, die mit dem Kalenderjahr zusammenfallen, und zwar zu je 6 Heften im Jahr.

Zeitschrift für das ausländische und internationale öffentliche Recht und Völkerrecht. Erscheint demnächst.

WdeG

Der Unterzeichnete bittet um regelmäßige Zusendung der Berichte des Verlages Walter de Gruyter & Co. auf dem Gebiete der

Ferner empfehle ich Ihnen, an die nachstehend aufgeführten Anschriften unverbindlich Ihre Kataloge zu senden.

Name meiner Freunde und Bekannten	Wohnort	Straße	Für die aufgeführten Wissensgebiete ist im besonderen Maße Interesse vorhanden
1.			
2.			
3.			
4.			
5.			

Unterschrift (mit genauer Adressenangabe):

Mein Buchhändler ist:

BESTELLKARTE

Absender:

An

den Verlag

Walter de Gruyter & Co.

Berlin W 10

Genthiner Straße 38

III 29

Für die angezeichneten Zeitschriften habe ich Interesse.

	Probe-Nr.	Prospekt
Antike	....	....
Archäologischer Anzeiger	....	....
Archäologisches Jahrbuch	....	....
Archiv für Urkundenforschung	....	....
Astronomischer Jahresbericht	....	....
Bank-Archiv	....	....
Crelles Journal f. reine und angew. Mathematik	....	....
Deutsche Literaturzeitung	....	....
Deutsche Schachzeitung	....	....
Entscheidungen des Reichsarbeitsgerichts	....	....
Entscheidungen d. Reichsgerichts in Strafsachen	....	....
Entscheidungen d. Reichsgerichts in Zivilsachen	....	....
Entscheidungen d. Schiedsgerichts f. Oberschles.	....	....
Geisteskultur	....	....
Hoppe-Seylers Zeitschrift für physiolog. Chemie	....	....
Jahrbuch über die Fortschritte der Mathematik	....	....
Indogermanische Forschungen	....	....
Islam	....	....
Japanisch-Deutsche Zeitschrift	....	....
Judicium (Friederichsen, de Gruyter & Co.)	....	....
Juristische Rundschau	....	....
Minerva-Zeitschrift	....	....
Mitteilungen der Geographischen Gesellschaft in Hamburg (Fr., de Gr.)	....	....
Mitteilungen des Seminars für orient. Sprachen	....	....
Ostasiatische Rundschau (Fr., de Gr.)	....	....
Ostasiatische Zeitschrift	....	....
Repertorium für Kunstwissenschaft	....	....
Skandinavisches Archiv für Physiologie	....	....
Slavische Rundschau	....	....
Studentenwerk	....	....
Ungarische Jahrbücher	....	....
Veröffentlichungen des Reichsaufsichtsamts für Privatversicherung	....	....
Volkstum und Kultur der Romanen (Fr., de Gr.)	....	....
Vox Studentium	....	....
Wirtschaftsdienst (Fr., de Gr.)	....	....
Wo finde ich alle wichtigen Entscheidungen der letzten Zeit?	....	....
Zeitschrift für Assyriologie	....	....
Zeitschrift für ausländ. und internat. Privatrecht	....	....
Zeitschrift für das ausländische und internationale öffentliche Recht und Völkerrecht	....	....
Zeitschrift für Bergrecht	....	....
Zeitschrift für Denkmalpflege (Dtsch. Kunstverl.)	....	....
Zeitschrift f. historische Waffen- u. Kostümkunde	....	....
Zeitschrift für Luftrecht	....	....
Zeitschrift für Psychiatrie, Allgemeine	....	....
Zeitschrift für psychische Hygiene	....	....
Zeitschrift für Sexualwissenschaft und Sexualpolitik (A. Marcus & E. Weber's Verlag)	....	....
Zeitschrift für Strafrechtswissenschaft	....	....
Zeitschrift für Volkskunde	....	....
Zeitungswissenschaft	....	....

Unterschrift:

Mein Buchhändler ist: ....

Kolibri 360 GmbH
Ferdinand-Jühlke-Straße 7
99095 Erfurt, Deutschland
produktsicherheit@kolibri360.de